Angleichung des materiellen und des internationalen Privatrechts in der EU
Harmonisation of Substantive and International Private Law

Internationalrechtliche Studien

Beiträge zum Internationalen Privatrecht, zum Einheitsrecht und zur Rechtsvergleichung

Herausgegeben von Ulrich Magnus

Band 18

PETER LANG
Frankfurt am Main · Berlin · Bern · Bruxelles · New York · Oxford · Wien

Ole Lando/Ulrich Magnus
Monika Novak-Stief
(Hrsg./eds.)

Angleichung des materiellen und des internationalen Privatrechts in der EU

Harmonisation of Substantive and International Private Law

PETER LANG
Europäischer Verlag der Wissenschaften

Bibliografische Information Der Deutschen Bibliothek
Die Deutsche Bibliothek verzeichnet diese Publikation in der Deutschen Nationalbibliografie; detaillierte bibliografische Daten sind im Internet über <http://dnb.ddb.de> abrufbar.

ISSN 0947-0395
ISBN 3-631-37121-7

www.peterlang.de

Vorwort/Foreword

Die Angleichung des materiellen und des internationalen Privatrechts in der EU hat sich im Verlauf des letzten Jahrzehnts allmählich in die vorderen Prioritätsränge der Agenda des Gemeinschaftsgesetzgebers vorgearbeitet. Seit 1993[1] enthalten die zahlreichen Richtlinien im Bereich des Verbraucherschutzes nicht mehr nur materiellrechtliche Regeln, sondern in der Regel auch eine eigenständige IPR-Klausel.[2] Einen weiteren wichtigen Schub hat der Vertrag von Amsterdam mit seinem Postulat gebracht, in der EU schrittweise einen einheitlichen „Raum der Freiheit, der Sicherheit und des Rechts" aufzubauen.[3] Er hat in diesem Zusammenhang nachhaltig die Bedeutung der justiziellen Zusammenarbeit und hier insbesondere diejenige im Gebiet des internationalen Privat- und Prozessrechts verstärkt. Die Folgerungen hieraus haben nicht lange auf sich warten lassen. Die Überführung wichtiger Staatsverträge zum internationalen Privat- und Prozessrecht in Gemeinschaftsinstrumente, die unmittelbar gelten und ohne weiteres der zentralen Auslegungskompetenz des EuGH unterliegen, war und ist die Antwort des Gemeinschaftsgesetzgebers. Zum Teil ist diese Entwicklung schon vollzogen – so die Transformation des Brüsseler Übereinkommens (EuGVÜ)[4] in die EuGVO[5] –, zum Teil wird sie in Kürze erfolgen – so die Überführung des Römischen Übereinkommens (EVÜ)[6] in eine entsprechende VO. Auch sind weitere ergänzende Rechtsakte bereits in Kraft gesetzt worden (die EheVO)[7] oder ebenfalls bald zu erwarten – insbesondere eine Verordnung zum auf außervertragliche Schuldverhältnisse anwendbaren Recht („Rom II").[8]

Trotz und auch wegen dieser Aktivitäten des Gemeinschaftsgesetzgebers ist bislang freilich eine Lage entstanden, die weniger durch Einheitlichkeit des Rechts, vielmehr eher durch eine neue Unübersichtlichkeit gekennzeichnet ist. Denn die einzelnen IPR-Vorschriften in Richtlinien und die generelle

[1] Den Beginn machte die Richtlinie Nr. 93/13/EWG des Rates über missbräuchliche Klauseln in Verbraucherverträgen vom 5.4.1993 (dort Art. 6 Abs. 2).

[2] Jüngstes Beispiel ist die Richtlinie Nr. 2002/65/EG des Europäischen Parlaments und des Rates über den Fernabsatz von Finanzdienstleistungen an Verbraucher und zur Änderung der Richtlinie 90/619/EWG des Rates und der Richtlinien 97/7/EG und 98/27/EG (dort Art. 12 Abs. 2).

[3] Art. 61 Abs. 1 in Verbindung mit Art. 65 EG.

[4] Das Brüsseler EWG-Übereinkommen über die gerichtliche Zuständigkeit und die Vollstreckung gerichtlicher Entscheidungen in Zivil- und Handelssachen vom 27.9.1968 mit seinen verschiedenen Ergänzungen.

[5] Verordnung (EG) Nr. 44/2001 des Rates über die gerichtliche Zuständigkeit und Vollstreckung von Entscheidungen in Zivil- und Handelssachen vom 22.12.2000.

[6] Römisches EWG-Übereinkommen über das auf vertragliche Schuldverhältnisse anzuwendende Recht vom 19.6.1980 (unten in deutsch S. 185 ff. und englisch S. 209 ff. abgedruckt).

[7] Verordnung (EG) Nr. 1347/2000 des Rates über die Zuständigkeit und die Anerkennung und Vollstreckung von Entscheidungen in Ehesachen und in Verfahren betreffend die elterliche Verantwortung für die gemeinsamen Kinder der Ehegatten vom 29.5.2000.

[8] Der Entwurf ist unten in deutsch (S. 201 ff.) und englisch (S. 223 ff.) abgedruckt.

Regelung – noch in der Römischen Konvention – stehen ebenso in einem wenig klaren Spannungsverhältnis wie sich auch im Bereich des internationalen Verfahrensrechts durch das Ausscheren Dänemarks[9] und die unveränderte Fortexistenz des Luganer Übereinkommens die Rechtsgrundlagen vorerst nur vermehrt und diversifiziert haben. Nimmt man das bisherige „Patchwork" der materiellrechtlichen Inhalte der europäischen Richtlinien und Verordnungen zum Privatrecht hinzu, dann ist von einem – gar einheitlichen – Raum des Rechts vorläufig wenig zu spüren.

Angesichts dieser Lage ist inzwischen auch in den EG-Institutionen die Einsicht gewachsen, dass Europa sowohl auf materiellrechtlicher wie auf kollisionsrechtlicher Ebene dringend systematischerer, breitflächigerer Angleichungsmaßnahmen bedarf. Beredester Ausdruck dieses Perspektivenwechsels ist der jüngste Aktionsplan der Kommission über ein kohärenteres europäisches Vertragsrecht, der ein einheitliches europäisches Vertragsrecht als durchaus denkbare Option in den Blick nimmt.[10] Auf der anderen Seite wird mit „Rom II" auch der Ausbau und die Abrundung des Kollisionsrechts vorangetrieben. Dass sich materiellrechtliche und kollisionsrechtliche Angleichung in der EU noch auf einige – und wohl längere – Zeit wechselseitig zu ergänzen haben und dabei zu möglichst spannungsfreier „cohabitation" finden müssen, erscheint unvermeidlich. Im Einzelnen ist hier jedoch noch vieles vage und diskussionsbedürftig.

Der vorliegende Band geht diesen Fragen nach. Er vereinigt die Beiträge, die bereits auf einer Tagung der Europäischen Rechtsakademie im Oktober 1999 gehalten, inzwischen aber von den Referenten für diese Veröffentlichung auf den neuesten Stand gebracht wurden. Von ihrer Aktualität haben die Themen nichts verloren.

Dank schulden die Herausgeber Claire Reifner, Hamburg, die den Band für die endgültige Druckfassung vorbereitet hat.

Juni 2003

Ole Lando, Kopenhagen
Ulrich Magnus, Hamburg
Monika Novak-Stief, Wien/ Luxemburg

[9] Vgl. Art. 69 EG und das entsprechende Protokoll über die Position Dänemarks.

[10] Mitteilung der Kommission an das Europäische Parlament und den Rat vom 12.2.2003 (KOM(2003) 68 endg.).

Inhaltsübersicht/ Table of Survey

Inhaltsverzeichnis/ Table of contents

Einleitung[1]

PROF. DR. PIERRE WIDMER

Dear Colleagues,

Chères et chers ami(e)s du droit de la responsabilité,

Sehr verehrte Damen und Herren,

Ich komme mir - wie immer wenn ich als «Außereuropäer» an einer Veranstaltung der ERA teilnehme - ein bisschen vor wie Asterix, der im Kolosseum vor Löwen und Tigern auftreten bzw. einen Vortrag halten soll. *Je me sens un peu comme Asterix, I feel somewhat like Asterix being invited to speak in the Colosseum before an audience of Romans.* Denn ich komme ja aus einem Lande, das sich - ähnlich wie einst die *irréductibles* aus dem kleinen Gallierdorf auf der armorikanischen Halbinsel gegenüber Rom - heute gegenüber der Europäischen Union den Anschein eines unbeugsamen Unabhängigkeitswillens gibt, mit dem nicht ganz nebensächlichen Unterschied allerdings, dass wir uns dem europäischen Recht oftmals in geradezu unterwürfiger Weise - bis hin zum vorauseilenden Gehorsam - anpassen. Ich glaube, man kann ohne Übertreibung behaupten, dass - seitdem Österreich sich ebenfalls integriert hat - wir in der Schweiz in der Disziplin des sogenannten "autonomen Nachvollzugs" geradezu Europameister geworden sind.

Es gibt auch noch einen anderen Unterschied zur gallischen *résistance* gegen die Römer, nämlich den, dass in der Schweiz zumindest die Privatrechtler sich ihrer Zugehörigkeit zu Europa und zum Einflussbereich des alten *ius commune* durchaus bewusst und auch ohne weiteres bereit sind, an dieses gemeinsame Erbe anzuknüpfen. Und die Bereitschaft, bei internationalen Harmonisierungsbestrebungen im Privatrecht mitzuarbeiten, würde zweifellos selbst dann weiterbestehen, wenn der Beitritt der Schweiz zur Europäischen Union sich noch längere Zeit hinziehen sollte[2]. Mit dem Obligationenrecht hat ja vor 120 Jahren auch die interne schweizerische Rechtsvereinheitlichung begonnen.

Autrement dit: Nous ne sommes pas de ceux qui s'exclament "Ils sont fous, ces Européens - ou: ces Romains". Nous sommes évidemment conscients du fait que notre droit des obligations - comme ceux de la plupart des pays européens - est largement empreint du modèle romain et qu'il n'y a pas

[1] Der Vortragsstil wurde samt Einschüben in französischer und englischer Sprache beibehalten.

[2] Inzwischen haben wir ja immerhin mit der Zustimmung des Schweizervolkes zu den bilateralen Verträgen mit der Europäischen Union am 21. Mai 2000 einen bedeutenden Schritt in diesem Annäherungsprozess vollzogen. Allerdings ist die Interpretation dieser Zustimmung zwischen den Euroskeptikern einerseits und den sog. « Euro-Turbos » anderseits heftig umstritten: Die Skeptiker wollen darin gleichzeitig ein « Nein » zu einem EU-Beitritt der Schweiz - mindestens für das nächste halbe Jahrhundert - sehen, während die Pro-Europäer die Verträge als Vorstufe zur vollen Integration betrachten und diese möglichst beschleunigen möchten.

trente-six mille façon de concevoir un droit des contrats ni un droit de la responsabilité ...

Es gibt übrigens auch noch einen dritten Unterschied in meiner Situation gegenüber derjenigen jenes Christen, der in der römischen Arena den Löwen zum Fraß vorgeworfen werden sollte und der die Raubtiere zum Erstaunen Neros mit einem ins Ohr des grimmigsten Löwen geflüsterten Wörtchen dazu brachte, sich mit eingezogenen Schwänzen in ihre Boxen zurückzuziehen. Vom Kaiser zur Rede gestellt, gestand er, den Löwen zugeraunt zu haben: *Après le banquet, discours!* Daraufhin hätten es die Löwen vorgezogen, auf das Bankett zu verzichten. Ich habe diese Möglichkeit nicht, da ich ja als Erster sprechen muss ... Sie können mich also nach dieser Begrüßung ohne weiteres auffressen; doch solange ich noch am Leben bin, möchte ich davon profitieren, um diese Tagung zu eröffnen zu einem Thema das mir - als Mit-Initiant einer umfassenden Reform des schweizerischen Haftpflichtrechts und Mitglied des *European Group on Tort Law* (auch unter dem Namen *Tilburg-Gruppe* bekannt) - besonders am Herzen liegt.

So darf ich zunächst zur Begrüßung der Sitzungspräsidenten und Referenten (von denen drei ja diese Aufgaben in Personalunion auf sich vereinen) übergehen und mich im Namen der *E R A* und aller Teilnehmer bestens dafür bedanken, dass sich so namhafte Persönlichkeiten - von denen wir wissen, dass sie mit ihren zahlreichen Aufgaben mehr als ausgelastet sind - die Zeit und die Mühe genommen haben, ihre Beiträge zu dieser Veranstaltung zu leisten. In der Reihenfolge ihres Bühnen- bzw. Kathederauftritts - *dans l'ordre d'entrée sur scène, il s'agit de:*

- Professor **Walter van Gerven**, from Maastricht and Leuven, former Advocate General at the European Court of Justice;

- Professor **Peter Christian Müller-Graff**, from Heidelberg and Trier, known for his numerous publications on European Private Law and who will fire the starting shot by giving us a survey of private law harmonisation in the EU;

- then Professor **Richard Plender**, from Cambridge and London, who will speak about central questions and developments of the Rome Convention;

- Mr. **Dirk Staudenmayer**, an insider of the DG XIV of the EU-Commission, who will present problems relating to consumer protection under this aspect;

- Professor **Reinhard Welter**, from Leipzig, is a specialist in the law of the capital market; his subject will be the impact of the Rome Convention in the field of banking contracts;

- Professor **Ole Lando**, Kopenhagen, needs not to be presented anymore: he is the «father» of European contract law and - as I am proud to remember - *doctor honoris causa* of (among others) the University of Fribourg in Switzerland;

- Mr. **Michael Wilderspin** comes also from the European Comission, and is active in the new *Task Force Justice and Home Affairs* , which is particularly closely interested in the themes of our meeting;

- Professor **Ulrich Magnus** from Hamburg, University and from the Max-Planck-Institute for foreign and international private law, also a member of the "club" (I use this word intentionally), which works actively on the harmonization of tort law in Europe: the *European Group on Tort Law*;

and - last but certainly not least -

- my colleague from Zurich (and Hamburg), who is also a member of my supervisory authority, the board of the Swiss Intitute of Comparative Law, Professor **Kurt Siehr,** who will probably show you how numerous (apart from some divergencies) the common grounds between the European and the Swiss conflict of law rules are.

Einige wenige Worte noch zu unserem Thema: die Tagung der ERA zeigt recht illustrativ auf, wie sich das europäische Privatrecht entwickelt: nämlich nur sehr zögernd im Bereich der materiellen Vereinheitlichung - etwa des Verbraucherrechts, des Gesellschaftsrechts oder des Umweltrechts - und deutlich forscher auf den herkömmlichen Geleisen des internationalen Privat- und Zivilprozessrechts.

Ein Hauptakzent der Tagung wird deshalb auf diesen Materien liegen, dargestellt insbesondere an den Reform- und Erweiterungsbestrebungen im Bereich des Römer Schuldvertragsübereinkommens - was die Frage des anwendbaren Rechts betrifft -, sowie des Brüsseler- und (wie ich hier doch - ausnahmsweise als Vertreter eines Vertragsstaates - anfügen muss:) auch des Lugano-Übereinkommens hinsichtlich Zuständigkeit und Vollstreckung.

Aber - und das freut mich als "Materiellrechtler" und Rechtsvergleicher mit einem starken Hang zum Haftungsrecht ganz besonders -: es sollen auch die noch etwas diskreten und vor allem dem persönlichen Engagement der Beteiligten zu verdankenden Projekte zur materiellen Harmonisierung des Haftungsrechts vorgestellt werden, die zum Teil ohne jede Unterstützung und Förderung seitens offizieller europäischer Instanzen unternommenen worden sind. Im Gegensatz zu zahlreichen Skeptikern (gerade auch in den Mitgliedländern der Union) bin ich, und sind Mitstreiter wie etwa *Ulrich Magnus* und *Helmut Koziol* der Auffassung, dass es durchaus realistische Aussichten gibt, im Bereich des Haftungsrechts gemeinsame Prinzipien zu entwickeln - ähnlich wie das die ja leibhaftig unter uns weilende Lando-Kommission im Vertragsrecht getan hat und weiter tut. Die bisherigen Studien, etwa im Rahmen des bereits genannten *European Group on Tort Law*, lassen erkennen, dass es über weite Strecken vor allem die dogmatischen Ansätze sind, in denen wir uns voneinander unterscheiden, und dass, sobald man sich mit praktischen Fällen beschäftigt, die Lösungen in der Regel nicht gar so weit auseinanderliegen.

Doch selbst im theoretischen bzw. ideologischen Bereich bestehen erstaunliche Gemeinsamkeiten: Vielleicht die frappierendste ist die «Falschmünzerei», die praktisch überall mit dem Begriff des Verschuldens getrieben wird. Man anerkennt zwar, dass dieses Zurechnungskriterium durch die sogenannte «Objektivierung» fast völlig ausgehöhlt worden ist (Stichwort: *"Negligence without fault"*), hält aber unverrückbar und gegen jede Evidenz daran fest, dass das Verschulden ***das*** tragende und zentrale

Haftungsprinzip bleiben müsse, und zwar selbst dort, wo verschuldensunabhängige Haftungen ihm in der Praxis schon längst den Rang abgelaufen haben und im Zusammenspiel mit Privat- und Sozialversicherungen durchaus genügende Auffangnetze gewährleisten - was in praktisch allen europäischen Ländern der Fall ist.

Ein anderer Aspekt, zu welchem sich eine durchaus generelle und konvergierende Tendenz abzeichnet, ist die Entwicklung einer Unternehmens-Organisationshaftung, die dem Umstand Rechnung tragen soll, dass sich das individuelle Verschulden in unserer arbeitsteiligen und immer komplexer werdenden Dienstleistungsgesellschaft mehr und mehr verflüchtigt.

Und ein drittes Problem schließlich, welches mit dem Überhandnehmen des sog. tertiären Sektors (Dienstleistungen) praktisch alle Rechtsordnungen herausfordert, ist die Frage nach der Ersatzfähigkeit des bisher eher diskriminierten, bzw. gegenüber Eingriffen in persönliche und sachliche (physische) Güter zurückgesetzten sogenannten "reinen Vermögensschäden". *"Pure economic loss"* is a well known concept also in the ambit of the common law, tandis que dans l'aire francophone, et bien que le terme *«dommage purement économique»* y soit également connu, on sent en général une certaine réticence à considérer le problème sous l'angle d'une protection différenciée des biens juridiques.

Gerade diese letzte Frage aber zeigt auch besonders drastisch die Gefahr eines ausufernden Haftungsrechts und die Notwendigkeit, adäquate Kriterien zu entwickeln, um die Schleusentore nicht allzu weit zu öffnen bzw. offenzulassen[3]. Denn es nützt wenig, allen Geschädigten und potentiell Geschädigten des Kontinents oder des Globus' vorzugaukeln, man könne für jeden Schaden einen Haftpflichtigen auftreiben, wenn dessen Ersatzpflicht sich dann als leere Hülle entpuppt. Hingegen könnte es sehr wohl ein Ziel sein, dafür zu sorgen, dass das Haftpflichtrecht an Glaubwürdigkeit dadurch gewinnt, dass es besser und schneller durchsetzbar wird als dies heute vielfach der Fall ist; freilich setzt das vor allem auch die Koordination mit anderen Schadenskompensationssystemen voraus, insbesondere mit denjenigen der privaten und sozialen Versicherungen - ein häufig schon im nationalen Recht überaus komplexes und demzufolge für internationale Harmonisierungsbestrebungen erst recht dornenvolles Feld.

Meine Hoffnung und mein Wunsch ist es, dass wir mit dieser Tagung auf dem zweifellos noch langen und steinigen Weg zu einem europäischen *tort law*, welches sich - davon bin ich überzeugt - auch in der Schweiz durchsetzen würde, einen kleinen und dennoch entscheidenden Schritt tun können.

In diesem Sinne danke ich nochmals der Akademie, namentlich Frau Kollegin Novak-Stief sowie der Direktion, für die Organisation dieser

[3] Vgl. die erste Publikation des *European Group on Tort Law* : The Limits of Liability - Keeping the Floodgates Shut, The Hague/London/Boston, 1996.

Veranstaltung, und Ihnen, liebe Kolleginnen und Kollegen, im voraus für Ihr aktives Mitdenken und Mitmachen.

Privatrechtsangleichung durch die EG im Schnittfeld von Sachrecht und Kollisionsrecht

PROF. DR. PETER-CHRISTIAN MÜLLER-GRAFF

Privatrechtsangleichung durch die EG[1] - diese Frage hat bei genauerer Betrachtung *nur teilweise* mit dem Schwerpunktthema dieser Tagung zu tun, die speziell der Rolle des Internationalen Privatrechts im Binnenmarkt unter dem noch spezielleren Gesichtspunkt der Europäisierung des Haftungsrechts gewidmet ist.

Denn gegenüber diesen Fragestellungen ging und geht es mit der gemeinschaftsrechtsgestützten Privatrechtsangleichung durch die EG bislang *zuallererst* um die Angleichung von *Sach*recht, mögen sich in den Richtlinien auch kollisionsrechtliche Spurenelemente finden, die aber auch nicht Hauptthema *dieser* Tagung sind. Die beiden prominenten Abkommen, EVÜ und EuGVÜ, haben sich jedenfalls *außerhalb* der gemeinschaftsrechtsgestützten Privatrechtsangleichung durch die EG und damit *außerhalb* des Gemeinschaftsrechts und seiner allgemeinen Grundsätze entwickelt. Erst der von Amsterdam neugeschaffene *Art. 65* EG-V zur justitiellen Zusammenarbeit in Zivilsachen mit grenzüberschreitenden Bezügen spricht bekanntlich *erstmals* die Förderung der Vereinbarkeit der in den Mitgliedstaaten geltenden *Kollisionsnormen,* Vorschriften zur Vermeidung von Kompetenzkonflikten und zivilrechtlichen Verfahrensvorschriften *ausdrücklich* als Agende der Gemeinschaft an und ordnet sie, soweit sie für das reibungslose Funktionieren des Binnenmarktes erforderlich ist, dem speziellen Beschlussregime des Art.67 EG-Vertrag zu. Mit dieser ausdrücklichen inhaltlichen und verfahrensförmigen Regelung hat sich in einem wesentlichen Bereich die Frage überholt, inwieweit Kollisionsnormen *auch ohne* Annexcharakter zu sachrechtlichen Angleichungsrichtlinien schon vor Amsterdam auf der Grundlage der seinerzeitigen Artt.100a und 235 EGV (jetzt Art.95, 308) angleichbar waren. Jedenfalls können EuGVÜ und EVÜ, die beide dem reibungslosen Funktionieren des Binnenmarktes dienen, nunmehr durch eine entsprechende rechtspolitische Entscheidung in Gemeinschaftsrecht verwandelt werden, sei es im Wege der richtliniengestützten Angleichung oder, vorzugswürdig, durch Schaffung verordnungsgestützen unmittelbar anwendbaren Gemeinschaftsrechts.

[1] Text des Vortrags. den *Verf.* auf der Tagung der Europäischen Rechtsakademie "Internationales Privatrecht im Binnenmarkt: Europäisierung des Haftungsrechts" am 25.10.1999 gehalten hat. Als umfassendere Behandlung des Themas der Rolle des Privatrechts in der europäischen Integration und der Frage eines gemeinsamen Privatrechts in der Europäischen Gemeinschaft vgl. den zugrundeliegenden und hier auszugsweise wiedergegebenen Text des *Verf.*, in: Peter-Christian Müller-Graff (Hrsg.), Gemeinsames Privatrecht in der Europäischen Gemeinschaft, 2.Aufl. 1999, S.9-100 m.w.N. (Nomos).

Allerdings wird damit zugleich erkennbar, dass das mitgliedstaatliche internationale Privatrecht seine Funktion verliert, soweit unmittelbar anwendbares Gemeinschaftsrecht anwendbar ist, sei es Sachrecht, sei es Kollisionsrecht. Denn *insoweit* kommt es auf die Bestimmung eines einzelnen mitgliedstaatlichen Rechts überhaupt nicht mehr an, erledigt sich also die Bedeutung des internationalen Privatrechts im Binnenmarkt. Soweit allerdings die gemeinschaftsrechtlich verankerte Europäisierung des Zivilrechts (sei es Sachrecht, sei es Kollisionsrecht) nur zu einer *richtliniengestützten Angleichung* der mitgliedstaatlichen Rechte führt, ist weiterhin grundsätzlich nur mitgliedstaatliches Recht unmittelbar anwendbar und daher das im Einzelfall maßgebliche mitgliedstaatliche Recht mittels der einschlägigen Kollisionsnormen zu bestimmen.

Das mir gestellte Thema hat allerdings auch mit der *zweiten* Leitfrage dieser Tagung, der *Europäisierung des Haftungsrechts*, nur teilweise zu tun - allerdings schon deutlich mehr. Haftungsrechtliche Fragen lassen sich durchaus als Sachgegenstand in Angleichungsrichtlinien der Gemeinschaft ausmachen, stellen allerdings bislang nur einen eher *begrenzten* Teilbereich der Privatrechtsangleichung durch die EG dar.

Diese *Bedenken* gegen die Stimmigkeit der mir zugedachten Frage zu der nachfolgenden Themenabfolge vorweggeschickt, habe ich mich von Frau *Dr. Novak-Stief* dann doch davon überzeugen lassen, dass es zum Gesamtablauf der Tagung stimmig sein könnte, das Fragenbündel nach dem Internationalen Privatrecht im Binnenmarkt und der Europäisierung des Haftungsrechts mit einer Überblicksskizze über die gegenwärtige *Hauptströmung* der Entwicklung der Europäisierung des Privatrechts insgesamt zu *konfrontieren*: nämlich mit der gemeinschaftsrechtsgestützten Privatrechtsangleichung durch die EG.

Dieses Thema war vor einem guten Jahrzehnt dem größten Teil der Privatrechtswissenschaft entweder gänzlich *unbekannt* oder jedenfalls *nicht* der Rede wert. *Heute* hingegen ist es in nahezu *aller* Munde. Es hat sich viel getan im letzten Jahrzehnt: wissenschaftlich, legislativ und judikativ: mit der Konsequenz, dass mittlerweile das Gemeinschaftsprivatrecht als ein inhaltlich ausgefächertes und problembezogen vielgliedriges Rechtsgebiet erkannt und Gegenstand einer zunehmenden Zahl von Veröffentlichungen geworden ist - Veröffentlichungen, die naturgemäß aus ganz unterschiedlichen erkenntnisorientierten Leitfragen gespeist und auch ganz unterschiedlicher Qualität sind. Deren kommentierende Betrachtung ist *nicht* Gegenstand der nachfolgenden Überlegungen. Mit ihnen geht es vielmehr um die Sachgegenstände des Gemeinschaftsprivatrechts selbst und hierbei - wegen der bisherigen Hauptrichtung der Entwicklung- *speziell* um die *Privatrechtsangleichung* durch die EG.

Demgegenüber soll das kraft Primärrecht oder Verordnungsrecht in allen Mitgliedstaaten *unmittelbar* anwendbare Gemeinschaftsprivatrecht *nur am Rande* berücksichtigt werden - ebenso wie das (in nachfolgenden Referaten thematisierte) *europäische Konventionsprivatrecht*, das (wie schon gesagt) das Gemeinschaftsprivatrecht bisher nur begleitet, nun aber teilweise vor einer Umwandlung seiner Rechtsnatur steht. Und ebenso ausgespart bleibt bei diesem Thema der als Anregungsquell dem Gemeinschaftsprivatrecht teilweise durchaus hilfreiche, teilweise aber auch schillernde Gedanke eines vorgegebenen *gemeineuropäischen Privatrechts*, wie er in Publikationen zur Rechtsvergleichung und Rechtsgeschichte verfolgt wird.

Positiv sollen nachfolgend in einer Dreigliederung die Fragen nach den Ausgangspunkten und Konzepten (A), nach den Identifikationsgründen bestimmter Sachgebiete zur Angleichung (B) und nach den Querschnittproblemen (C) aufgegriffen werden.

A. Ausgangspunkte und Konzepte

Erstens: Über Privatrechtsangleichung durch die EG lässt sich kaum sinnvoll sprechen, ohne zunächst die *Systemstellung* der Rechtsangleichung im EG-Vertrag und damit deren *Anlass* und *Konzept* in der Vertragsverfassung der EG zu bestimmen.

Verbindliche Rechtsangleichung im allgemeinen und verbindliche Privatrechtsangleichung im besonderen sind in der EG kein Selbstzweck. Dafür gäbe es keinerlei Legitimation. Der *ursprünglich* auslösende Grund, aus dem allmählich Einzelfragen des Privatrechts zum Gegenstand der Angleichungspolitik wurden, ist vielmehr bekanntlich die Politik der seinerzeitigen EWG und heutigen EG zur Verwirklichung des *Gemeinsamen Marktes*, der mit der Einheitlichen Europäischen Akte zum Binnenmarkt pointiert wurde. In anderen Worten: auslösender Grund war und ist die Politik zur Verwirklichung des vertraglich vereinbarten Konzepts der *Grundfreiheiten* in einem System, in dem der Wettbewerb vor Verfälschungen geschützt ist. *Zunehmend* wird diese Entwicklung allerdings begleitet -und in der allgemeinen Wahrnehmung vielleicht sogar überlagert- von Konzepten, die *entweder* auf die Überwindung von Hemmnissen für grenzüberschreitende Geschäfte aus Unterschieden des sog. Verbraucherrechts ausgerichtet sind; oder spezifisch auf den sog. Verbraucherschutz; oder die neuerdings (insbesondere seit Amsterdam) unter dem zunächst eher der politischen Rhetorik entstammenden Wort des europäischen Rechtsraums darauf abzielen, Gemeinschaft und Union als Rechtsgemeinschaft in *allen* Bereichen auszubauen.

I. Grundkonzept des Gemeinsamen Marktes

Zum Verständnis der Herkunft, der Entwicklung und der realistischen Perspektiven der EG im allgemeinen und deren Privatrechtsangleichung im besonderen ist es gleichwohl unverändert hilfreich, sich an zwei Ausgangspunkte zu erinnern:

Erstens, dass der EG-Vertrag für die Integration und die Gemeinschaftsbildung *nicht* zuallererst auf die Vergemeinschaftung und Supranationalisierung kompletter nationaler Hoheitsbereiche angelegt ist. Dieses nach 1945 teilweise intensiv verfolgte Grundkonzept scheiterte bekanntlich bereits im Jahre 1954 spektakulär im Ratifikationsverfahren des Vertrages über die Europäische Verteidigungsgemeinschaft und mit dem damit verbundenen Vorhaben einer Europäischen Politischen Gemeinschaft und dies wiederum führte zur sog. relance européenne in Gestalt der Römischen Verträge von 1957. Erst die Europäische Währungsunion hat den Gedanken der Supranationalisierung eines kompletten Hoheitsbereiches wieder aufgenommen und hat wohl gerade auch deshalb in Deutschland die sensible Unruhe über die ungewohnte Dimension eines zentralen nationalen Souveränitätsverzichts angetrieben.

Zweitens ist daher zu erinnern, dass EG- und EU-Vertrag zum Zweck der politischen, wirtschaftlichen und gesellschaftlichen Zusammenführung der aus der Tiefe der europäischen Geschichte gewachsenen Staaten unverändert *zuallererst* auf den tragenden Sockel des Konzepts der *Marktgrundfreiheiten* setzen und damit darauf, dass die *binnengrenzüberschreitende Privatinitiative* bei Warenaustausch und Dienstleistungsverkehr, bei Beschäftigung, Niederlassung und Kapitalgeschäften möglichst ungehindert von mitgliedstaatlichen Zugangsbeschränkungen und Wettbewerbsverfälschungen wirken kann. Zu diesem Zweck enthält der EG-Vertrag zwei gerade auch für das Privatrecht erhebliche Kategorien von Rechtsnormen: unmittelbar geltende primärrechtliche Kontrollnormen (II) und Ermächtigungsnormen zum Erlass von Sekundärrecht (III).

II. Primärrechtliche Kontrolle von mitgliedstaatlichem Privatrecht

So ist das Recht der Grundfreiheiten und der Wettbewerbsregeln für Unternehmen von *unmittelbar* anwendbaren primärrechtlichen Verboten geprägt, die nach der Rechtsprechung des EuGH bekanntlich Anwendungsvorrang vor dazu widersprechenden nationalen Vorschriften entfalten. Derartig konfligierende Bestimmungen können in *allen* Rechtsgebieten auftreten, wie namentlich die reiche Judikatur zum Verbot der Maßnahmen gleicher Wirkung wie mengenmäßige Einfuhrbeschränkungen zeigt (Art.28 EGV): auch im *Privat*recht, wiewohl dies hier dem ersten Blick weniger auffällig erscheinen mag als etwa im Wirtschaftsverwaltungsrecht, im Lebensmittelrecht und Arzneimittelrecht. Indes werden zunehmend Konflikte zwischen Grundfreiheiten und nationalem Privatrecht erkannt.

So betreffen Kollisionen namentlich das Recht gegen unlauteren Wettbewerb, hier insbesondere in Gestalt von Werbebeschränkungen, des weiteren die Zivilrechtssanktionen bei gewerblichen Schutzrechten und Urheberrechten, aber auch schuldrechtliche Regeln einfuhrdiskriminierender Art, ohne dies hier zu illustrierend zu vertiefen. (wie beispielsweise im deutschen Recht die vorvertragliche Pflicht zur Aufklärung über Sondergefahren für die Wartung bei Parallelimporten von Kraftfahrzeugen, die Erweiterung der Verkehrssicherungspflichten des Importeurs, die Aufstellung einer eigenen Produktbeobachtungspflicht der inländischen Vertriebsgesellschaft eines ausländischen Herstellers als einziger inländischer Repräsentantin oder des selbständigen inländischen Alleinimporteurs oder die Erweiterung der Prüfungspflichten von Presseunternehmen bei der Veröffentlichung von Anzeigen von Auftraggebern mit Sitz in einem anderen

Mitgliedstaat). Auch *unterschiedslos anwendbares* Privatrecht kann in Konflikt mit den Grundfreiheiten geraten, so namentlich Vorschriften mit produktgestaltendem Charakter im Bereich der Bank- und Versicherungsgeschäfte.

Es ist die These aufgestellt worden, bei *dispositivem* Recht scheide von vornherein die Eignung zur Behinderung des Freiverkehrs aus und gleiches gelte im Falle der Möglichkeit zur Abwahl zwingenden nationalen Privatrechts durch Rechtswahl. Dies ist jedoch zweifelhaft. Denn allein die bloße Existenz dispositiven Rechts kann ein Handelshemmnis oder ein Wettbewerbserschwernis für alle diejenigen begründen, die zu Abdingung oder Rechtswahl im Vorfeld eines Vertragsabschlusses keinen Anlass oder keine Möglichkeit fanden.

Allerdings ist *generell* die substantiierbare Eignung unterschiedslos anwendbarer Zivilrechtsnormen zur Einfuhrbehinderung umso weniger zu erwarten, je allgemeiner sie gefasst sind und je anwendungsambivalenter sie daher im zwischenstaatlichen Handel wirken können, so dass Sorgen über "systemsprengende" Wirkungen für die nationalen Privatrechtsordnungen (deren Unterscheidung von der historisch üblichen und legitimen Fortentwicklung von Rechtsordnungen ohnehin unklar ist) durch die Grundfreiheitenkontrolle übertrieben wirken. Andererseits ist aber auch nicht zu verkennen, dass allein die Existenz unterschiedlicher Zivilrechtsnormen für den grenzüberschreitend Tätigen *Rechtsberatungsbedarf* begründet (und damit einfuhrbelastende *Transaktionskosten*), dass die Existenz unterschiedlichen sog. Verbraucherschutzes den nachdenklichen Marktteilnehmer etwa beim Fernabsatz zu grenzüberschreitender *Zurückhaltung* zu veranlassen vermag und dass mitgliedstaatsspezifische Schutzstandards (für Arbeitnehmer, Gesellschafter, Gläubiger, Konkurrenten und sog. Verbraucher) überdies als kostenrelevante Faktoren den Wettbewerb zwischen Unternehmen mit unterschiedlichen regionalen Marktschwerpunkten zu *verzerren* geeignet sind (und daher auch insoweit potentiell ein erfolgreiches binnengrenzüberschreitendes Wirtschaften erschweren können).

Freilich bleibt, falls derartige Erschwernisse überhaupt tatbestandsrelevant sind, deren Überwindung durch unmittelbar anwendbare Vorschriften des Gemeinschaftsrechts letztlich *begrenzt:* zum einen auf eher *punktuell* auftretende Einzelfragen und zum anderen wegen der Möglichkeit der *Rechtfertigbarkeit* von Handelshemmnissen aus zwingenden Gründen (Rechtfertigungsgründe finden sich bekanntlich im Warenverkehrsrecht in der sog. Cassis-Rechtsprechung, hierbei privatrechtlich bedeutsam insbesondere der Verbraucherschutzes und der Schutz der wettbewerblichen Lauterkeit, sowie in Art.30 EGV, hierbei privatrechtlich einschlägig namentlich der Schutzes des gewerblichen Eigentums).

III. Ermächtigungen zum Erlass von sekundärrechtlichem Gemeinschaftsprivatrecht

Da aus diesen Gründen die Funktionsfähigkeit des Binnenmarktes im Ergebnis infolge einer mitgliedstaatlichen Regelung beschwert sein kann, öffnet der EG-Vertrag der Gemeinschaft folgerichtig die Befugnis zur Rechtsetzung, so insbesondere nach Art.95 Abs.1 EGV zum Erlass von Maßnahmen zur Angleichung der Rechts- und Verwaltungsvorschriften der Mitgliedstaaten, die die Errichtung und das Funktionieren des Binnenmarktes zum Gegenstand haben. Rechtsangleichung dient auf dieser Grundlage der *Verwirklichung* der Grundfreiheiten durch Beseitigung von Marktzugangshindernissen oder Marktzugangserschwernissen in Gestalt von normbegründeten Wettbewerbsverfälschungen.

Bei dieser Ermächtigung zur *verbindlichen* Vorgabe des Ziels und Maßstabs binnenmarktbezogener einzelstaatlicher Rechtsgestaltung handelt es sich im Rahmen des EG-Vertrages um eine Befugnis, die ihrer Natur *allein* der Gemeinschaft zukommen kann: dies wegen der profilbildenden Eigenheit der Befugnis, die Funktionserfordernisse des Binnenmarktes in einer bestimmten Sachfrage für alle Mitgliedstaaten *verbindlich* festzulegen. Demgegenüber gehört nach Erlass einer Angleichungsrichtlinie die *zielgemäße Verwirklichung* der darin enthaltenen Vorgaben zu dem davon zu trennenden Tätigkeitsbereich, der den *Mitgliedstaaten* obliegt. Diese zu unterscheidenden "Bereiche" und "Befugnisse" werden in der Diskussion um die Erstreckbarkeit des normativ definierten Subsidiaritätsprinzips des Art.5 Abs.2 EGV auf die Ermächtigung des Art.95 Abs.1 EGV oft nicht auseinandergehalten. Hierbei verkennt überdies die Erörterung, die das Verhältnis zwischen Art.5 Abs.2 EGV und Art.95 Abs.1 EGV isoliert betrachtet, regelmäßig, dass Argumente zugunsten der "Nicht-Ausschließlichkeit" der Zuständigkeit ihrem Inhalt nach bereits die normlogisch vorrangige Frage des Bestehen der Kompetenz (Art.5 Abs.1 EGV) verneinen, da diese nur bei "Erforderlichkeit" der Angleichung (Artt.95 Abs.1 EGV i.V.m. Artt. 14 Abs.1, 3 lit. h EGV) gegeben ist. Beides gilt auch für den Gesichtspunkt der autonomen mitgliedstaatlichen Beseitigung von Handelshemmnissen vor Erlass einer Angleichungsrichtlinie, die definitionsgemäß nur auf dem freibleibenden Binnenmarktverständnis eines Mitgliedstaats beruht (und möglicherweise ein Erfordernis zur Angleichung nicht auftreten lässt), nicht aber ein binnenmarktliches Funktionserfordernis umsetzt, das auf einem als erforderlich erachteten verbindlichen Definitionsakt der Gemeinschaft beruht.

Ermächtigungen zum Erlass von sekundärrechtlichem Gemeinschaftsprivatrecht finden sich im EG-Vertrag auch noch *anderswo*, ohne dies hier zu vertiefen. Genannt seien nur Art.94 EGV (er kann zum Zuge kommen, soweit Art.95 EGV nicht anwendbar ist), des weiteren speziell zur Verwirklichung der Niederlassungsfreiheit von Gesellschaften Art.44 Abs.2 lit. g EGV; ferner Art.153 EGV für spezifische Verbraucherschutzmassnahmen, m.a.W. auch Maßnahmen, die nicht aus dem Erfordernis der Herstellung oder des Funktionierens des Binnenmarktes begründbar sind; schließlich abrundend die Lückenschließungskompetenz des Art.308 EGV.

Mit der Rechtsangleichung durch die EG geht es dabei nicht um die Schaffung unmittelbar anwendbaren Einheitsrechts. Tatsächlich hat sich auf der Grundlage der Angleichungsermächtigungen seit über einem Jahrzehnt eine mittlerweile beachtenswerte Zahl von Privatrechtsangleichungs-Richtlinien herausgebildet. Die binnenmarktfinale Grundlage dieser Richtlinien erklärt, dass diese aber nicht Ausdruck eines privatrechtssystematischen Konzepts sind, sondern Folge des Konzepts der Erleichterung des binnengrenzüberquerenden Wirtschaftsaustausches. Dies wiederum erklärt den schon früh befürchteten Befund einer etwas pointillistischen Privatrechtsharmonisierung, die tatsächlich eine oft aktualitätsveranlasste marktprivatrechtliche Angleichung ist.

B. Angleichungsgegenstände und deren Identifikationsgründe

Das sachgegenständlich und konzeptionell *heterogene* Bild wird deutlich, wenn man sich den wichtigsten mittlerweile von der Angleichung im Privatrecht erfassten Sachgebieten im einzelnen zuwendet. Betroffen sind - eingeschränkt auf das *Sach*recht- aus der Sicht der deutschen privatrechtlichen Terminologie und Einteilung bislang vor allem das Vertragsrecht (I), das Haftungsrecht (II) und das Arbeitsrecht (III), das Handelsrecht (IV) und das Gesellschaftsrecht (V), das Wettbewerbsrecht (VI), der gewerbliche Rechtsschutz und das Urheberrecht (VII). Es ist hier nicht der Anlass, alle diese Gebiete aufzufalten. Wohl allerdings bietet sich an, Gegenstände und Gründe der Angleichung haftungsrechtlicher Regeln im Vergleich zu denjenigen im Vertragsrecht hervorzuheben.

I. Vertragsrecht

Im Vertragsrecht ist neben der elementaren primärrechtlichen Gewährleistung der grenzüberschreitenden Abschluss- und Inhaltsfreiheit gegen ungerechtfertigte Beschränkungen die bislang stärkste Einwirkung des Gemeinschaftsrechts in Gestalt der marktintegrativen Angleichungspolitik zu erkennen.

Sie hat ihren Aktivitätsschwerpunkt vor allem im Bereich der sog. *Verbraucherschutzvorschriften* gefunden, deren Harmonisierung *januskopfig* begründbar ist: *einerseits* mit der *Entlastung* der *Unternehmen* von Wettbewerbsverzerrungen aus von ihnen zu beachtenden, unterschiedlichen nationalen Standards des Verbraucherschutzes, wiewohl insoweit die Begründungen der Richtlinien oft substantiierter hätten sein können; und *andererseits* ist die Harmonisierung zugleich erklärbar mit der *Ermutigung der Verbraucher* zum grenzüberschreitenden Vertragsschluss (insbesondere: durch Transparenzerhöhung, Mindestschutz und Auswahlerhöhung), also mit der Förderung der Wahrnehmung ihrer Marktgrundfreiheiten (im Sinne der Förderung der Bereitschaft zum Warenkauf in anderen Mitgliedstaaten oder zur grenzüberschreitenden Inanspruchnahme von Dienstleistungen).

Aus diesen Wurzeln erwuchs bislang bekanntlich ein Kranz von Richtlinienvorgaben für einzelne, teils gemeinschaftsrechtlich neu kreierte oder definierte *Vertragstypen*: für Verträge außerhalb von Geschäftsräumen, für Verbraucherkreditverträge, für Pauschalreiseverträge, für -in ihrer Bedeutung etwas randständig- Verträge über Teilnutzungsnutzungsrechte an Immobilien, für Fernabsatzverträge und für Verbrauchsgüterkaufverträge und Garantien für Verbrauchsgüter; daneben querschnittsartig für die Kontrolle missbräuchlicher Vertragsklauseln in Verbraucherverträgen.

Mit diesen Richtlinien wird der sog. Verbraucherschutz, dessen *Leitprinzipien* noch der rechtsgedanklichen Klärung bedürfen, im einzelnen auf ganz *unterschiedliche* Weise zu sichern versucht: namentlich durch Rücktritts- bzw. Widerrufsrechte (so bei Haustürgeschäften, Teilzeit-eigentum-Verträgen und Fernabsatzverträgen), durch Informationsobliegenheiten bzw. -pflichten des Gewerbetreibenden (so bei Verbraucherkreditverträgen, Teilzeiteigentum-Verträgen und Fernabsatzverträgen einschließlich Teleshopping und Internet), durch Schriftformerfordernisse (so bei Haustürgeschäften und Teilzeiteigentum-Verträgen) sowie durch vertragsspezifische Gefahrvorkehrungen: so etwa bei Teilzeiteigentum-Verträgen durch die Einbeziehung von Prospektaussagen in das Vertragsprogramm, durch ein Vorauszahlungsverbot vor Ablauf der Rücktrittsfrist und durch die Ermöglichung des Einwendungsdurchgriffs bei Drittfinanzierung; bei Pauschalreiseverträgen durch die Konkurssicherung von Reisenden und bei Gewährleistungsfällen in Kaufverträgen durch die Gewährung alternativer Rechte (unentgeltliche Instandsetzung, Ersatzleistung, Minderung, Vertragsauflösung).

Im Detail von Einzelregelungen und im Verbraucherbegriff zeigen sich freilich immer wieder *Unabgestimmtheiten* zwischen den Richtlinien und geben Anlass, die Regeln besser zu koordinieren und übergreifende allgemeine Regeln zu entwickeln.

Darüber hinaus ist die *Verengung* einer binnenmarktfinal begründeten Vertragsrechtsangleichung auf Verbraucherverträge wenig sinnfällig. So können beispielsweise national unterschiedliche Kontrollstandards für Allgemeine Geschäftsbedingungen auch im Hinblick auf zwischen Kaufleuten abgeschlossene Verträge vergleichbare Binnenmarkterschwernisse beinhalten. Auffällig ist, dass es mit den sog. Verbraucherschutz-Richtlinien rechtsgedanklich tatsächlich durchweg um die Kontrolle der Handlungsfreiheit von Unternehmen geht. Überdies ist nicht zu verkennen, dass ein den Geschäftsverkehr tragendes und gestaltendes einheitliches materielles Vertragsrecht die Funktionsweise und Intensität eines Binnenmarktes nachhaltig zu fördern geeignet ist.

II. Haftungsrecht

Vergleichsweise weitaus bescheidener hat sich bislang die Angleichung des Haftungsrechts vollzogen. Hier ist unverändert deutlicher, dass die Harmonisierung auf die Vermeidung von Wettbewerbsverzerrungen zwischen binnenmarktweit tätigen Unternehmen zielt. Sie orientiert sich *inhaltlich* im wesentlichen am Gedanken einer mit dem Verursacherrisiko verbundenen Unternehmenshaftung und hat darin als Reflex auch Schutzwirkungen für die sog. Verbraucher. Der für Praxis und normatives Konzept durchaus zentralen Vorgabe der verschuldensunabhängigen Unternehmenshaftung für fehlerhafte Produkte konnte bislang allerdings keines der weiteren *großen* Vorhaben an die Seite gestellt werden: weder die konzeptionell an der Produkthaftungs-Richtlinie ausgerichtete, jedoch wieder zurückgezogene Regelung der zur Dienstleistungsfreiheit korrespondierenden Haftung für Dienstleistungen noch die Haftung für durch Abfälle verursachte Schäden.

Aber die Angleichung des Haftungsrechts schreitet *punktuell* und bislang wenig übersichtlich oder systemgeleitet fort. So ist beispielsweise erlassen die Richtlinie zum Schutz natürlicher Personen bei der Verarbeitung personenbezogener Daten, die eine Haftungsregelung derart beinhaltet, "dass jede Person, der wegen einer rechtswidrigen Verarbeitung oder jeder anderen mit den einzelstaatlichen Vorschriften zur Umsetzung dieser Richtlinie nicht zu vereinbarenden Handlung ein Schaden entsteht, das Recht hat, von dem für die Verarbeitung Verantwortlichen Schadensersatz zu verlangen". Eine Kombination von verschuldensunabhängiger und verschuldensabhängiger Haftung findet sich in der Pauschalreisen-Richtlinie hinsichtlich des Reiseveranstalters. Haftungsrechtliche Sonderfragen betreffen beispielsweise so unterschiedliche Sachbereiche wie Anlegerentschädigung, Flugüberbuchung, Gesellschafterhaftung (in der EWIV) und qualifizierte Zertifikate in digitaler Form. Mit der Zunahme haftungsrechtlicher Spezialregeln wird sich auch hier die Frage nach der Entwicklung allgemeiner Grundsätze ergeben.

III. Andere Bereiche

Nur zu erwähnen, jedoch nicht weiter zu vertiefen sind hier die anderen Sachgegenstände der Privatrechtsangleichung.

Aus ganz unterschiedlichen Gründen stärker betroffen stellt sich insoweit namentlich das *Arbeitsrecht* dar. Geht es hierbei inhaltlich vor allem entweder um Arbeitnehmerschutz (so bei Zahlungsunfähigkeit des Arbeitgebers, bei Betriebsübergang, bei Massenentlassungen und bei der Arbeitsplatzgestaltung) oder um die auch arbeitnehmerschützende Gleichberechtigung von Männern und Frauen im Arbeitsleben, so ist doch die binnenmarktspezifisch Begründung des Harmonisierungsbedarfs in der jeweiligen Präambelbegründung teils unsubstantiiert und lässt sich ganz unterschiedlich deuten und präzisieren: von Erleichterungen für die Wahrnehmung der nach Art.39 EGV garantierte Freizügigkeit der Arbeitnehmer bis zur Entlastung von Unternehmen von Wettbewerbsverzerrungen aus unterschiedlichen Standards. Dieser Rekurs entfällt sogar ganz, soweit über Art.308 EGV ein Rückgriff auf das in der Präambel aufgeführte Vertragsziel des wirtschaftlichen und sozialen Fortschritts vorgenommen und dieser in der Gleichbehandlung im Arbeitsleben erkannt wird.

Das *Handelsrecht*, wenn man dessen Sachgegenstände aus Sicht des deutschen Handelsgesetzbuches umreißt, ist wiederum aus anderen binnenmarktspezifischen Begründungen in Einzelaspekten Angleichungsgegenstand. So strahlt das Ziel, zur Ermöglichung der Niederlassungsfreiheit von Gesellschaften mit Herkunft aus anderen Rechtsordnungen die Schutzbestimmungen für Gesellschafter und Gläubiger, soweit erforderlich, gleichwertig zu gestalten (Art.44 Abs.3 lit. g EGV), auf die verschiedenen Elemente des Rechts der handelsrechtlichen Publizität aus: Handelsregister, Bekanntmachung, Bilanz. Demgegenüber hat das Anliegen, Handelsschranken und Wettbewerbsverzerrungen im Warenverkehr zu überwinden und die Dienstleistungsfreiheit zu fördern, das Handelsvertreterrecht erfasst. Ferner drängen Konzepte der Verwirklichung der Marktfreiheiten im Dienstleistungsverkehr, im Kapitalverkehr und bei der binnengrenzüberschreitenden Niederlassung zur Harmonisierung von Regeln des Bank-, des Börsen- und des Versicherungsrechts. Der sog. Verbraucherschutz betrifft schließlich regelmäßig einseitige Unternehmensgeschäfte und damit die Handlungsfreiheit von Unternehmen.

Unter dem schon genannten Sondergesichtspunkt der Ermöglichung von Niederlassungsfreiheit durch die gleichwertige Gestaltung von Gesellschafter- und Gläubigerschutz ist bekanntlich das Recht der *Kapitalgesellschaften* und hierbei vor allem das Aktiengesellschaftsrecht in nennenswertem Umfang Gegenstand gemeinschaftsrechtlicher Harmonisierung geworden: insbesondere im Hinblick auf das Kapitalrecht, das Publizitätsrecht, das Recht von Spaltung und Zusammenschluss und das Recht der Einpersonen-Gesellschaften.

Wieder ein anderes marktintegratives Motivbündel hat zwar nicht das gesamte *Recht zur Bekämpfung unlauteren Wettbewerbs*, wohl aber -jenseits der Kontrolle durch das Recht der Grundfreiheiten- zwei seiner zentralen Bereiche, nämlich das Recht der irreführenden und vergleichenden Werbung, unter legislativen Harmonisierungssog gebracht. Dessen Angleichung vermag vor allem einzelstaatliche Handelshemmnisse zu überwinden, die aus Lauterkeits- oder Verbraucherschutz gerechtfertigt sind, kann allerdings auch wiederum Unternehmen von Wettbewerbsverfälschungen entlasten und Verbraucher zu grenzüberschreitendem Engagement ermutigen. Demgegenüber scheint sich jedenfalls im Grundsatz eine Angleichung der nationalen *Regeln gegen Wettbewerbsbeschränkungen* nicht dringlich darzustellen, da die binnenmarkterheblichen Sachverhalte ohnehin von den ausgereiften Regeln des unmittelbar anwendbaren Gemeinschaftskartellrechts (Artt.81ff. EGV) erfasst werden.

Schließlich sind aus der Sachnähe zu Waren- und Dienstleistungsverkehr bekanntlich auch Regeln des *gewerblichen Rechtsschutzes* und des *Urheberrechts* angleichungsprädestiniert, da unterschiedliche und rechtfertigbare einzelstaatliche Regeln von Patent- und Gebrauchsmusterrecht, Markenrecht und Urheberrecht marktrelevante Handelshemmnisse oder Wettbewerbsbeschränkungen auszulösen imstande sind. Dies schlug sich bislang namentlich im Markenrecht, im Halbleiterschutz und vor allem im Bereich der Urheberrechte nieder, hier namentlich im Hinblick auf Computerprogramme, Datenbanken, Satellitenrundfunk und Kabelweiterverbreitung, Vermietung und Verleih sowie Schutzdauer.

C. Querschnittsfragen

Unbeschadet der Eigenheiten und Fragen der inhaltlichen Regeln in den einzelnen Harmonisierungsrichtlinien zu diesen ganz unterschiedlichen Sachgegenständen sind bei der Privatrechtsangleichung durch die EG doch auch *übergreifende* Fragen erkennbar, also Querschnittsprobleme, die im folgenden anzusprechen sind. Sie lassen sich zunächst nach dem *Kontext* ihres Auftretens untergliedern in Probleme der Rechtsanwendung (I), der Rechtssetzung (II) und der Rechtspolitik (III). Im Zusammenhang dieser Tagung dürften hiervon besonders die Querschnittfragen von Rechtsetzung und Rechtspolitik von Interesse sein.

I. Rechtsanwendung

Die *erste* Problemkategorie, diejenige der Rechtsanwendung, sei deshalb auch nur kurz angesprochen. Sie umfasst die (vor allem für die nationalen Gerichte erheblichen) Probleme der Anwendung angeglichenen Privatrechts oder, allgemeiner formuliert, die Fragen der Handhabung nationalen Rechts nach Rechtsangleichung. Hierbei lassen sich insbesondere unterscheiden: Wahrnehmungsprobleme der Zivilgerichte im Hinblick auf angeglichenes Recht oder Angleichungsrichtlinien; Auslegungsfragen angeglichenen Privatrechts; die Direktwirkungsproblematik; Verfahrensfragen. Sie werden ergänzt vom Erfordernis der Auslegung der Privatrechtsrichtlinien durch den EuGH. Diese Fragenkreise sollen und müssen hier nicht vertieft werden[2].

II. Rechtssetzung

Eine zweite Gruppe von Querschnittfragen betrifft nicht die Rechtsprechung, sondern die Recht*setzung*. Hierbei geht es insbesondere um die Fragen der Kompetenz zur Privatrechtsangleichung (1), der Wahl der Rechtsform (2), der Bedeutung des Subsidiaritätsprinzips (3), der sachgeeigneten Umsetzung (4) und der Wahrung der inhaltlichen Privatrechtseinheit nach Umsetzung oder Ablauf der Umsetzungsfrist (5).

1. Kompetenz zur Privatrechtsangleichung

Die anfänglich teils sehr pointiert diskutierte Frage nach der Kompetenz der EG zur Privatrechtsangleichung hat ersichtlich an Gewicht verloren. Gegen die *ursprünglich* vereinzelt verfochtene pauschale These der Unzuständigkeit der EG zur Privatrechtsangleichung hat sich die zutreffende Einsicht durchgesetzt, dass -abgesehen von der speziellen gesellschaftsrechtlichen Ermächtigung (Art.44 Abs.2 lit.g EGV) und der verbraucherschutzpolitischen Kompetenz (Art.153 EGV)- insbesondere die marktfunktional orientierten

[2] Vgl.dazu ausführlich den in Fn.1 zitierten Text; s. dort S.48-58 m.w.N.

allgemeinen Kompetenznormen der Artt.94,95 EGV, aber auch 308 EGV das Privatrecht nicht ausdrücklich erwähnen müssen, um es gleichwohl zu ergreifen.

Freilich ist damit nicht eine Blankettkompetenz für das Privatrecht insgesamt eröffnet, sondern *nur* eine Ermächtigung zu markt- oder ansonsten zielfunktionalen Maßnahmen, zu denen die Schaffung eines einheitlichen Zivilrechtsraums gegenwärtig wohl schwerlich zu rechnen wäre. Die marktintegrativen Angleichungsermächtigungen bestehen gemäss Art.3 lit. h i.V.m. Art.95 EGV, Art. 14 Abs.1 i.V.m. Art.95 EGV, Art. 44 Abs.2 lit. g EGV nur bei Erforderlichkeit. Ihre Wahrnehmung unterliegt der Pflicht zur *substantiierten* Begründung nach Art.253 EGV, deren Erfüllung gerichtlich nachprüfbar ist (vgl. Air-France-Entscheidung). Anzunehmen, das gesamte marktrelevante Privatrecht sei wegen der aus unterschiedlichen Privatrechtsordnungen in der Gemeinschaft folgenden Transaktionskosten für Unternehmen und Verbraucher bereits im Reifezustand der Angleichungserforderlichkeit, wäre wohl ein kühner Vorgriff auf eine freilich durchaus denkbare Bewertungsentwicklung, wie sie für das Vertragsrecht von Unternehmen näherrückt. Unabhängig davon steht mit der *Zunahme* immer neuer Verbraucherschutzrichtlinien mit unterschiedlichen Schutzgestaltungen und Verbraucherbegriffen und mit der damit einhergehenden Zunahme von Unübersichtlichkeit und Wahrnehmungsproblemen die *Kodifikationsfrage* speziell des Verbraucherschutzes ähnlich wie im Zollrecht und Umweltrecht bereits vor der Tür. Auch für das Schutzrecht bei Kapitalgesellschaften lässt sich daran denken.

2. Die Wahl der Rechtsform

An Aktualität zugenommen hat die Frage der Wahl der *Rechtsform* bei privatrechtswirksamen Maßnahmen der Gemeinschaft, insbesondere die Frage nach Präferenz für Richtlinie oder Verordnung. In ihr entscheidet sich jeweils auch teilweise die Rolle des IPR im Binnenmarkt. Demgegenüber dürfte der Abschluss gesonderter Konventionen zwischen allen Mitgliedstaaten oder sogar das freibleibende Angebot eines Modellgesetzes im Privatrecht zunehmend an Attraktivität und Berechtigung verlieren.

Die mit der *Privatrechts*angleichung im Wege von *Richtlinien* verbundenen Schwierigkeiten sind zunehmend deutlicher geworden. *Stichworte* sind: Umsetzungsschwierigkeiten in den einzelstaatlichen Privatrechtsordnungen, so in Form der Einbettung ungewohnter und zum nationalen Recht querliegender Begriffe (z.B. Verbraucherkreditvertrag, der querliegt zum Besonderen Teil des Schuldrechts des BGB), aber auch Umsetzungsschwierigkeiten inhaltlicher Vorgaben und Konzepte (so z.B. für das deutsche Privatrechtsverständnis der ungewohnte und wohl auch irreführende Gedanke eines Sonderprivatrechts für Verbraucher); des weiteren die Auflösung der Kodifikationen auf dem Kontinent und die Kodifizierung im Umfeld des common law.

Überdies sind Privatrechtsrichtlinien den *allgemeinen* richtlinieneigenen Problemen ausgesetzt. Stichworte hierzu sind: *Verantwortungsentlastung* des

Richtliniengebers von der verbindlichen Fassung der unmittelbar anwendbaren Rechtsnorm, womit die Gefahr einer Entprofessionalisierung der Normfassung auf Gemeinschaftsebene einhergeht, die wiederum nachfolgende Auslegungsprobleme für nationale Gerichte und EuGH nach sich zieht; die Risiken der *Verzögerung* oder *Unzulänglichkeit* der Umsetzung durch einzelnen Mitgliedstaaten, die eine laufende Kontrolle der Umsetzung jeder Richtlinie durch die Kommission erforderlich machen; des weiteren *Anwendungserschwernisse* durch das Gebot der richtlinienkonformen Auslegung.

Andererseits werden die von der Richtlinie erhofften *Vorteile* (Erhöhung von Legitimation, Akzeptanz und Einpassungsfähigkeit) *umso geringer*, je detaillierter die Zielformulierung der Richtlinie wegen der Genauigkeitserfordernisse des Privatrechts und der Erforderlichkeitsvoraussetzung der Angleichungsermächtigung zu fassen ist.

Damit bleibt die *Vorzugswürdigkeit* unmittelbar anwendbarer *Verordnungen*, also die Ersetzung der Angleichung durch Einheitsrecht, ein fortdauerndes Thema.

3. Subsidiaritätsprinzip?

Seit der Novellierung des früheren EWG-Vertrages durch den Unionsvertrag aufgeworfen ist die Frage nach der Bedeutung des bei nicht-ausschließliche Zuständigkeiten der EG zu beachtenden *Subsidiaritätsprinzips* des Art.5 Abs.2 EGV für die Privatrechtsangleichung. Es ist eine Kompetenz-*ausübungs*regel, nicht eine Kompetenzbegründungsregel. Indes ist, wie bereits ausgeführt, aus mehreren Gründen *fraglich*, ob sie bei marktfunktionaler Privatrechtsangleichung überhaupt greift.

Denn erstens kann sich die Frage nach der Anwendbarkeit des Subsidiaritätsprinzips nur stellen, wenn die EG überhaupt eine Angleichungskompetenz besitzt. Diese hängt aber, wie gezeigt, durchgängig von der vorlaufenden Frage nach der Erforderlichkeit ab. Ist diese aber bejaht, ist schon kaum denkbar, dass über das Subsidiaritätsprinzip noch zusätzliche Wertungsgesichtspunkte für die als erforderlich befundene Gesamtmaßnahme ("ob" und "wie") einfließen könnten.

Zum zweiten ist die Anwendbarkeit des Subsidiaritätsprinzips aber auch deshalb zweifelhaft, weil sich die Definition der verbindlichen Intensität der Binnenmarktintegration für alle Mitgliedstaaten ihrer Natur nach schwerlich als nicht-ausschließliche Befugnis der EG begreifen lässt. Angemerkt sei noch, dass die Definition der verbindlichen Intensität auch die Wahl zwischen der Angleichung von Sachrecht oder Kollisionsrecht oder die Wahl zwischen Richtlinie oder Verordnung einschließt.

4. Die sachgeeignete Umsetzung in nationales Recht

Im Schrifttum nehmen Fragen nach der jeweils *sachgeeigneten* Umsetzung in nationales Recht naturgemäß breiten Raum ein, so beispielsweise die seinerzeitige Diskussion, ob die Vorgaben der Richtlinie über missbräuchliche Vertragsklauseln in das AGB-Gesetz eingefügt werden oder ein neues Gesetz generieren sollten. Von Gemeinschaftsrechts wegen sind für die Umsetzung insbesondere das Erfordernis der *besten Eignung* für die Gewährleistung der praktischen Wirksamkeit der Richtlinie sowie die Erfordernisse der Rechtssicherheit und der Rechtsklarheit zu beachten, aus denen bislang indes nicht auch das Erfordernis der hinreichenden Kennzeichnung des Angleichungscharakters einer nationalen Vorschriften gefolgert wurde. In diesem Rahmen bleibt die sachgeeignete Umsetzung eine auf *nationaler* Ebene zu beantwortende Frage der Zweck- und Rechtmäßigkeit. So scheint etwa in Frankreich eher eine Tendenz zur Einfügung in bestehende Kodifikationen vorzuherrschen, während in Deutschland eher eine Tendenz zur Schaffung zusätzlicher Gesetze besteht.

5. Wahrung der inhaltlichen Privatrechtseinheit nach Umsetzung

Gestiegen ist die Sensibilität für das Problem der Wahrung der *inhaltlichen Privatrechtseinheit* nach Umsetzung bzw. nach Ablauf der Umsetzungsfrist. Zwar wurde schon früh erkannt, dass die Pflicht zur Angleichungsverwirklichung zugleich eine *fortdauernde Bindung* des nationalen Gesetzgebers beinhaltet, richtliniengemäß gesetztes Recht *künftig nicht richtlinienwidrig* zu ändern.

Indes ist die Bindung der nationalen *Judikative* erst über die allmählich entwickelte Pflicht zur richtlinienkonformen Auslegung nationalen Rechts artikuliert worden. Wegen der damit ins Spiel gebrachten, der Wahrung der Rechtseinheit dienenden *Pflicht zu Auslegungsvorlagen* an den EuGH werden indes teilweise praktische Schwierigkeiten im Bereich der Anwendung von richtlinienkorrespondierenden *Generalklauseln* wie § 3 UWG und § 9 AGBG i.V.m. § 24a AGBG gesehen, die den EuGH wegen Art.177 Abs.3 EGV zum obersten europäischen Zivilgericht in einer Vielzahl von Fällen machen könnten. Noch ist nicht absehbar, ob sie sich ähnlich wie im Rahmen des Luxemburger Auslegungsprotokolls beim EuGVÜ als überzogen erweisen. Es ist jedoch nicht zu erkennen, aus welchem tragfähigen Rechtsgrund die Kompetenz des EuGH auch zur Auslegung von Generalklauseln in Richtlinien einschränkbar sein sollte.

III. Rechtspolitik

Schließlich betrifft eine dritte Kategorie von Querschnittsproblemen die Rechts*politik*, nämlich insbesondere die Fragen der Erforderlichkeit von Sachrechtsangleichung (1), der Regelbildung (2) und des Gesamtkonzepts privatrechtswirksamer Angleichungspolitik (3).

1. Die Frage der Erforderlichkeit

Die dauerhaft virulente Frage der kompetenzbegründenden und kompetenzbegrenzenden *Erforderlichkeit* von *Sach*rechtsangleichung wird aus verschiedenen Gesichtspunkten problematisiert:

so namentlich aus dem fundamentalen Gedanken der Gefährdung der *kulturellen Identität*, die allerdings erstens in vielen Rechtsnormen schwer konkretisierbar erscheint und zweitens von den (von der bisherigen Rechtsangleichung betroffenen) marktnahen Regeln von Vertragsrecht, Haftungsrecht, Gesellschaftsrecht und Wettbewerbsrecht allenfalls vereinzelt gestreift (z.B. ultra-vires-Lehre), aber doch nicht grundlegend erschüttert wird. Dies ist auch deshalb schwerlich zu substantiieren, da zu den im Recht sich ausdrückenden kulturellen Identitäten in Westeuropa eben auch deren jeweilige Eigenheit zählt. entwicklungsoffen zu sein wechselseitig Rechtsgedanken zu rezipieren oder auszustrahlen.

Auch der Gedanke der Gefährdung der *Kohärenz* der nationalen Privatrechtsordnungen scheint letztlich zu allgemein, um bei einzelnen binnenmarktbezogenen Angleichungsakten wirklich durchschlagend zu wirken. Ohnehin bestätigen diese, soweit sie im Recht der Beteiligten wurzeln, im Kern oft die überkommene Rechtslage (für Deutschland z.B. die Handelsvertreter-Richtlinie). Falls dies aber nicht zutrifft, ist erneut zu erinnern, dass Rechtsordnungen in ihren Einzelausprägungen nicht starre Gebilde sind, sondern Normengefüge in ideengeschichtlicher Fortentwicklung.

Während der Hinweis auf das *Subsidiaritätsprinzip*, wie gezeigt, für die binnenmarktfunktionale Privatrechtsangleichung eher politisch-abstrakt und rechtsdogmatisch wegen des vorlaufenden Erforderlichkeitsprinzips letztlich nicht durchschlagend bleibt, tragen Plädoyers für einen *Wettbewerb der Sachrechtsordnungen* (auch: Wettbewerb der Gesetzgeber) und die daraus gefolgerte *Favorisierung einer kollisionsrechtlichen Harmonisierung* statt einer Sachrechtsangleichung (so etwa *Taupitz* und *Habermeier*) den materiellrechtlichen Vereinfachungserfordernissen grenzüberschreitender Geschäfte in einem Binnenmarkt nicht hinreichend Rechnung.

Daher beseitigt auch die *Vermutung der Anpassungsfähigkeit* der Wirtschaft und ihres Beraterstabs an unterschiedliche Privatrechtsordnungen weder die darin liegenden Transaktionskosten noch die Erschwernisse für die Verbraucher.

Hierüber hilft auch der manchmal gegebene Hinweis (etwa von *Kötz*) nicht hinweg, dass der *US-amerikanische Binnenmarkt* fünfzig einzelstaatliche Privatrechtsordnungen überspannt. Denn bei genauerer Betrachtung bestehen in den USA - unbeschadet aller einzelstaatlichen Eigenheiten im Privatrecht- doch weitaus stärkere Klammern der Detailgemeinsamkeit in dem für den wirtschaftlichen Austausch erheblichen Privatrecht. *Stichworte* im einzelnen sind: die Common-Law-Verflechtung der Rechtsprechung, Uniform Codes, Restatements, gemeinsame Literatur, unionsweite Ausbildung der Juristen anhand derselben Lehrtexte.

Schließlich ist auch der Gedanke der *Mindestharmonisierung* letztlich nur eine Umschreibung der einzelprojektweise zu entscheidenden *Erforderlichkeit* der Angleichungstiefe, um Wettbewerbsverzerrungen oder Marktzugangshindernisse zu vermeiden.

2. Die Regelbildung

In der Frage der materiellen *Regelbildung* von Angleichungspolitik muss naturgemäß jeweils ausschlaggebend sein, *überzeugende* Problemlösungen in Gestalt erforderlicher Einzelbestimmungen festzulegen: so beispielsweise die verschuldensunabhängige Haftung des Herstellers für fehlerhafte Produkte oder das Schriftformerfordernis und Widerrufsrecht bei Verträgen mit besonderer Übereilungsgefahr.

Zur bisherigen gemeinschaftsprivatrechtlichen Regelbildung im einzelnen fehlt bislang eine systematische empirische Querschnittsuntersuchung unter den Gesichtspunkten von Verfahren, Beteiligung, Durchsetzung nationaler Vorstellungen und Entwicklung neuer Vorstellungen, doch lassen sich derartige Einsichten den Darstellungen des Werdegangs einzelner Richtlinien entnehmen.

Im Zusammenhang der Regelbildung stellt sich auch die Frage nach der Bedeutung der Rechtsvergleichung und der geschichtlichen Rechtswissenschaft, bei letzterer namentlich unter dem Gesichtspunkt der Nachwirkungen des ius commune. Deren Bedeutung für die aktuelle Rechtsangleichungspolitik mag sich dem ersten Blick wohl eher als moderat darstellen, zumal wenn es sich, wie meist, um vergleichsweise moderne Fragen handelt (so etwa beim Schutz von Halbleitern und Computerprogrammen, bei der Produkthaftung, bei den Verbraucherkreditverträgen, bei der Missbrauchskontrolle von Vertragsklauseln, u.a.m.). Allerdings vermag die Angleichung doch von allgemeinen, früher gelegten kompatiblen Vorstellungen zu profitieren, die aktuell zu halten eine Aufgabe ist.

Der Festlegung der Angleichungsregel zweifelsohne unmittelbar dienlich ist der Vergleich gegenwärtig üblicher Regeln, sowohl durch einen Bestandsvergleich, wie er beispielsweise schon vor den ersten Angleichungsschritten im Gesellschaftsrecht vorgenommen wurde, als auch präzeptorisch durch das kreative Gespür für die gemeinsam für eine Mehrheit von Mitgliedstaaten akzeptable *modernste* Problemlösung (im Sinne von zeitgerecht überzeugendste), wie sie etwa als Konzept dem Lehrbuch von *Kötz* zum europäischen Vertragsrecht zugrunde liegt und auch bei der Entwicklung der Allgemeinen Prinzipien eines Vertragsrechts in der *Lando*-Kommission mitbestimmend ist.

3. Das Gesamtkonzept

Sind daher auch jeweils überzeugende Lösungen für einen einzelnen Problemkreis zu entwickeln, so ist die *einseitige* Betonung eines einzelnen Schutzgedankens einer stimmigen Privatrechtsordnung doch nicht dienlich. So ist insbesondere das aus dem französischen Code de la consommation inspirierte starke Gewicht des etatistisch-fürsorglichen sog. Verbraucherschutzes und dessen Prämisse des strukturellen Ungleichgewichts der Vertragspartner in der bisherigen privatrechtswirksamen Angleichungspolitik der EG nicht unproblematisch und steht auch im Widerspruch zu der am mündigen und leseverpflichteten Verbraucher orientierten Leitlinie der

Anerkennung gerechtfertigten nationalen Verbraucherschutzes durch den EuGH gegenüber den Anforderungen des freien Warenverkehrs.

In der wirtschaftsrelevanten Privatrechtsangleichung darf nicht zurücktreten, dass es bei der Herausbildung tragfähiger Normen im Interesse des Gemeinwesens und seiner kohärenten Ordnung um das richtige und *stimmige Verhältnis* der Gedanken von Selbstbestimmung, Selbstverantwortung, Missbrauchskontrolle, Fremdverantwortung und Schutzbedürftigkeit geht. Darum ist in grenzüberschreitender Diskussion zu ringen.

Hierbei sind insbesondere auch die richtliniengetragenen Entwicklungen unter dem Stichwort "Verbraucherschutz" daraufhin zu überprüfen, inwieweit sich darin eine zeitgemäße, *privatrechtskonzeptionell stimmige* und keineswegs auf die "Verbraucherrolle" beschränkte Fortentwicklung des allgemeinen Privatrechts vollzieht: beispielsweise die Verstärkung der *Selbstschutzmöglichkeiten* - etwa durch Einräumung einer widerrufsgestützten Nachüberlegungsfrist bei Vertragsschluss in verfänglichen Situationen; oder durch Anordnung von Informations- und Formerfordernissen bei tendenziell intransparenten oder verfänglichen Vertragstypen.

Denkbar ist auch, die sog. Verbraucherschutzregeln jedenfalls teilweise als *spezifische Marktverhaltensregeln für Unternehmen* im Verhältnis zu Nicht-Unternehmen zu verstehen und sie letztlich im Gedanken der mit dem Wettbewerbsrecht verwandten Missbrauchskontrolle der Wahrnehmung von Handlungsfreiheiten anzusiedeln. Es ist daher insgesamt zweifelhaft, dass für die rechtsdogmatische Erklärung des Phänomens der Verbraucherschutzvorschriften ein Sonderprivatrecht der Verbraucher überhaupt angezeigt ist.

D. Der Topos des Europäischen Zivilgesetzbuches

Die Ausrichtung auf eine stimmige privatrechtliche Gesamtordnung ist auch die grundlegende Herausforderung für alle Überlegungen zu einem wirtschaftsrelevanten und zugleich identitätsstiftenden Europäischen Zivilgesetzbuch, wie es im Schrifttum für die wissenschaftliche Diskussion, aber auch vom Europäischen Parlament für die rechtspolitische Arena thematisiert wird, ohne dass dieser Topos hier vertieft werden kann. In ihm scheint auch die Frage nach der Zukunft des Kodifikationsgedankens für das Privatrecht in Europa auf. Sie wird von jedem neuen Angleichungsakt der EG aktualisiert und begleitet damit die Privatrechtsangleichung der EG in die Zukunft.

(Verfasst im April 2001)

The Rome Convention – on the Law Applicable to Contractual Obligations

RICHARD PLENDER*

A. Introduction

Twenty-three years after the conclusion of the Rome Convention,[1] but before the entry into force of the protocols on its interpretation,[2] the Contracting States have embarked on a programme for its revision and expansion. In January 2003 the Commission published its Green Paper on the conversion of the Rome Convention into a Community instrument, and its modernisation.[3] A month later it published its Action Plan *A More Coherent Contract Law* which aims to remove obstacles to intra-Community trade arising from differences in national and regional rules governing contracts.[4] Whereas the Green Paper on the Rome Convention has as its object the removal of obstacles to trade arising from divergent rules of private international law, the Action Plan aspires to remove obstacles arising from separate rules on the substance of the law of contract.

Although the Convention applies "in any situation involving a choice between the laws of different countries", there are excluded from its scope questions governing the status or legal capacity of natural persons[5]; contractual obligations relating to wills, succession, matrimonial property and other family relationships;[6] obligations arising under negotiable instruments;[7] arbitration agreements and choice of forum clauses;[8] questions governed by

* QC, LLD; 20 Essex Street, London WC2R 3AL.

[1] Convention on the Law Applicable to Contractual Obligations, Rome, 19th June 1980, OJ 1980 L266/1.

[2] Belgium has yet to ratify the two Protocols on Interpretation, 19th June 1980, OJ 1980 L266/1.

[3] COM (2002) 654, January 2003.

[4] Communication from the Commission to the European Parliament and the Council: A More Coherent Contract Law: Action Plan, COM (2003) 68 final, OJ 2003 C63/1.

[5] Article 1(2)(a), subject to Article 11: it proved impossible to reach consensus on the question whether these were governed by *lex personae* or *lex contractus*.

[6] Article 1(2)(b). In the case of wills, the exclusion was explicable by reference to work proceeding at the Hague Conference on Private International Law. See *In the Matter of Professor Sir Derek Barton: Mark Niebuhr Tod v Judith Cobb, Lady Barton and William Godfrey Lukes Barton*, 20th February 2002, Lawrence Collins, J.

[7] Article 1(2)(c): special rules were needed, in part already governed by international treaties.

[8] Article 1(2)(d): some considered that the issue was already dealt with in the Brussels Convention on Jurisdiction and the Enforcement of Judgments in Civil and Commercial Matters, 27th September 1968, OJ 1968 L304/77. See the judgment of Aikens, J in *The Ivan Zagubanski*, 16th November 2000 holding that claims made in English proceedings for a declaration as to the effectiveness of arbitration proceedings and an anti-suit injunction were outside the Brussels

the law of companies;[9] the capacity of an agent to bind the principal;[10] evidence and procedure;[11] and insurance contracts covering risks situated in the European Community.[12]

Further, the Convention authorises Contracting States to make reservations in respect of two matters, permitting the States, to that extent, to accept the new rules *à la carte.*[13] They need not apply the rule in Article 7(1), whereby a judge is authorized to give effect to the mandatory rules of a third country, with which the situation has a close connection, irrespective of the law applicable to the contract. Nor need they apply the rule in Article 10(e) whereby the consequences of the nullity of a contract are governed by the applicable law.

The Rome Convention refines two basic principles: the principle of party autonomy, whereby contracts are governed by the law chosen by the parties; and the principle of closest connection, whereby a contract is governed by the law of the country with which it is most closely connected.

This paper reviews the manner in which national courts have interpreted and applied the Rome Convention, particularly in England and Wales. It is in this jurisdiction that some anticipated difficulties arising from the application of a Convention owing more to the civilian tradition than to that of common law.

B. Party Autonomy

I. Extent of Autonomy

The principle of party autonomy is expressed in Article 3 of the Rome Convention. This provides:

"A contract shall be governed by the law chosen by the parties. The choice must be expressed or demonstrated with reasonable certainty by the terms of the contract or the circumstances of the case."

In several of the Contracting States, the position before the Rome Convention was that the parties could select a foreign law to govern their contract only if that law had some connection with the contract; or at least if the contract was international.[14] By contrast, English common law was remarkably liberal in permitting parties to subject their contractual relations to a law unconnected with the contract. Many contracts applied in international commerce -

Convention since their essential subject-matter was arbitration.

[9] Article 1(2)(e): the EC is already active in the harmonisation of company law.

[10] Article 1(2)(f): on this there is no necessary freedom of contract.

[11] Article 1(2)(h).

[12] Article 1(3) and 1(4): these matters are governed by other EC legislation.

[13] Article 22(1).

[14] Article 3 of the Rome Convention contains in its third paragraph an echo of the rule formerly applied in much of the continent: the choice of a foreign law is not to prejudice the application of the mandatory rules of a country where "all the other elements relevant to the situation at the time of the choice" are connected with that country only.

particularly in shipping and insurance - are concluded in English form, with an appropriate choice of law clause. The liberality of the rule of common law permitting the parties to select the *lex contractus* frequently led to the application of English law by the English courts.[15] Even in English common law, however, the extent of the parties' autonomy was not unqualified. The parties' choice was to be respected only in so far as it was *bona fide*, legal and not contrary to public policy.[16] To that enigmatic qualification, there were to be added statutory limitations, such as is found in section 27(2) of the Unfair Contract Terms Act 1977, and Lord Denning's suggestion that the principle of party autonomy does not apply where the effect of the selection of a foreign governing law is to set aside provisions of English law relating to the fairness of commercial transactions.[17]

Article 3 paragraph 3 provides that the choice of a foreign law to govern a contract shall not affect the mandatory laws of a country when "all the other elements relevant to the situation at the time of the choice are connected" with that country. By its express terms, Article 3 paragraph 3 contemplates that there is no international element in the contract other than the choice of the foreign law. It has no bearing upon true international commercial transactions. Articles 5, 6 and 9 set out special mandatory rules for the protection of consumers and employees and in cases governing the *situs* of immovables. Article 7 paragraph 2 provides for the application of mandatory rules of the forum "in a situation where they are mandatory irrespective of the law otherwise applicable to the contract"; but while this provision preserves the forum's mandatory rules from the effect of the application of the chosen law, it does not invalidate the chosen law as such.[18]

II. Demonstration with Reasonable Certainty

The Convention requires that the choice must be made expressly or demonstrated "with reasonable certainty". The standard set by the Rome Convention for demonstration of the choice of law is less exacting than that prescribed by the Hague Convention of 1955,[19] which requires that the choice must result unambiguously from the contract; but the language of the Convention may add something to the formula used previously in *Dicey and Morris on the Conflict of Laws* which stated simply that the parties' intention

[15] See for instance *Suisse Atlantique Société d'Armement Maritime SA v NV Rotterdamsche Kolen Centrale*, [1967] 1 AC 671.

[16] Lord Wright in *Vita Foods Products v Unus Shipping*, [1939] 1 All ER 513 (HL).

[17] The general principle was therefore doubted by Denning LJ in *Boissevain v Weil*, [1949] 1 All ER 146 (CA), upheld in House of Lords, [1950] AC 327 and by Upjohn, J in *Re Helbert Wagg*, [1956] Ch 323.

[18] Compare *The Hollandia*, [1982] 3 All ER 1141, where the House of Lords held that in the case of the Carriage of Goods by Sea Act 1971, the selection of a foreign law is of no effect *in so far* as it results in the lessening of the carrier's liability pursuant to the Hague-Visby Rules.

[19] Convention on the Law Applicable to the International Sale of Goods, 15th June 1955, 210 UNTS 147.

could be inferred from the terms and nature of the contract and the circumstances of the case.[20]

There is some suggestion in academic literature that Article 3 of the Convention requires that choice must be expressed and not implied:[21] a view which appears dubious since the distinction drawn by that article is not between express and implied choices but between cases where there is a choice and cases where there is none[22]. The law was correctly stated by Clarke, J in *Egon Olendorff v Liberia (No 2)* in 1996.[23] In that case the Plaintiffs were a German *Kommanditgesellschaft* based in Lübeck. The defendants were a Japanese corporation based in Kure. In March 1993 they reached an agreement for the charter of two Panamax bulk carriers to be built by a Japanese builder for the defendants. In negotiations for the charterparty the plaintiffs used a New York Produce Exchange form, amended to provide for arbitration in London. In the meantime, negotiations had been taking place on the terms of a memorandum of agreement, based on the Norwegian Saleform 1987. Clause 15 provided that any disputes should be decided "by arbitration in the city of ..." There was then a blank space preceded by a footnote, stating that the place of arbitration was to be inserted; and if none was inserted, it was to take place in London according to English law. The preliminary issue to be decided by the judge was whether the contract or contracts were governed by Japanese or by English law.

Clark, J held that the parties had demonstrated a choice of English law. There was no reason to disregard the footnote to the form, which provided that in default of contrary specification, English law was to apply. Article 3 of the Rome Convention, which was to be construed with a purposive approach, contemplated an implied choice, where this was a real choice. In the present case, the choice of English law was real although tacit.

More recently in *Marubenu Hong Kong and South China Ltd v Mongolian Government*[24] Aikens, J held that there was a good arguable case that the parties had impliedly chosen English law as the law applicable to a guarantee purportedly given by the Mongolian Minister of Finance in support of a contract between a Mongolian seller and a Chinese buyer. The parties had retained a jurisdiction clause, nominating the English courts as the neutral forum. They did so against the background that English law had been proposed as the applicable law; and that the claimants had expressed concern that the Mongolian courts would be unable to deal with a case involving such a guarantee.

[20] 11th ed., 1987, Vol II page 1182.

[21] A. Diamond, *Conflict of Laws in the EEC*, 32 Current Legal Problems (1979) 155 at 160.

[22] *The European Contracts Convention: The Rome Convention on the Choice of Law for Contracts*, 1991 at 5.06 to 5.08.

[23] [1996] 1 Lloyds Rep 380 at 388.

[24] [2002] 2 All ER (Comm) 873.

III. Dépeçage

Even in the *Vita Foods* case the Privy Council contemplated that the parties' freedom to select the legal system applicable to their contract must entail freedom to select two or more legal systems, each to govern a separate part of their relations. Although uncommon, such dépeçage is permitted under the Rome Convention as an aspect of the parties' freedom to select the applicable law.

Applying the rules of the Rome Convention by analogy, before their entry into force, the *Court d'Appel de Paris* concluded that the parties had applied dépeçage in *Wutig v International Harvester Corporation.*[25] In that case the American employee of the European subsidiary of the International Harvester Corporation was dismissed in Paris, where he had previously been supplied by his employer with a document, acknowledged to be contractual, containing a paragraph stating that in the event of dismissal, expatriate employees might choose between the contractual practice of their country of origin and that of their place of employment. The court concluded that even if other aspects of the contract of employment were governed by what it called "*le droit des États-Unies*" (apparently Illinois law) the rights enjoyed by an employee on dismissal were, at the employee's option, governed by French law.

In the event of dépeçage, a difficulty may well arise in identifying the legal system applicable to particular aspects of a contractual relationship. For instance, where a contract with international dimensions contains an arbitration clause, at least four legal systems may be relevant to it:

(i) the law governing the substantive obligations of the parties;

(ii) the law governing the arbitration clause (that is, the agreement to submit future disputes to arbitration, which I shall call the "continuous arbitration agreement");

(iii) the law governing an agreement to submit a particular dispute to arbitration pursuant to the arbitration clause (which I shall call the "particular arbitration agreement");

(iv) the "curial law" governing the procedure of the arbitration.

In *Black Clawson International Ltd v Papierwerke*[26] there was a dispute between an English seller and a German buyer of machinery. Their contract contained an arbitration clause, providing for arbitration in Zurich. That clause, incidentally, provided that any question as to the construction and effect of the contract of sale should be governed by English law if the reference to arbitration should be made by the German buyer; and by German law if the reference should be made by the English seller. A dispute arose. Eminent arbitrators were appointed. In the course of the next 15 years there were numerous hearings. All three members of the arbitral tribunal resigned; and there were nine applications to the Swiss courts, including an

[25] 27th November 1986, 75 *Revue critique de droit international privé* (1988) 314.

[26] [1981] 2 Lloyds Rep 446 at 455 col 2.

unsuccessful application, pursued to the Supreme Court, for the removal of an arbitrator for misconduct. At one stage the tribunal published an award in favour of the buyers, but the sellers applied to the Swiss courts for vacation of the award. The sellers then began proceedings in England claiming an injunction to restrain the buyers from taking any further steps in the arbitration seeking a declaration that the agreement to arbitrate had been terminated by reason of frustration or the defendants' wrongful repudiation or unreasonable delay. They obtained leave to serve the buyers abroad pursuant to Order 11 rule 1(d)(iii), on the premise that the relevant agreement was by implication governed by English law.

Thus Mustill, J had to determine whether the relevant agreement was governed by English law. Before he could do that, he had to identify the relevant agreement. For the English sellers, it was contended that the court was concerned not with the conduct of a particular reference but with the continuous arbitration agreement: the enduring agreement to submit future disputes to arbitration. They contended that this was governed by the same law as the contract of sale and that this was English law. Without deciding whether English law governed either the contract of sale or the continuous arbitration agreement, Mustill, J held that he was concerned with the particular arbitration agreement; and in the circumstances, this was governed by the law of Zurich. It followed that there was no basis for serving out of the jurisdiction pursuant to Order 11 rule 1(d)(iii).

In *ISS Machinery Services Ltd v Aeolian Shipping SA*[27] the claimants supplied to the defendants a turbo-charger, by a contract subject to Japanese law; and subsequently supplied spares for the turbo-charger under a similar contract. The defendants failed to pay for the spares, contending that these were necessary only because the turbo-charger had been inadequately manufactured; and the claimants threatened to arrest the defendants' vessel. In consideration of the claimants forbearance from arresting the vessel, the defendants' P & I club undertook to pay any sum that may be adjudged in the claimants' favour. The undertaking specified "that the claim shall be determined by reference to English law" and shall be determined by the English courts. The crucial issue arising in the Court of Appeal was whether that undertaking changed not only the law applicable to the claim but also the law applicable to the cross-claim, by which the defendants sought to extinguish the claim. The Court of Appeal (Potter and Mance LJJ and Sir Martin Nourse) held that the parties had not agreed to subject to English law the defendants' counter-claim.

The result is at first sight surprising. At the time of the conclusion of the guarantee, the parties were well aware of the nature of the defendants' cross-claim. There was nothing before the Court to suggest that in agreeing to submit the dispute to London, the parties contemplated that the English courts would apply Japanese law to this central issue. Nevertheless, a convincing explanation of the Court of Appeal's reasoning appears in the

[27] [2001] Lloyds Rep 641.

judgment of Potter, LJ. The club guarantee issued in this case is a common form of agreement, entered into by the club in a wide variety of circumstances, in the face of an urgent need to protect a vessel against arrest. In such circumstances the focus is on the claim in respect of which the undertaking is being given. To extend the effect of the guarantee to a counter-claim, of which no mention is made in the text, would be inadmissible. In view of the fact that the contract on which the defendant sought to sue was governed by Japanese law, the defendant had not demonstrated with sufficient certainty the subsequent choice of English law to govern the aspects of that contract on which it based its counter-claim.

IV. Floating Choices of Law

The parties may well stipulate that the law governing a contract, or some aspect of the contract, will be determined by the circumstances in which a dispute arises or in which the court or tribunal is seised. One such case was *The Star Texas.*[28]

That case arose out of a claim for hire made by disponent owners of a vessel against the charterers, the China National Foreign Trade Transportation Corporation. The ship was loaded in China with chemicals that were found to be leaking when it arrived in Singapore. It was forced to return to China, so giving rise to the substantive dispute between the parties, which was about identification of the period when the vessel was off hire. To resolve that dispute the disponent owners sought to seise the English courts. They obtained leave *ex parte* to serve a writ out of the jurisdiction relying on an arbitration clause in the contract. This provided for arbitration was to take place in Beijing or London at the defendant's option. There was no choice of law clause. The charterers applied to set aside the grant of leave to serve out of the jurisdiction aside and for a stay under section 1 of the Arbitration Act 1975. They relied on the arbitration clause, contending that as defendants they were entitled to opt for arbitration in Beijing. The disponent owners contended that the arbitration clause was ineffective, either on grounds of uncertainty or on the principle it constituted at floating choice of law clause, which is invalid under English law.

The disponent owners contended that the word "defendant" had at least eight possible meanings; but the court found that it meant the person against whom proceedings were brought, whether in a court or in an arbitration. The Court also rejected the argument that the arbitration clause constituted a choice of law clause; and so upheld the charterers' claim that the proceedings should be stayed. In rejecting that argument, however, Lloyd, LJ held that the rule against floating choice of law clauses did not apply so as to invalidate a floating choice of arbitration clause.

[28] [1993] 2 Lloyds Rep 445.

V. Post-Contractual Variation

As is the case with the common law, the Rome Convention permits parties to vary it after its conclusion. The right to vary the law applicable to a contract is no less a manifestation of party autonomy than the right to select the governing law at the outset. Variation, however, gives rise to particular difficulties since a contract may be valid under one system but invalid under another.

Where a contract was invalid under the legal system which governed it prior to the variation but is valid under the new legal system, it may be necessary to determine whether the new applicable law can validate or otherwise affect the parties' conduct prior to the variation. That determination can only be made on the basis of the facts of the individual case, since the question is essentially one of construing the agreement to vary the contract for the purpose of ascertaining whether it was intended to apply retrospectively. In principle there appears to be no good reason to fail to give retrospective effect to the agreement where the parties so intended. After all, the uncertainty created by the old law may be the very factor that led the parties to dispense with it.[29]

The converse problem may also arise. The contract may be valid under the original governing law but invalid under the legal system to which they subsequently choose to subject it. In that event the result seems clear. By varying the applicable law the parties terminate their obligations. It is appreciated that this result may be so unwelcome as to lead a judge to conclude that they had not really intended to vary their contract at all; but that is essentially a matter of evidence. One must temper with caution the so-called principle *in favorem negotii* whereby a court is said to incline in favour of an applicable law rendering the contract valid. Notwithstanding one award by the International Chamber of Commerce[30] upholding that principle, it is based on convenience, not logic. Where the parties are unaware of the fact that a foreign law, to which they apparently subjected their contract, would make it unenforceable, that ignorance has no bearing upon the question whether there was an agreement between the parties to subject their agreement to that law.

VI. Mandatory Rules

The parties' freedom under the Rome Convention to select the applicable law is not unqualified. Article 3 paragraph 3 of the Rome Convention provides:

"The fact that the parties have chosen a foreign law, whether or not accompanied by a choice of foreign tribunal, shall not, where all the other elements relevant to the situation at the time of the choice are connected with

[29] The view here advanced is consistent with the proposition that the law applicable to a contract whose existence is in dispute is that which would govern it if it were held to exist: *Albeko Schuhmaschinen v The Kamborian Shoe Machine Co Ltd*, 111 L.J. (1961) 519.

[30] No 4996 of 1985, 113 *Journal du droit international* (1986) 1137.

one country only, prejudice the application of rules of the law of the country which cannot be derogated from by contract, hereinafter called 'mandatory rules'."

The object of this provision is to prevent traders from evading the peremptory requirements of local law, in a wholly domestic situation, by the simple expedient of selecting some other governing law. Experience shows that commercial men, or their legal advisers, do not lack the ingenuity to resort to this device.

In *Golden Acres Limited v Queensland Estates*[31] an unlicensed Queensland intermediary concluded an agency contract for the sale of land in Queensland, where the law provides that only licensed estate agents can claim commission for the sale of property. The intermediary's contract contained a clause stating that it was deemed to have been concluded in Hong Kong. The Queensland judge treated the contract as invalid, on the principle that it was not *bone fide*, legal and consistent with public policy. Under the Rome Convention, the parties' choice of law clause would be honoured; but the mandatory rule which would otherwise apply would not be displaced. Provided that some consideration moved from the promisee, or the agreement fell within one of the categories contemplated by the Contracts (Rights of Third Parties) Act 1999, the promissee could enforce against the agent the obligation to exercise his functions with due care and skill and to account to the promisee for any monies received; but the agent could not enforce against the promisee his claim for commission.

Separate provision is made or "mandatory rules" in Article 7 of the Convention. This provides that when applying under the Convention the law of a country, a court *may* give effect to the mandatory rules of *another* country with which the contract has a close connection, to the extent that under the laws of that country those rules must be applied whatever the law applicable to the contract.

Along with Germany, Luxembourg and Ireland, the United Kingdom has made a declaration whereby it will not apply Article 7. In the countries to which it applies Article 7 creates a new phenomenon: the application of a law which is neither the *lex contractus* nor the *lex fori.*

Article 7 is to be contrasted with Article 3(3). In its English version, Article 3(3) also speaks of "mandatory rules". The use of the expression "mandatory rules" in the English version is to be contrasted with the use of distinct expressions in other official languages, for the purpose of distinguishing between Articles 3(3) and 7. Thus in French, Article 3(3) speaks of *dispositions impératives*" whereas Article 7 speaks of "*lois de police*" and in German Article 3(3) speaks of "*zwingende Bestimmungen*" whereas Article 7 speaks of "*zwingende Vorschriften*". A "mandatory rule" within the meaning of Article 3(3) is one from which the parties cannot opt out, in a purely domestic situation, by means of a choice of law clause. A "mandatory rule"

[31] [1969] Qd LR 378.

within the meaning of Article 7 is one from which the parties cannot opt out, by means of a choice of law clause, even in a contract with a foreign element.

Viewed in the light of Article 7, Article 3(3) appears to lead to a surprising result. Where the other necessary conditions are fulfilled, the parties cannot opt out of a rule contained in a legal system which would otherwise apply, by the device of selecting another applicable law, even though the legal system which would otherwise apply would enable them to do so. Thus, if an English lender and an English borrower agree that the former will lend money to the latter to enable him to bet on a game in England, the parties cannot avoid the rule of English law that contracts for the promotion of wagering are unenforceable by stipulating that the applicable law shall be that of Monaco. That is so even though, independently of the Convention, English law would have permitted them to do so.[32]

C. Closest Connection

The second of the twin pillars of the Rome Convention is the principle of closest connection. It is expressed in Article 4 in the following words:

"To the extent that the law applicable to the contract has not been chosen in accordance with Article 3, the contract shall be governed by the law of the country with which it is most closely connected."

I. Connection with Country

At common law, it appears, a contract was subordinated, in default of choice, to the legal system with which it was most closely connected.[33] The Convention, literally read, would subordinate it to the law of the most closely-related country. The facts of *Rossano v Manufacturers' Life Insurance Company*[34] demonstrate the difference. There an Egyptian national resident in Egypt purchased in Egypt several life assurance policies, issued by the Egyptian agent of a company incorporated in Ontario. The country with which the contract was most closely related may well have been Egypt; but the most closely-related legal system was that of Ontario, by reference to which the policies were written. McNair, J held that the proper law was that of Ontario. It would have produced great inconvenience if he had decided otherwise; and it is to be hoped that the language used in the Rome Convention will not be taken to compel the application of the law of a particular country where it appears to differ from that of the most closely-related legal system.

[32] *Saxeby v Fulton*, [1909] 2 KB 208. Some have argued that a rule cannot be considered as "mandatory" if the parties can pt out of it by selecting a foreign law. The better view, however, is that the reference to "rules" in Article 3(3) does not encompass a reference to the rules of private international law of the Contracting State.

[33] See the speech of Viscount Simmonds in *Bonython v Commonwealth of Australia*, [1951] AC 20. A further indication that the common law required the closest connection to be with the law, rather than with the country, will be found in *The Iran Vojdan*, [1989] 2 Lloyds Rep 380.

[34] [1963] 2 QB 352.

II. Subsequent Events

Commentators are divided on the question whether account may be taken of events subsequent to the conclusion of a contract for the purpose of identifying the country with which it has the closest connection. Some support may be found in the *Giuliano–Lagarde Report* for the proposition that it is legitimate to refer to post-contractual events; and that view is expressed by the editors of *Cheshire and North's Private International Law*[35] and by Professor Morse;[36] but the opposite view is to be preferred, on the principle that the law governing a contract is in principle to be determined at the date of its conclusion.[37] The view that post-contractual events are ordinarily to be ignored for the purposes of identifying the applicable law is shared by Professor Kaye.[38]

III. Characteristic Performance

The principal innovation in the Convention is the rule contained in Article 4 paragraph 2. This states as follows:

"Subject to the provisions of paragraph 5 of this Article, it shall be presumed that the contract is most closely connected with the country where the party who is to effect the performance which is characteristic of the contract has at the time of the conclusion of the contract his habitual residence or, in the case of a body corporate or unincorporate, its central administration".

Contrary to the opinion expressed by some critics of this rule,[39] it does not establish a new connecting factor. It preserves the connecting factor applied at common law and in most Contracting States, namely the closest connection, but it introduces a set of tests to be applied for the purpose of applying that factor with greater consistency and predictability.[40]

The concept of characteristic performance is derived a rule of Swiss law codified in Article 117 of that confederation's Private International Law Act of 1987.[41] Swiss experience teaches us that in contracts intended to transfer ownership (including sales) the characteristic performance is deemed to be

[35] 12th ed., 1992, p.488.

[36] *The EEC Convention on the Law Applicable to Contractual Obligations*, 2 Yearbook of European Law (1992) 107 at 125 n. 90.

[37] Some support for the proposition that subsequent events are to be disregarded may be found in the judgment of Longmore, LJ in *Print Concept GmbH v GEW (EC) Ltd.*, [2001] EWCA Civ 352 at paragraph 33.

[38] "Effects of the European Union's Rome Contracts Convention in the Light of the Previous English Law", 13 (3) Trading Law (1994) 385 at 395.

[39] D. Cavers, *The Common Market's Draft Convention on Obligations: Some Preventive Law Aspects*, 48 S. California Law Review (1975) 603; C.G.J. Morse, *The EEC Convention on the Law Applicable to Contractual Obligations*, 2 Yearbook of European Law (1982) 107.

[40] K. Lipstein, *Characteristic Performance - a New Concept in the Conflict of Laws in Matters of Contract for the EEC*, 3 Northwestern Journal of International Law and Business (1981) 402 at 404.

[41] See A. Samuel, *The New Swiss Private International Law Act*, 37 International and Comparative Law Quarterly (1988) 681.

that of the transferor (or vendor):[42] in contracts intended to transfer the right to use a thing (including hire) the characteristic performance is again that of the transferor (or hirer):[43] in agency contracts[44] the characteristic performance is that of the agent:[45] in bailment contracts the characteristic performance is that of the bailee (*not* the bailor):[46] in contracts of guarantee or surety, the guarantor or surety is responsible for characteristic performance:[47] in the case of a contract for the establishment of a trust,[48] the characteristic performance is that of the trustee (*not* the settlor[49]); in a contract of insurance[50] the characteristic performance is that of the insurer;[51] and in a civil partnership agreement, the characteristic performance is the management of the partnership and accordingly the applicable law is that of the residence of the managing partner, whereas in a commercial partnership agreement the applicable law is that of the seat of the partnership.[52]

The concept was applied by the *Arrondissementrechtbanks' Gravenhage* in the case concerning the trans-Siberian oil pipeline.[53] In that case a Dutch company agreed to supply geophones and spare parts to a French enterprise engaged in building the pipeline. The Dutch vendor later informed the French buyer that, as a subsidiary of an American multinational, it was prohibited from the supplying the equipment in defence to United States sanctions laws. The *Arrondissementrechtbank* held that the contract was governed by the law of the country with which it was most closely connected; and in a contract for the sale of goods, this was presumed to be the law of the place of the principal establishment of the vendor.

In Denmark the *Østre Landsret* in Copenhagen held that a contract between a Danish resident and an educational institution in Munich, providing for the former's enrolment by the latter in a course of study, was governed by German law as the law of the country with which it was most closely

[42] *Trutmann v Spiegelusion Flabeg GmbH*, 25th February 1975, 101 (II) BGE 83.

[43] *Sessler v Swann,* 25th August 1961, 87 (II) BGE 194.

[44] By Article 1(2)(f) the rules of the Convention do not apply to the question whether an agent is able to bind his principal, or an organ to bind a company or body corporate or unincorporate, to a third party.

[45] *Morel v Schartzmann*, 15th May 1962, 88 (II) BGE 191.

[46] *Banque commerciale arabe and Bey v Algeria*, 1st July 1974, 100 (II) BGE 200.

[47] *Von Boschan v Blankart and Co.*, 26th November 1959, 85 (II) BGE 452.

[48] By Article 2(2)(e) the rules of the Rome Convention do not apply to the *constitution* of trusts and the relationship between settlors, trustees and beneficiaries.

[49] *Harrison v Schweiz Kreditanstalt*, 29th January 1970, 96 (II) BGE 79.

[50] By Article 1(3) the rules of the Convention do not apply to contracts or insurance which cover risks situated in the territories of the Member States of the EEC. In order to determine whether a risk is situated in these territories a court is to apply its internal law.

[51] 2nd May 1973, 88 (II) BGE 315.

[52] *Von Boschan v Balnkart and Co.*, 26th November 1959, 85 (II) BGE 452.

[53] *Compagnie européenne des pétroles v Sensor Nederland BV,* 17th September 1982, 22 ILM (1983) 66.

connected. In a contract for the supply of educational services, the characteristic performance was the supply of the service.[54]

The *Cour d'Appel de Paris* applied Article 4 of the Convention, so as to find that in default of choice, a contract between an English manufacturer of castings for the motor industry and its French distributor was governed by French law, this being the place of residence of the party responsible for characteristic performance of the contract.[55] In that case, the French court reasoned that the characteristic performance of a distribution contract was the distribution of the goods, not their manufacture. Since the applicable law was French, the French courts had jurisdiction in an action brought by the distributor for breach of contract.[56]

On the other hand, the Court of Appeal in London held in *Print Concept GmbH v GEW (EC) Ltd.* That on the facts of that case, the characteristic performance of the distribution contract was the manufacture of the goods. The goods in question were air-cooled drying systems for the printing industry. They were made by the respondents who carry on business in England. It is of some importance that the drying systems are not manufactured for sale "off the shelf" but are made to customers' precise requirements. In 1995 the respondents concluded an oral and informal contract with the appellants for the exclusive distribution of their products in Germany, Austria and Switzerland. It was part of the agreement that if the appellants could find customers who wanted the product, the respondents would supply the products to the appellants, for sale to the appellants at a reasonable price. The appellants would sell the product on to the buyers. It was submitted on behalf of the appellants that the real and only purpose of the contract was to penetrate the German-speaking market. The Court of Appeal was persuaded, however, that the "real meat"[57] of the contract was the supply and purchase of the drying systems. In the words of Longmore, LJ:

"The global picture must be assessed, and in that global picture it is of the essence that the parties contemplated that the agreement would be performed by the making of sale and purchase contracts which would almost inevitably, under Rome Convention principles, be governed by the law of the vendor. This is not to fall into the error of using a later contract to govern the law of an earlier contract; it is to accept the good sense of saying that the essential

[54] *Henriksen v Münchener Heilpraktiker Kollegium*, 30th March 1988, *Ugeskrift for Retvasen* (1988) 626. The court referred to the Rome Convention but not to Article 4(2). It may be inferred however that it took the view that the most closely connected country was that of the habitual residence of the party responsible for characteristic performance.

[55] *Gilbert Meyer v Charles Wednesbury Limited*, 13th September 1995, [1996] L.L.Pr 299.

[56] In accordance with Article 5 of the Brussels Convention on Jurisdiction and the Enforcement of Judgments in Civil and Commercial Matters, 27th September 1968, OJ 1968 L304/77.

[57] The expression is taken from C. Forsyth and P. Moser, "The Impact of the Applicable Law of Contract on the Law of Jurisdiction under the European Conventions", 45 ICLQ (1996) 190.

characteristic of the particular distributorship agreement before us was the intended supply and purchase of narrow web products ..."[58]

In the *Print Concept* case there had been an earlier agreement between the parties, known as the "Arsoma agreement", which was governed by English law because the characteristic performance was that of the vendor. At first instance, counsel appearing for Print Concept argued that the Arsoma agreement was governed by German law and contended that the later agreement, forming the subject of the principal dispute, was governed by the same law. On appeal it was conceded that the Arsoma agreement was governed by English law; and counsel then acting for Print Concept repudiated the submission or concession that the two contracts are subject to the same legal system.

There is, however, much to be said for the proposition that in identifying the law of the country with which a contract is most closely connected, a court should have regard to the law applicable to another contract between the same parties, where it appears from all the circumstances that they intended the same legal system to govern both agreements.

In *Bank of Baroda v Vysya Bank*[59] Indian buyers had instructed Visya Bank, to issue a letter of credit in favour of the seller, an Irish company with a London office, through the Bank of Baroda, at that bank's London office. The Bank of Baroda duly paid the seller under the letter of credit and was later informed by Visya Bank that instructions had been issued authorizing Baroda to claim reimbursement on the due date. Before the due date, Visya Bank withdrew that authorization. The Bank of Baroda issued a writ alleging actual or anticipatory breach by the Visya Bank of its contract with the Bank of Baroda. The Bank of Baroda obtained leave to serve out of the jurisdiction on the ground that the contract bank issuing a letter of credit and a bank confirming it, was governed by English law.[60]

Mance, J concluded that the contract between the two banks was in the nature of a contract of agency. Accordingly party effecting the characteristic performance was the confirming bank. Since that performance was to be effected through the Plaintiff's London branch, English law was the applicable law.

It was not strictly necessary in that case to determine the law governing the contract between the confirming bank and the seller; but Mance, J observed that any such contract would also be governed by English law. He reasoned that this must be so, either because the confirming bank provided a banking service through its English branch[61] or because it is of the essence of a

[58] [2001] EWCA Civ 352, paragraph 34.

[59] [1994] 2 Lloyds Rep 87.

[60] It was common ground that for the purposes of this rule the Rome Convention governed the applicable law; although the contrary might, perhaps, be argued on the premise that the RSC Order 11 rule 1(d)(iii) is procedural and excluded from the Convention by Article 1(2)(h). See C.G.J. Morse, *Letters of Credit and the Rome Convention*, 4 Lloyds Maritime and Commercial Law Quarterly (1994) 560-571.

[61] *Giuliano-Lagarde Report*, pages 20-21.

confirmed letter of credit that the confirming bank undertakes to pay the beneficiary on presentation of confirming documents.[62] The issuing bank would have been placed in a precarious position if its contract with the seller were governed by the a law other than that which applies between the issuing bank and the confirming bank.

Sitting in the Court of Appeal in March 2003, Mance LJ again considered Article 4 of the Rome Convention in *American Motor Insurance Co v Cellstar Corporation and Another.*[63] The case is best known as the second of two[64] in which the Court of Appeal referred to the Court of Justice questions designed to determine, in effect, whether the Brussels Convention was correctly interpreted in *Re Harrods (Buenos Aires) Ltd*[65] although the case raised a separate issue, on the interpretation of the Rome Convention. The claimant was an insurance company incorporated in Illinois. The defendants were manufacturers in mobile telephones established in England. The claimant applied to the High Court for a declaration that it was under no liability to the defendant under a policy of insurance. The defendant responded by filing proceedings in Texas and by applying to set aside the English proceedings on grounds of *forum non conveniens*. The trial judge held that the insurance policy was governed by Texan law and accordingly Texas was the appropriate forum. Upholding his judgment, Mance LJ first expressed the view that the parties has expressed or demonstrated a choice of Texan law with reasonable certainty, in accordance with Article 3 of the Convention. In his words:

"I do regard the fact that Cellstar from its base in Texas chose on behalf of its whole group to negotiate world-wide cover in Texas with insurers also based in Texas as a relevant indicator of implied intent".

While that is no doubt an indicator, it appears less than conclusive. The defendant was established in England; and the circumstances of the case were not at all similar to those contemplated in the Giuliano-Lagarde report. This spoke of cases where a contract is in standard form known to be governed by a certain legal system, or where the parties have a previous course of conduct evincing a "real choice" of a certain legal system. Mance, LJ was surely on safer ground when he concluded that the application of English law was governed by Article 4. The performance characteristic of the contract was to be effected by Amico as insurer. Texas was the country with which the contract was most closely connected since it was the place of habitual residence of the party responsible for characteristic performance.

In *HIB Ltd v Guardian Insurance Co Inc and Others*[66], Longmore, J applied Article 4 of the Rome Convention when identifying the law applicable to a

[62] According to Mance, J the same result could be reached by Article 4(5).

[63] [2003] All ER (D) 26.

[64] The first is *Owusu v Jackson and Others*, [2002] I L Pr 45, now before the Court of Justice as Case C-281/02.

[65] [1992] Ch 72.

[66] [1997] 1 Lloyds Rep 412.

broking contract between English brokers and insurance companies incorporated in the United States Virgin Islands. The judge stated that the employment of an English broker evinces an intention that the broker should provide his professional services in England and, if possible, obtain reinsurance here. That the reinsurance contract might have been governed by the law of Puerto Rico was not relevant. The judgment is, however, expressed in terms reminiscent of the law as it stood before the Rome Convention: what matters now that the Convention is in force is not where the broker was to provide his services but where he has his habitual residence.

The Convention was applied by Cresswell, J in *Sierra Leone Telecommunications Ltd v Barclays Bank plc*[67]. The point at issue was identification of the law governing the contract between a bank and its customer. Applying Article 4 of the Rome Convention, the judge reached a conclusion not far removed from that which would previously have been dictated by the common law whereby as a general rule, the contract between a bank and its customer is governed by the law of the place where the account is kept[68]. Article 4 prescribes the presumption that the contract is most closely connected with the country where the party effecting the characteristic performance has its central administration. Where, however, the contract is entered into in the course of that party's trade, the applicable law will be that of the country in which the principal place of business is situated or, where performance is to be effected through a place of business other than the principal place of business, the country in which that other place of business is situated[69]. In the case of bank accounts, performance denotes repayment of the sum deposited. That is effected in the country in which the branch account is kept. The governing law of the contract between Sierra Leone Telecommunications and Barclays Bank was therefore that of England, where the bank account was retained.[70]

More recently it was applied by Goldring, J in *Staines v Walsh and Another.*[71] In an action brought by a trader in global equity markets and a fund manager, for an account of net profits, the judge acknowledged that the contract had several connections with Hong Kong but concluded that there were English connections capable of bringing it within Article 4. The contract was reached in London between two English nationals. At the time of the agreement the defendant was trading only in a small way and mainly through London. He

[67] [1998] 2 All ER 821.

[68] *Libyan Arab Foreign Bank v Bankers' Trust Co*, [1989] 3 All ER, *Libyan Arab Foreign Bank v Manufacturers' Hanover Trust*, [1988] 2 Lloyds Rep 494.

[69] Article 4(2).

[70] The result was consistent with the *Giuliano-Lagarde Report* which states that "in a banking contract the law of the country of the banking establishment with which a transaction is made will normally govern the contract": OJ 1980 C282/21.

[71] [2003] EWHC 458 (Ch D).

lived for much of the time in London. He and others in London took actual trading decisions.[72]

IV. Exceptions to Characteristic Performance

There are two specific exceptions to the rule whereby a contract is presumed to be most closely connected with the country of residence of the party effecting characteristic performance. First, a contract for the carriage of goods is presumed to be most closely connected with the country in which the carrier has his principal place of business, if this is also the place of loading or the place of discharge or the principal place of business of the consignor. Second, where the subject-matter of a contract is a right in immovable property is most closely connected with the country where the property is situated[73].

It is clear that immovable property denotes only interests in land[74]; and it seems that a right in immovable property is the subject-matter of a contract only where the contract purports to create or dispose of an interest in such property. By its judgment dated 10th March 1988[75], the *Oberlandesgericht München* concluded that German rather than Spanish law governed a settlement concluded in German form in Augsburg between a German man and a Spanish woman, formerly living in quasi-marital relationship, authorising the former to dispose of property in Teneriffe which had been registered for reasons of convenience in the name of the latter. The judgment rests on two premises: that the parties had chosen German law by implication; and that Germany was the place of habitual residence of the party responsible for characteristic performance[76].

V. Disregarding Characteristic Performance

By paragraph 5 of Article 4:

"Paragraph 2 shall not apply if the characteristic performance cannot be determined, and the presumptions in paragraphs 2, 3 and 4 shall be disregarded if it appears from the circumstances as a whole that the contract is more closely connected with another country".

Since this constitutes an exception to the general rule contained in Article 4, paragraph 2[77], it ought on principle to be construed restrictively.

[72] See further *Print Concept GmbH v GEW (EC) Ltd*, [2001] All ER (D) 29.

[73] Article 4(3).

[74] The suggestion that it might embrace intellectual propert rights is considered but ejected by C. Wadlow in *Intellerctual Property and the Rome Contracts Convention*, 19(1) European Intellectual Property Review (1977) 11 at 14.

[75] Case 24 U 474/87, [1990] *Praxis des Internationalen Privat- und Verfahransrechts* 320.

[76] In that case it the court interpreted Article 28(3) of the *Einführungsgesetz zum Bürgerlichen Gesetzbuch* (EGBGB) which incorporates Article 4(3) of the Rome Convention into German law. On the method of incorporation see V. Triebel, *The Choice of Law in Commercial Relations: A German Perspective*, 37 International and Comparative Law Quarterly (1988) 935.

[77] As C. Wadlow observes, in *Intellectual Property and the Rome Contracts Convention*, 19(1)

Predictability in international commerce is advanced by adherence to general rules; and retreat to a formula based on "the circumstances as a whole" tends to promote diversity and uncertainty[78].

In its decision dated 25th September 1992 in *Société Nouvelle des Papéteries de l'Aa v Machinenfabriek BOA*[79] the Hoge Raad held that the Dutch courts had jurisdiction in a dispute between the plaintiff, a Dutch vendor of a paper press manufactured in the Netherlands, and the defendant, the French buyer which had declined to pay the purchase price. Since jurisdiction depended on the determination of the applicable law[80], and the contract contained no choice of law clause, it was necessary to determine whether it was conclusive that the place of business of the party responsible for characteristic performance was in the Netherlands. The French purchaser was able to point to several factors connecting the case with France: the pre-contractual negotiations were conducted in that country in the French language; the contract was written in French; the price was expressed in French francs; the machine was delivered and assembled in France. Not even this formidable combination of factors was sufficient to displace the presumption created by paragraph 2 of Article 4. The judgment of the Hoge Raad is to be welcomed[81]; for in reinforcing the general rule at the expense of the exception, it enhances the predictability that the Convention aspires to promote.

Different considerations arise where a single transaction involves several related contracts. There is some support for the proposition that in such a case the law applicable to the principal contract applies also to ancillary contracts.

The *Cour d'appel de Versailles* (Fourteenth Chamber) adopted this approach in *Bloch v Société Lima*[82]. In that case the manager of a French company had given a personal guarantee for debts owed by his company to its Italian supplier, in respect of goods delivered and to be delivered pursuant to contracts governed by Italian law. That guarantee was written in Italian and signed in Italy but it contained no choice of law clause. In reliance on the guarantee the Italian company continued to supply the French company, until its insolvency when it invoked the personal guarantee. The guarantor sought to avoid liability, relying on a French rule which imposes formal requirements for guarantees, not satisfied in the case. The *Cour d'appel*

European Intellectual Property Review (1977) 11 at 14: "the prominence given to Article 4(1) is deceptive. The general rule is in fact that of Article 4(2) which creates a universal but rebuttable presumption that a contract (other than one relating to immovable property or the carriage of goods) is most closely connected with the country where the party responsible for the "characteristic performance of the contract" has his habitual residence, central administration or relevant place of business."

78 See *Benjamin on the Sale of Goods*, 4th ed., 1992, paragraph 25-071.

79 [1992] Nederlandse Jurisprudentie No 750.

80 In accordance with Article 5 of the Brussels Convention on Jurisdiction and the Enforcement of Judgments in Civil and Commercial Matters, 27th September 1968, OJ 1968 L304/77.

81 T.H.D. Struycken, *Some Dutch Judicial Reflections on the Rome Convention, Art. 4(5)*, 6 Lloyds Maritime and Commercial Law Quarterly (1996) 18 at 21-22.

82 6th February 1991, 80(4) *Revue critique de droit international privé* (1991) 745.

concluded that the law that would otherwise have governed the guarantee was supplanted by the law governing the supply of goods.

In *Bank of Baroda v Vysya Bank*[83] Mance, J expressed the view that any contract between the defendant, as issuing bank, and the sellers, as beneficiaries of the letter of credit, would have been governed by English law. Although the place of residence of the issuing bank was in India, much inconvenience would have resulted (in the judge's view) from the application of Indian law to the relationship between beneficiary and issuing bank whereas English law applied to the relationship between the issuing bank and confirming bank. He concluded that had it been necessary to determine the issue, English law would have applied to the contract between the Indian issuing bank and the Irish sellers, on the ground that it appeared from the circumstances as a whole that this contract was most closely connected with England.

In considering the principles to be applied under Article 4(5) of the Rome Convention, it is appropriate to exercise some caution with respect to *Bloch v Société Lima* and the statement of Mance, J in *Bank of Baroda v Vysya Bank.* The first of those cases has attracted a good deal of criticism in French legal periodicals[84], for the *Cour d'appel* had no need to follow the circuitous path that it selected. This is so not only because the contract of guarantee preceded the entry into force of the Convention, but also because it was unnecessary in that case to identify the applicable law at all. In French private international law,[85] as in English law[86], and under the Rome Convention[87] a contract is formally valid if it satisfies the requirements of either the forum or the *lex loci contractus*. If the contract of guarantee was formally valid by the law of the place where it was concluded, failure to comply with the formal requirements of the applicable law would not affect its validity.

In the case of *Bank of Baroda v Vysya Bank*, it is not obvious that the contractual relationship between the issuing bank and the confirming bank prevails over the relationship between the former and the beneficiary. On the

[83] [1994] 2 Lloyds Rep 87.

[84] M. Bandrac, *La loi applicable aux formes de cautionnement, 91 Revue trimestrielle de droit civil* (1992) 604; J. Foyer, *Note,* 119 *Journal du droit international* (1992) 129; H. Gaudemet-Tallon, *Convention de Rome du 19 juin 1980 sur la loi applicable aux contractuelles; chronique et jurisprudence, 28 Revue trimestrielle de droit européen* (1992) 529; P. Lagarde, *Note,* 80(4) *Revue critique de droit international privé (1991) 748;* J. Mestre, *L'entrée en vigueur de la convention de Rome sur la loi applicable aux obligations contractuelle[s], Revue trimestrielle de droit civil* (1992) 387; J. Mondoloni, *Recueil Dalloz Sirey Jurisprudence* (1992) 174.

[85] Cour de Cassation, 26 May 1963, 53 *Revue critique de droit international privé* (1964) 513.

[86] *Guépratte v Young* (1851) De G. and Sm. 217. According to Cheshire and North's *Private International Law*, eleventh ed., p.479: "There can be no doubt that compliance with local form is sufficient, though in other respects the contract may be wholly unconnected with the place where the contract was made. This is defensible on grounds of justice and convenience, for it is essential that parties who conclude their contract in a given country should be free to follow local professional advice upon the form necessary for the creation of a binding obligation".

[87] Article 9(1) of the Rome Convention provides that: "A contract concluded between persons who are in the same country is formally valid if it satisfies the formal requirements of the law which governs it under this Convention or *the law of the country where it is concluded*".

contrary, the contract between beneficiary and issuing bank might be taken to be the principal contract because the seller's acceptance of the contract with the issuing bank is the engine that drives the sequence of linked contracts. Mance, J attached importance to the fact that the *lex loci solutionis* is the place where payment to the beneficiary is to be made; but not only has the Rome Convention reduced the significance to be attached to the law of the place of performance, substituting the place of habitual residence of the characteristic performer, but in the particular case the place of payment was the *lex loci solutionis* of a different contract, that is, the contract between confirming bank and seller.

The principles to be applied for the purposes of Article 4(5) of the Rome Convention were considered by Keane, LJ in his extensively-researched judgment in *Ennstone Building Products Ltd v Stanger.*[88] The parties to that dispute were English companies. A dispute arose about stone supplied by the claimant for a building in Edinburgh. The parties agreed that the defendant would provide professional services through its Scottish office. The claimant subsequently claimed that in supplying those services the defendant was negligent, or in breach of contract. The trial judge held that the performance which was characteristic of the contract was more closely connected with Scotland than with England. Her reasoning was plainly at fault. Article 4(2) of the Rome Convention does not provide for the application of the law of the place with which characteristic performance is most closely associated: it provides for the application of the law of the country of the principal place of business of the party responsible for characteristic performance. Accordingly the law to be applied under Article 4(2) was English law. The real question, however, was the one ventilated on appeal. Was the presumption created by Article 4(2) to be displaced under Article 4(5)?

After reviewing continental authorities as well as the judgments of English courts in *Definitely Maybe (Touring) Ltd v Marek Lieberberg Konzertagentur GmbH*[89] and *Samcrete Egypt Engineers and Contractors SAE v Land Rover Exports Ltd*[90] Keane LJ concluded that the presumption created by Article 4(2) should only be disregarded in circumstances which clearly demonstrate the existence of connecting factors justifying the disregarding of the presumption in Article 4(2). He concluded that in the circumstances of the case there was insufficient linkage with Scotland for the presumption arising from Article 4(2) to be displaced.

D. Special Rules

The basic rules established by the Convention are subject to exceptions created to deal with particular types of contract; in particular, consumer contracts and employment contracts.

[88] [2002] 2 All ER (Comm) 479.

[89] [2001] 2 All ER (Comm) 1.

[90] [2001] EWCA Civ 2019.

I. Consumer Contracts

Article 5 of the Convention establishes a specific rule for consumer contracts, defined as those whose object is the supply of goods or services to a person ("the consumer") for a purpose which can be regarded as being outside his trade or profession, or a contract for the provision of credit for that object[91]. The definition corresponds with that in Article 13 of the Brussels Convention on Jurisdiction and the Enforcement of Judgments in Civil and Commercial Matters[92].

Where the contract falls within Article 5, there applies the general rule that a choice of law cannot deprive the consumer of the protection of the law of the country in which he has his habitual residence. That principle will apply, however, only where the trader has taken steps to market his goods or services in the country in which the consumer resides; or where the trader or his agent has received the consumer's order in the country of the latter's habitual residence[93]; or where the case involves border-crossing excursion selling[94]. The special rules laid down by Article 5 do not apply to contracts of carriage nor to contracts relating to the supply of services provided exclusively in a country other than that in which the consumer is resident. On the other hand, these rules do apply to package tours, that is to say, to contracts for the provision of combined travel and accommodation arrangements[95].

The extent of the protection afforded to consumers by Article 5 has been tested in a series of judgments of German courts, arising from the practices of time-share salesmen, particularly those making use of the laws of the smaller British islands. In a series of decisions German *Landgerichte* held that choice of law clauses in such contracts were ineffective to deprive purchasers of the protection afforded to them by German legislation, particularly section 138 of the *Haustürwiderrufsgericht*, prohibiting unconscionable transactions. Those decisions were, however, superseded by the judgment of the *Bundesgerichtshof* dated 19th March 1997[96].

In that case, German tourists in the Canary Islands were offered champagne and tee-shirts to induce them to attend an "information party" at which they were sold time-shares in a development in Teneriffe, managed by a company based in the Isle of Man. They signed declaring that these gave rise to an irrevocable contract governed by Manx law. When they sought to resile from the contract after their return home, the company sued them for the substantial capital sum and maintenance fees for which the contract provided.

[91] Article 5(1).

[92] 27th September 1968, OJ 1978 L304/77.

[93] This follows the wording of Article 3(2) of the Hague Convention on International Sales, 15th June 1955, 510 UNTS 147.

[94] Article 5(2).

[95] Article 5(4).

[96] N. Reich, *Choice of Law: Contract Terms: Germany*, 5(6) Consumers Law Journal (1997) 40.

The tourists counterclaimed for recovery of the deposit paid to the company in the Canaries.

The *Bundesgerichtshof* gave judgment for the company. Applying a German provision equivalent to Article 3(4) of the Rome Convention[97], it concluded that the existence and validity of the contract must be determined in accordance with the rule prescribed in Article 8(1) of that Convention, which subjects that issue to the putative applicable law.[98] The evidence was that the contract was valid under Manx law. The consumer protection rules of the Convention were not applicable since the sale of a time-share is not a contract for the supply of goods or services.

It has been suggested that the *Bundesgerichtshof* could have achieved the opposite result by relying on paragraph 3 of Article 3 of the Convention. That appears doubtful. Even if it were to be assumed that the *Haustürwiderrufsgericht* embodies mandatory rules, within the meaning of Article 3 paragraph 3, it would have to be shown that all the elements relevant to the situation, other than the choice of law, were connected with one country only[99]. That was not the case. The purchasers were from one Member State; the vendor from the European territory belonging to another Member State (in which territory the Rome Convention does not apply); and the real property situated in a third Member State. Nor could a solution be found on the basis of Council Directive 85/577 of 20th December 1985, which deals with consumer protection. This also applies in the case of contracts for the supply of "goods or services" and had been implemented at the material time in Spain and in Germany[100]. Were the same problem to arise in relation to a transaction concluded after April 1997, a solution might well be found on the basis of Council Directive 94/47 of 26th October 1994 on the Protection of Purchasers in Respect of the Purchase of the Right to Use Immovable Properties on a Timeshare Basis[101]; although it is not certain that this Directive binds the United Kingdom in respect of the law of the Isle of Man, to which (in essence) there are to be applied only those Community rules that concern customs matters and quantitative restrictions[102]. Since, however, time-share contracts have many features in common with contracts for package holidays a strong case can be made in favour of applying the same rule of private international law to both of these types of contract. Article 5(5) of the Rome Convention extends the rules governing consumer contracts to "a contract which, for an inclusive price, provides for a combination of travel and accommodation". In the forthcoming revision of

[97] Article 27 of the *Einführungsgesetz zum Bürgerlichen Gesetzbuch* (EGBGB). See V. Triebel, *The Choice of Law in Commercial Relations: A German Perspective*, 37 International and Comparative Law Quarterly (1988) 935.

[98] For a recent application of Article 8(1) see *Welex AG v Rosa Maritime Ltd*, [2002] All ER (D) 186.

[99] Michaels and Kamann, [1997] *Juristische Zeitung*, 612.

[100] OJ 1985 L372/31.

[101] OJ 1994 L280/83.

[102] EC Treaty, Article 227; United Kingdom's Act of Accession, Protocol No 4.

the Convention it may be thought desirable to extend this expression so as to embrace time-shares.[103]

II. Employment Contracts

Article 6 deals with individual employment contracts. The principle laid down thereby is that in departure from the basic principles of the Convention, a choice of law made by the parties to an employment contract shall not have the result of depriving the employee of the protection afforded to him by the mandatory rules of the law which would be applicable by virtue of paragraph 2 of that Article in default of choice. Paragraph 2 provides that in the absence of choice a contract of employment shall be governed:

(a) by the law of the country in which the employee habitually carries out his work in performance of the contract, even if he is temporarily employed in another country;

(b) if the employee does not habitually carry out his work in any one country, by the law of the country in which the place of business through which he was engaged is situated;

unless it appears from the circumstances as a whole that the contract is more closely connected with another country, in which case the contract shall be governed by the law of that country.

It is to be emphasised that Article 6 applies to individual employment contracts and not (as was proposed in an earlier draft) to "matters relating to an individual employment relationship". In choosing the first of those expressions in place of the second, the negotiators intended to limit the scope of Article 6. In *Swithenbank Foods v Bowers*[104] the claimant sued nine of his former employees for the tort of conspiracy, alleging that they had combined with the intention of lawfully interfering with the claimant's contractual relationship with a French co-operative, Pom' Alliance. Among the issues arising in the English courts was whether one of the defendants, resident in France, could be sued only in France by virtue of Article 20 of Council Regulation 44/2001 ("the Brussels Regulation").[105] This falls within Section 5 entitled "Jurisdiction over Individual Contracts of Employment". It provides in part that:

"An employer may bring proceedings only in the courts of the Member State in which the employee is domiciled".

Sitting as a judge of the High Court, HH Judge McGonigal reasoned that in Article 20 of the Brussels Convention, as in Article 6 of the Rome Convention, the expression "individual contract of employment" might embrace a void contract, but was not interchangeable with "matters relating

[103] In *Jarrett v Barclays Bank*, [1999] QB 1 the Court of Appeal, attributing an independent meaning to the word "tenancy", held that a timeshare agreement fell within Article 16(1) as a tenancy of immovable property.

[104] [2002] 2 All ER (Comm) 974.

[105] OJ 2001 L12/1.

to an individual employment relationship". On this issue the analogy between the Brussels Regulation and the Rome Convention appears forced. The Rome Convention presupposes a contract, if only a hypothetical one. Whether the Brussels Convention protects a former employee from being sued by his employer elsewhere than in his domicile for acts or omissions done in the course of the employment relationship is a matter on which the Rome Convention does not yield assistance.

One of the unresolved issues under the Rome Convention is the identification of the law by reference to which a court is to determine whether a relationship amounts to a contract of employment. Three possibilities present themselves: an autonomous construction for the purposes of the Rome Convention; the *lex fori*; and the legal system which would apply if Article 6 were applicable (for instance, the law of the country in which the employee habitually carries out his work). Despite its superficial attractions, the first of these options, it is thought, should be rejected, for by contrast with such expressions as "civil and commercial matters", the term "employment" has a well-established meaning in the domestic laws of all Contracting States[106]. The second should be dismissed since it is apt to depend on chance, or on the plaintiff's selection of the forum. The third may, with appropriate caution, be commended as the legal system having the greatest interest in the determination of the legal character of the relationship.

E. The Effect of the Applicable Law

By Article 10 of the Convention, the law applicable to a contract governs the interpretation of the contract, the various ways of extinguishing obligations, prescription and limitation of actions as well as the consequences of breach and the performance of contractual obligations.

I. Consequences of Breach

The rule whereby the *lex contractus* governs the consequences of breach is consistent, in broad terms, with the antecedent rule of English private international law. Thus in *D'Almeida Araujo v Sir Frederick Becker and Co*[107] it was for the Portuguese proper law rather than for the English *lex fori* to determine whether an English purchaser who had breached a contract with a Portuguese seller was bound to reimburse to the latter the sum that he had paid to his own dealer.

In accordance with the antecedent rule of English private international law it might have been thought that the question whether a party in breach of contract is liable to pay interest as damages for non-payment is remitted to the *lex contractus*. The contrary view was expressed, however, by Hobhouse,

[106] See further R. Smith and C. Villiers, *Protecting Internationally Posted Workers*, 3 Juridical Review (1996) 167.

[107] [1953] 2 All ER 288.

J in *Midland International Trade Services v Sudairy,*[108] where he said that as section 35A of the Supreme Court Act 1981 is procedural, it is always applicable in English proceedings. That reasoning was criticised by the editors of *Dicey and Morris;*[109] and the dispute now appears to have been settled by the entry into force of the Rome Convention. In *Lesotho Highlands Development Authority*[110] Morrison, J concluded that the availability of interest is among the consequences of breach governed by the applicable law. He added that like the editors of *Dicey and Morris,* he could see no reason why, if the issue of interest is a matter for the applicable law, it should cease to be so where the claim is for interest damages.

II. Manner of Performance

The Rome Convention itself does not say what is meant by the "performance" of an obligation; but Article 10(2) provides:

"In relation to the manner of performance and the steps to be taken in the event of defective performance, regard shall be had to the law of the country in which performance takes place".

A distinction is to be drawn, therefore, between performance (governed by the *lex contractus*) and manner of performance, for which regard shall be had to the *lex loci solutionis*. Thus, in the case of a contract for the international sale of goods, the law of the place of delivery will determine whether an import licence is required but the proper law of the contract will determine whether failure to obtain such a licence constitutes a breach or frustration.[111]

In *Import Export Metro Ltd and Another v Compañia Sud Americana de Varpores SA,*[112] Gross, J was confronted with a dispute between an international trader and a Chilean shipping corporation, arising from the carriage of goods from China to Chile under eleven bills of lading in the Chilean defendant's standard form. In essence, the claimant alleged that it had suffered loss in consequence of the delivery of the goods by the defendant to a third party, without the original of the bills of lading. The bills of lading contained a clause providing:

"This Bill of Lading and any claim or dispute arising hereunder shall be subject to English law and the jurisdiction of the English High Court of Justice in London. If, notwithstanding the foregoing, any proceedings are commenced in another jurisdiction, such proceedings shall be referred to the ordinary courts of law. In the case of Chile, arbitrators shall not be competent to deal with any such disputes and any proceedings shall be referred to the Chilean ordinary Courts".

[108] (1990) Financial Times, 2 May.

[109] *Dicey and Morris on the Conflict of Laws*, 13th ed., 2000, Sir Lawrence Collins, Vol. II paragraph 33-385.

[110] [2003] All ER (Comm) 22, paragraph 25.

[111] Cf *AV Pound v MW Hardy and Co*, [1956] 1 All ER 639.

[112] [2003] EWHC 11 (Comm), 23 January 2003.

The Claimant issued proceedings in London. The Defendant applied for a stay of proceedings, and other relief, contending that the essential issues in dispute would be governed by Chilean law. That law, it was argued, would determine whether the defendant was obliged to deliver the goods without presentation of original bills of lading. Rejecting that argument, Gross, J reasoned that there was no good reason for disregarding the choice of English jurisdiction. If anything, reflection on the relationship between the governing law and the law of the place of performance pointed to the desirability of seising the English courts. The suggestion appears to be that the Chilean *lex loci solutionis* law might determine whether a carrier is obliged to deliver the goods without presentation of original bills of lading; but English applicable law would determine whether compliance with such a Chilean law constituted, in the circumstances of the case, a breach of the contract governed by English law.

III. Restitution

By Article 10(1)(e) the law applicable to a contract also governs the consequences of nullity of contract; but in relation to this last matter States may enter reservation. The United Kingdom did so, for neither restitution in English law nor in recompense in Scots law is governed by the proper law of the void contract.

It has long been established that the remedies for which English and Scottish law provide in the event of unjust enrichment or unjust benefit, in the form of restitution or recompense, form branches of the law separate from the law of contract[113]. It is only in recent years, however, that careful judicial consideration has been given to the identification of the law applicable to a claim for restitution of benefits unjustly received under a void contract. The issue has arisen as a sequel to the judgment of the House of Lords in *Hazell v Hammersmith and Fulham LBC.*[114]

In *Baring Bros. & Co. Ltd v Cunninghame District Council,*[115] the Outer House of the Court of Session was required to identify the law governing recompense in the event of the illegality of one of the "swaps" arrangements into which local authorities entered with banks. The judgment was given by Lord Penrose, to whom four alternatives presented themselves.

The first was the proper law of the putative contract as determined by the rules laid down in the Rome Convention.[116] On that view, the parties' choice of law, express or implied, would govern the claim for recompense, although the contract itself was void.

[113] Lord Wright in *Branwhite v Worcester Works Finance*, [1968] 3 All ER 104.

[114] [1992] 2 AC 1.

[115] *The Times*, 30th September 1996.

[116] *Dicey and Morris on the Conflict of Laws*, Twelfth edition, 1993, Vol. II at 1474.

The second was the law governing the putative contract, as determined by the law with which the obligation has the closest connection, ignoring any choice by the parties.

The third was the law which determines the nullity of the contract. That would not necessarily be the same as the law which would govern contractual issues generally had the contract been valid, since a contract may be rendered void by incapacity (governed by the *lex personae*) or by the public policy of the forum.

The fourth possibility was the proper law of the obligation: that is, the law with which the critical events have their most real and substantial connection.[117]

Lord Penrose held that the fourth of these governed the claim for recompense. It is respectfully submitted that his judgment on that point is correct. It is consistent with the judgment of Evans, J dealing with a restitutionary claim in *Arab Monetary Fund v Hashim.*[118] Lord Penrose's judgment been subjected to criticism on the ground that "the system of law which declares the contract to be a nullity should determine the consequences of nullity";[119] but that this criticism appears misplaced. The interest that a legal system has in rendering a contract null by reason of personal incapacity or public policy may well be insufficient to warrant submitting to that law the consequences of the invalidity on a transaction which is most intimately connected with another jurisdiction. For instance, the public policy of the forum may lead it to characterise a transaction as gaming, and to treat it as a nullity. No doubt the forum has an interest in refraining from lending the support of its courts to such arrangements; but it would be inequitable to subordinate to that law the consequences of the nullity, in respect of restitution, when *ex hypothesi* the transaction is most intimately connected with another jurisdiction and the selection of the forum may be made on the basis of fortuitous circumstances such as the location of the defendant's assets.

The decision in that case may be contrasted with that of the English Court of Appeal (Civil) in *Kleinwort Benson Limited v City of Glasgow District Council.*[120] In that case the bank brought proceedings in England to recover from the defendant sums paid by the Council under a currency "swaps" agreement. The Council contested the jurisdiction of the English courts, arguing that as the contract was void, the dispute was not a "matter relating to a contract" within the meaning of the Article 5 of the Brussels Convention on Jurisdiction and the Enforcement of Judgments in Civil and Commercial

[117] A. Anton, *Private International Law*, 2nd ed., 1990, 300-304.

[118] [1993] 1 Lloyds Rep 543 at 566. Incidentally, this was is also the solution favoured in *The European Contracts Convention: The Rome Convention on the Choice of Law for Contracts*, Sweet & Maxwell, 1991 at 11.16.

[119] R. Stevens, *Restitution and the Rome Convention*, 113 Law Quarterly Review (1997) 249 at 252.

[120] [1996] I.L.Pr 218.

Matters.[121] The Court held by a majority that the English courts had jurisdiction since a restitutionary claim based on a void contract was a "matter relating to a contract". In reaching that conclusion Roch, and Millett, LJJ found in Article 10 of the Rome Convention evidence that in "European law" the word "contract" embraces a contract that is a nullity[122]. Millett, LJ added the following observations:

"It would not be consistent with the objectives of the Convention if the Court having jurisdiction to decide the validity of the contract did not also have jurisdiction to decide the consequences ...

"Secondly, it is often notoriously difficult to distinguish between contractual and restitutonary causes of action. Claims in *quantum meruit*, for example, are usually thought of as contractual, and in most situations are clearly "matters relating to a contract". But there is a respectable case for classifying all such claims as restitutionary ..."[123]

Similar reasoning might be applied to the determination of the applicable law. It might be asserted that the objectives of the Rome Convention, in particular the establishment of uniform rules, requires that the law governing the validity of a contract should also govern the consequences of invalidity; and that as it is notoriously difficult to distinguish between contractual and restitutonary causes of action, both should be subject to a single law. This reasoning, even if superficially attractive, should be rejected. In *Baring Bros. & Co. Ltd v Cunninghame District Council* Lord Penrose rightly rejected the suggestion that restitutionary claims should be subjected to the applicable law determined according to the Rome Convention. Whatever may be the case with jurisdiction, the respective obligations of two parties should not be determined by reference to the law of a non-existent contract which might have been rendered void by inconsistency with a law other than the *lex contractus*. He was also right to reject the suggestion that a restitutionary claim should be subjected to the law governing the putative contract, as determined by the law with which the obligation has the closest connection. That option might be commended on grounds of expediency, but not on the ground of its tendency to promote the aims of the Rome Convention or its consistency any cognate rule in the conflict of laws.

IV. Assignment

Article 12(1) of the Rome Convention provides that the mutual obligations of assignor and assignee under a voluntary assignment of a right against another person ("the debtor") shall be governed by the law which, under the Convention, applies to the contract between the assignor and assignee. Article 12(2) adds that the law governing the right to which the assignment relates is to determine its assignability, the relationship between the assignee and the debtor, the conditions under which the assignment can be invoked

[121] 27th September 1968, OJ 1968 L304/77.

[122] Paragraphs 50 and 75 of the judgment.

[123] Paragraphs 76-77 of the judgment.

against the debtor and any question as to whether the debtor's obligations have been discharged. It is not entirely clear whether Article 12 is limited to contractual aspects of an assignment or covers also the proprietary aspects. The distinction may be important, for instance, where the assignor becomes insolvent before the assignee has recovered the debt. The Dutch Hoge Raad has concluded that Article 12 of the Rome Convention covers not only contractual but also proprietary aspects of assignments[124] whereas the German *Bundesgerichtshof* has taken the opposite view.[125] The issue arose in England in *Raffeisen Zentralbank v Österreich AG v Five Star General Trading LLC and Others.*[126]

In that case the first defendants had assigned as security for a loan a policy of marine insurance concluded with French insurers but governed by English law. Notice of the assignment was transmitted to the French insurers in a form which complied with the requirement of English law but not with those of French law, because the assignment had not been notified through a *huissier*. In substance the litigation was essentially between the assignee of the insurance policies (the claimant) and the owners of a cargo loaded on a vessel which had sink following a collision with the first defendants' ship and which had obtained attachments in France of the insurance of the vessel and its proceeds with a view to satisfying a claim against the assignors of the policy which had arisen in connection with the collision. The essential issue was therefore whether the assignment of the insurance policy to the claimant was effective. In that context it was necessary to determine whether the assignment was governed by English law, by virtue of Article 12, or by French law, as the *lex situs* of the right.

Longmore, J concluded that the rules in the Convention should apply to any assignment of a contract unless, on its wording, such application was inappropriate. English law therefore applied as the proper law of the debt. His judgment was upheld by the Court of Appeal on grounds which, it is respectfully submitted, are to be preferred. Giving the judgment of the Court of Appeal, Mance, LJ reasoned that the question whether an assignment creates contractual rights and obligations as between the putative assignor and assignee is distinct from the question whether that agreement is effective to transfer property in a debt. There may be an effective transfer of proprietary rights without a contract (as in the case of a gift) and a contract to assign proprietary rights may fail to do so (for instance, where one of the parties lacks capacity). Thus the question whether an assignment creates contractual rights and obligations is not to be determined by reference to the law governing the *situs* of a right. As Mance, LJ put it:

"Under Article 12(2) the contract giving rise to the obligation governs not merely its assignability but also 'the relationship between the assignee and the debtor' and 'the conditions under which the assignment can be, as against

[124] *Brandsma qq curator faillissement Bechem Chemie BV v Hansa Chemie AG*, 16th May 1997, Nederlands International Privaatrecht 1997 No 209.

[125] 8th December 1998, [2000] I Prax 124.

[126] [2000] Lloyds Rep 284.

the debtor, changed.' On its face, Article 12(2) treats as matters within its scope, and expressly provides for, issues both s to whether the debtor owed monies and must pay the assignee (their 'relationship') and under what 'conditions' (eg: as regards the giving of notice."

F. Conclusion

Although the principle of party autonomy nor the principle of closest connection have much in common with the rules of private international law which applied in England and Wales prior to the incorporation of the Rome Convention by the Contracts (Applicable Law) Act, the antecedent rules have been modified by the Convention in important respects: not least by the introduction of the notion of characteristic performance. The higher courts in England and Wales have demonstrated some success in applying the Convention; and in seeking spontaneously to construe it consistently with the prevailing interpretation in other Member States. For instance, the Court of Appeal in *Ennstone Building Products Ltd v Stanger*[127] sought to achieve an interpretation of Article 4(2) consistent with that of the Hoge Raad in *Société Nouvelle des Papéteries de l'Aa v Machinenfabriek BOA.*[128]

Nevertheless some difficulties of substance persist. It would be anomalous to apply in England and Wales the rule contained in Article 10(1)(e) of the Convention, whereby the applicable law governs the consequences of nullity of contract, since in the law of England and Wales those consequences are not governed by the law of contract at all but by the law of restitution. In the course of transposing the Convention into a Community instrument – probably a regulation - it would be wise to look again at this provision. The simplest course would be to omit it from the Community instrument, thereby leaving the consequences of nullity to be a matter governed by the applicable law in most of those jurisdictions in which it is regarded as a contractual matter at all.

Different considerations apply in the case of Article 7(1). States which have entered reservations in respect of that provision have generally done so on the ground that it fails to promote legal certainty, which is one of the essential objectives of a sound system of private international law of contracts. It authorises a judge to give effect to the mandatory rules of a country, with which the situation has a close connection, thereby making provision for the application of a law which is neither that of the *forum* nor the applicable law. Since the application of that law is a matter for judicial discretion, the parties to a contract cannot with confidence anticipate when it will be applied. Perhaps the appropriate modification of Article 7(1) is one establishing that a rule of European Community law is itself capable of constituting a mandatory rule to be applied by the courts of the Member States, irrespective of the law applicable to the contract. That would be consistent with the

[127] [2002] 2 All ER (Comm) 479.

[128] [1992] Nederlandse Jurisprudentie No 750.

judgment of the European Court of Justice in Case C-381/98, *Ingmar GB Limited v Eaton Leonard Technologies Inc.*[129]

[129] [2000] ECR I-9305.

Aktuelle Probleme im Schnittbereich von Verbraucherschutz und Internationalem Privatrecht

DR. DIRK STAUDENMAYER*

A. Einleitung

Die Problematik des Verbraucherschutzes im Internationalen Privatrecht ist keine neue: davon zeugt Art. 5 des Römischen Übereinkommens über das auf vertragliche Schuldverhältnisse anwendbare Recht (EVÜ). Trotzdem hat das Verhältnis zwischen Internationalem Privatrecht und dem Verbraucherschutz seit einigen Jahren neues Interesse gefunden. Dies liegt vor allem an zwei Gründen, die im Folgenden behandelt werden.

Der erste Problembereich sind die Klauseln zum Internationalen Privatrecht, die in die privatrechtlichen EG-Verbraucherschutzrichtlinien aufgenommen wurden und die seit zweiten Hälfte der 90er Jahre in der Rechtswissenschaft analysiert und teilweise recht kritisch beleuchtet werden[1] (B.). Der zweite, noch deutlich aktuellere Bereich ist der der Anwendung des Art. 5 EVÜ auf den elektronischen Geschäftsverkehr oder allgemeiner die Frage des anwendbaren Rechts (und auch des zuständigen Gerichts) bei Verbraucherverträgen im elektronischen Geschäftsverkehr (C.). Diese Frage wurde bereits im Rahmen der Neufassung des Übereinkommens über die gerichtliche Zuständigkeit und die Vollstreckung gerichtlicher Entscheidungen in Zivil- und Handelssachen (EuGVÜ) als Verordnung (EG) Nr. 44/2001 des Rates vom 22. Dezember 2000[2], genauer gesagt des Art. 13 EuGVÜ, bzw. seiner neuen Fassung in Art. 15 der Verordnung, sehr kontrovers diskutiert. Jetzt wird dieselbe Frage wieder im Rahmen des Grünbuchs der Kommission über die Umwandlung des EVÜ in ein

* Der Beitrag gibt ausschließlich die persönliche Meinung des Verfassers wieder und bindet in keiner Weise die EG – Kommission.

[1] Grundsätzliche Kritik äußern z.B. *Jayme*, Europäisches Kollisionsrecht: Neue Aufgaben, neue Techniken, in: *Hommelhoff/Jayme/Mangold* (Hrsg.), Europäischer Binnenmarkt: Internationales Privatrecht und Rechtsangleichung, 1995, S. 38, und *Martiny*, Internationales Vertragsrecht im Schatten des Europäischen Gemeinschaftsrechts, ZEuP 2001, 311 f., während *W.-H. Roth*, Angleichung des IPR durch sekundäres Gemeinschaftsrecht, IPRax 1994, 165 ff., rechtstechnische Schwächen kritisiert. Positiver dagegen *Basedow*, Materielle Rechtsangleichung und Kollisionsrecht, in *Schnyder/Heiss/Rudisch* (Hrsg.), Internationales Verbraucherschutzrecht: Erfahrungen und Entwicklungen in Deutschland, Liechtenstein, Österreich und der Schweiz, 1995, 29 ff.; *Freitag/Leible*, Von den Schwierigkeiten der Umsetzung kollisionsrechtlicher Richtlinienbestimmungen, ZIP 99, 1297.

[2] ABl. EG 2001 L 12/1.

Gemeinschaftsinstrument und dessen Modernisierung[3] mindestens ebenso kontrovers diskutiert werden.

B. Die IPR - Klauseln in den Richtlinien des Verbraucherprivatrechts

Seit der Richtlinie über missbräuchliche Vertragsklauseln enthalten die Richtlinien des Verbraucherprivatrechts eine IPR – Klausel[4]. Zu nennen sind hier Art. 6 II der Richtlinie über missbräuchliche Vertragsklauseln[5], Art. 9 der Richtlinie über Timeshare – Verträge[6], Art. 12 II der Richtlinie über die im Fernabsatz geschlossenen Verträge[7], Art. 7 II der Richtlinie über den Verbrauchsgüterkauf[8] und Art. 12 II der Richtlinie über den Fernabsatz von Finanzdienstleistungen[9] sowie Art. 30 V des Vorschlages zur Novellierung der Verbraucherkreditrichtlinie[10]. Dabei ist es in der Tat so, dass die IPR - Klausel der Richtlinie über die missbräuchlichen Vertragsklauseln für die späteren Richtlinien "Modellcharakter"[11] hatte, und zwar sowohl hinsichtlich der Zielsetzung als auch größtenteils hinsichtlich der Formulierung.

Trotz leichten Unterschieden in Wortlaut[12] haben die Klauseln (außer der IPR – Klausel in der Timeshare – Richtlinie) im wesentlichen den Inhalt, dass der Verbraucher des durch die betreffende Richtlinie gewährten Schutzes nicht verlustig gehen darf, wenn das Recht eines Nichtmitgliedstaates als das auf den Vertrag anwendbare Recht gewählt wurde und der Vertrag einen engen

[3] KOM (2002) 654 endg. (im Folgenden Grünbuch zu Rom I genannt), s. insbesondere Punkt 3.2.7. zu Art. 5 und Frage 12.

[4] Bewußt wird hier nicht von Kollisionsnormen gesprochen, da die IPR - Klauseln nicht zur Anwendung eines bestimmten Rechtes führen, sondern dies den nationalen Umsetzungsnormen überlassen. S. schon zu Recht *Sonnenberger*, Europarecht und Internationales Vertragsrecht, ZVglRWiss 95 (1996), 31; *Von Hoffmann*, Richtlinien der Europäischen Gemeinschaft und Internationales Privatrecht, ZfRV 95, 51; *Leible*, Kollisionsrechtlicher Verbraucherschutz im EVÜ und in EG - Richtlinien, in: *Schulte-Nölke/Schulze*, Europäische Rechtsangleichung und nationale Privatrechte, 1999, S. 356. Ebenso auch das Grünbuch der Kommission zu Rom I (aaO.), Fn. 30.

[5] Richtlinie 93/13/EWG des Rates v. 5. 4. 1993 über missbräuchliche Klauseln in Verbraucherverträgen, ABl. EG 1993 L 95/29.

[6] Richtlinie 94/47/EG des Europäischen Parlamentes und des Rates vom 26. 10. 1994 zum Schutz der Erwerber im Hinblick auf bestimmte Aspekte von Verträgen über den Erwerb von Teilnutzungsrechten an Immobilien, ABl. EG 1994 L 280/83.

[7] Richtlinie 97/7/EG des Europäischen Parlamentes und des Rates vom 20. 5. 1997 über den Verbraucherschutz bei Vertragsabschlüssen im Fernabsatz, ABl. EG 1997 L 144/19.

[8] Richtlinie 1999/44 des Europäischen Parlamentes und des Rates vom 25. 5. 1999 zu bestimmten Aspekten des Verbrauchsgüterkaufs und der Garantien für Verbrauchsgüter, ABl. EG 1999 L 171/12.

[9] Richtlinie 2002/65/EG des Europäischen Parlamentes und des Rates vom 23. 9. 2002 über den Fernabsatz von Finanzdienstleistungen an Verbraucher und zur Änderung der Richtlinie 90/619/EWG des Rates und der Richtlinien 97/7/EG und 98/27, ABl. EG 2002 L 271/16.

[10] Vorschlag für eine Richtlinie des Europäischen Parlamentes und des Rates zur Harmonisierung der Rechts- und Verwaltungsvorschriften der Mitgliedstaaten über den Kredit an Verbraucher, KOM (2002) 443 endg. vom 11. 9. 2002.

[11] So schon *Jayme*, aaO., S. 43, der dieser Entwicklung aber kritisch gegenüber steht.

[12] S. hierzu unter II.1.

Zusammenhang mit dem Gebiet eines oder mehrerer Mitgliedstaaten aufweist.

I. Schutzzweck der IPR - Klauseln

Im Grunde sind diese Klauseln ein Ausfluss der grundlegenden Intention des Verbraucherschutzrechtes überhaupt[13] und damit auch des wesentlichen Merkmals der Richtlinien des Verbraucherprivatrechts, nämlich des „strukturellen Ungleichgewichts“[14] des Verbrauchers gegenüber der Angebotsseite[15].

Dieses strukturelle Ungleichgewicht drückt sich vor allem zum einen darin aus, dass der Verbraucher die in der Regel wirtschaftlich ungleich schwächere und rechtlich unerfahrenere Vertragspartei ist. Der Gewerbetreibende hängt bei weitem nicht in demselben Maße von einem einzelnen Verbraucher ab wie dieser im Regelfall von ihm.

Dies wurde auch schon vom EuGH in seiner Rechtsprechung zu Art. 13 EUGVÜ (jetzt Art. 15 VO 44/2001) anerkannt[16]. Der EuGH nannte in den einschlägigen Urteilen die soeben erwähnten Erwägungen als Regelungsgrund dieser Bestimmung. Hierbei soll natürlich nicht verkannt werden, dass nach der ständigen Rechtsprechung des EuGH die Begriffe des EuGVÜ autonom auszulegen sind[17]. Trotzdem sind die Ausführungen des EuGH wegen der im wesentlichen gleichen Schutzrichtung auch für die IPR - Klauseln und die Verbraucherschutzrichtlinien im allgemeinen aufschlussreich.

Ein weiteres, wesentliches Element dieses Ungleichgewichts ist vor allem die fehlende „Waffengleichheit“ in bezug auf Information über das betreffende Produkt, bzw. Dienstleistung sowie über vergleichbare Produkte, bzw. Dienstleistungen, die sich mit ersteren im Wettbewerb befinden. Zwar ist der Markt auch für die Angebotsseite nicht völlig transparent, allerdings verfügt

[13] Vgl. auch *Leible* (aaO., S. 355) der verlangt, dass die materiellrechtlichen Wertungen des Verbraucherschutzrechtes bereits bei der Anknüpfung stärkere Berücksichtigung finden müssen, um zu verhindern, dass dessen Steuerungsfunktion nur noch sehr eingeschränkt ausgeübt werden könnte.

[14] *Reich* spricht von der «strukturellen Unterlegenheit», s. *Reich*, Alternativen zur Ziviljustiz im Verbraucherschutz – Überlegungen zur Bedeutung von Schieds- und Schlichtungsverfahren, in: *Blankenburg/Gottwald Strempel* (Hrsg.), Alternativen in der Ziviljustiz, 1982, S. 219.

[15] Vgl. dazu auch: *Von Hippel*, Verbraucherschutz, 3. Auflage, 1986, S. 3 ff.; *Kemper*, Verbraucherschutzinstrumente, 1994, S. 30 ff.

[16] *EuGH*, Urt. v. 19. 1. 93, Rs. C-89/91 *(Shearson Lehmann Hutton Inc./TVB Treuhandgesellschaft für Vermögensverwaltung und Beteiligungen mbH)*, Slg. 1993, 139, 187 und 3. 7. 1997, Rs. C-269/95 (*Francesco Benincasa/Dentalkit Srl*), Slg. 1997, 3767, 3795.

[17] Vgl. z.B. nur: *EuGH*, ebenda sowie Urt. v. 21. 6. 1978 (*société Bertrand/Paul Ott KG*), Slg. 1978, 1431, 1445 und 17. 6. 1992 (*Jakob Handte & Co GmbH Maschinenfabrik/Traitements mécano-chimiques des surfaces SA*), Slg. 1992, 3967, 3993. Die Ausführungen des EuGH zur autonomen Auslegung gelten vor allem im Verhältnis zu den nationalen Rechten der Vertragsstaaten, in denen die im EuGVÜ verwendeten Begriffe einen unterschiedlichen Inhalt haben können.

der Gewerbetreibende immer noch über deutlich mehr Informationen als der Verbraucher.

Ein Ausfluss dieser grundlegenden Intention ist der Charakter des Verbraucherprivatrechts als zwingendes Recht. Fast alle Richtlinien des Verbraucherprivatrechts enthalten eine Klausel, nach der der Verbraucher nicht auf seine Rechte verzichten oder diese einschränken kann. Der Ursprung dieser Klausel ist relativ einsichtig: Wenn Verbraucherschutzrecht dispositiv wäre, bestünde die Möglichkeit für Gewerbetreibende, in den Grenzen der Richtlinie 93/13 über missbräuchliche Vertragsklauseln, die verbraucherschützenden Bestimmungen einzuschränken oder gar auszuschließen. Solche, die Verbraucherrechte einschränkenden Klauseln stehen in der Regel nicht zur Verhandlung an; der Verbraucher kann sie nur annehmen oder ganz auf den Vertragsschluss verzichten. Ein solches Ergebnis soll mit der entsprechenden Bestimmung in den einzelnen Richtlinien verhindert werden.

In dieselbe Richtung zielen nun auch die IPR - Klauseln. Durch die Verbraucherrechtsrichtlinien wird in den harmonisierten Bereichen ein gemeinsamer (Mindest-)Standard von Schutzbestimmungen geschaffen, auf dessen Geltung der Verbraucher sich überall in der Union verlassen kann. Verhindert werden soll nun, dass Gewerbetreibende das zwischen ihnen und den Verbrauchern herrschende "strukturelle Ungleichgewicht" ausnutzen und über allgemeine Geschäftsbedingungen ein auf den Vertrag anwendbares Recht wählen, das nicht diese Schutzmindestbestimmungen enthält. Dazu würde es kommen, weil der Verbraucher die allgemeinen Geschäftsbedingungen entweder gar nicht liest oder im Zweifelsfall die Bedeutung einer Rechtswahlklausel nicht versteht oder, wie bereits erwähnt, die Rechtswahl gar nicht verhandelbar ist und der Verbraucher deshalb nur die Wahl hat, sie zu akzeptieren oder den Vertrag nicht abzuschließen.

II. Inhaltliche Probleme

Dieser geschilderte Schutzzweck gibt die Lösung für einige inhaltliche Probleme vor[18], die in der Diskussion um diese Klauseln immer wieder aufgeworfen werden[19].

1. Der "enge Zusammenhang"

In den IPR - Klauseln der erwähnten Richtlinien wird in der Regel, wie bereits erwähnt, als Bedingung für die Gewährung des Schutzstandards der Richtlinie angeführt, dass der Vertrag einen engen Zusammenhang mit dem

[18] Vgl. hierzu bereits *Staudenmayer*, Die Richtlinien des Verbraucherprivatrechts – Bausteine für ein europäisches Privatrecht ?, in: *Schulte-Nölke/Schulze*, Europäische Rechtsangleichung und nationale Privatrechte, 1999, S. 69 ff.

[19] Bedauerlich ist dabei nur, dass diese Diskussion, wie schon *Sonnenberger* (Die Umsetzung kollisionsrechtlicher Regelungsgebote in EG - Richtlinien, ZEuP 96, 382) festgestellt hat, fast ausschließlich im internationalprivatrechtlichen Schrifttum geführt wird, was ihr auch eine bestimmte Richtung gibt.

Gebiet der Mitgliedsstaaten aufweist. Dabei ist die Formulierung leicht unterschiedlich. Es wird teilweise vom "Gebiet der Mitgliedstaaten"[20] oder vom "Gebiet eines oder mehrerer Mitgliedstaaten"[21] gesprochen.

Hierzu wurde jedoch schon in der Literatur völlig zu Recht bemerkt, dass daraus keine inhaltlichen Unterschiede folgen[22]. Die Unterschiede in der Formulierung ergeben sich einfach daraus, dass in den Gesetzgebungsverfahren der jeweiligen Richtlinien nicht bewusst auf eine strenge terminologische Kohärenz der Formulierungen geachtet, sondern im wesentlichen auf das zu erzielende Ergebnis abgestellt wurde.

In der Sache wird dieses Tatbestandsmerkmal in der Literatur kontrovers diskutiert[23].

Man kann durchaus besonders hervorheben, dass das der Anknüpfung dienende Tatbestandsmerkmal des „engen Zusammenhangs" relativ weit gefasst ist und wegen dieser weiten Fassung von den Mitgliedsstaaten unterschiedlich umgesetzt werden kann. Wenn einem an einer europäischen Vereinheitlichung des IPR gelegen ist, dann kann man aus dieser Perspektive durchaus nicht zu Unrecht kritisieren, dass dieses Ziel verfehlt wird.

Zu einer solchen Argumentation, der man in der Zielsetzung durchaus positiv gegenüber stehen kann, ist allerdings zu sagen, dass es sich bei den betreffenden Richtlinien gerade nicht um eine der Vereinheitlichung des IPR dienende Regelung handelt, sondern eben um Verbraucherschutzrichtlinien.

Daraus folgt zunächst einmal eine andere Zielsetzung. Man geht davon aus, dass nach Umsetzung der Richtlinie in den betroffenen Rechtsgebieten überall in der EG ein gemeinschaftlicher Mindeststandard an verbraucherschützenden Normen für den geregelten Bereich zur Verfügung steht. Welches nationale Privatrecht für Verbrauchertransaktionen dann genau anwendbar ist, wollen die IPR – Klauseln gar nicht genau festlegen[24]. Sie müssen es wegen des gemeinschaftsrechtlich garantierten Mindeststandards, der bei einer Umsetzung der Richtlinien realisiert wird, auch gar nicht[25].

Zwar ist es zutreffend, dass es sich bei den Richtlinien des Verbraucherprivatrechts nicht um eine vollständige Harmonisierung, sondern nur um eine Mindestharmonisierung handelt. Die Mitgliedstaaten können zugunsten des Verbrauchers darüber hinausgehen, woraus uneinheitliche nationale Rechte resultieren können. Das ändert aber nichts daran, dass der

[20] In der Richtlinie über missbräuchliche Vertragsklauseln und in der Kaufgewährleistungsrichtlinie.

[21] In der Fernabsatzrichtlinie oder in der Richtlinie zum Fernabsatz von Finanzdienstleistungen.

[22] *Leible*, aaO., S. 366.

[23] Kritik wird geäußert von *Jayme*, aaO., S. 44; *Roth*, aaO., S. 169; s. auch *Martiny*, aaO., S. 311 f.. Begrüßt wird es dagegen von *Leible* (aaO., S. 376), der allerdings auch vorschlägt, den Begriff durch Regelbeispiele zu illustrieren (aaO., S. 390).

[24] Vgl. aber *Leible* (aaO., S. 381), der genau dies kritisiert.

[25] So auch schon *Reich*, EG - Richtlinien und Internationales Privatrecht, in *Lagarde/Von Hoffmann* (Hrsg.), Die Europäisierung des Internationalen Privatrechts 1996, S. 121.

jedenfalls erwähnte Mindeststandard nach Umsetzung der Richtlinie in allen Mitgliedstaaten besteht.

Es soll - wie bereits bei der Erläuterung des Schutzzweckes ausgeführt - nur verhindert werden, dass über eine Rechtswahl, die im Zweifel vom Verkäufer in allgemeinen Geschäftsbedingungen vorbestimmt wird, die Standards der Richtlinie durch die Wahl eines Rechtes, das nicht den Umsetzungsanforderungen der Richtlinien unterliegt, z.B. des amerikanischen Recht, umgangen wird. Ob die Mitgliedstaaten den engen Zusammenhang am Wohnsitz des Verbrauchers oder an der Niederlassung seines Vertragspartners oder an anderen Kriterien festmachen, ist von der Zielsetzung der Richtlinie her gesehen zunächst einmal unerheblich.

Dazu kommt noch, dass es sich eben um eine Richtlinie handelt, die den Mitgliedstaaten einen ausreichenden Umsetzungsspielraum einräumt[26]. Schon allein aus der Natur des Rechtsaktes heraus ist hier eine Selbstbeschränkung bei der Regelung geboten. Dasselbe ergibt sich aber auch aus dem in Art. 5 EGV verankerten und im Protokoll zum Amsterdamer Vertrag verstärkten Subsidiaritätsprinzip und schließlich aus politischen Erwägungen, die eine leichtere Verabschiedung der Richtlinien im Rat zum Ziel haben.

Die Verbraucherschutzrichtlinien sind also gar kein taugliches Mittel der Vereinheitlichung des IPR. Wenn eine solche Vereinheitlichung beabsichtigt wäre, sollte sie im Wege einer Verordnung nach Art. 65 EGV zur Novellierung des EVÜ durchgeführt werden.

Im übrigen wurde, falls es von der Sache her geboten war, durchaus eine Einengung vorgenommen. So ist in der Timeshare - Richtlinie nicht von einem engen Zusammenhang, sondern von der Belegenheit der Immobilie im Hoheitsgebiet eines Mitgliedstaates als Anknüpfungspunkt die Rede. Dies "konkretisiert"[27] das sonst verwendete Tatbestandsmerkmal des "engen Zusammenhangs". Dabei kann man diese Einengung in der Sache durchaus zu Recht kritisieren[28], was wiederum dafür sprechen könnte, es bei der allgemeineren Formulierung zu belassen.

[26] Ebenso *Fallon*, Le droit applicable aux clauses abusives après la transposition de la directive n° 93/13 du 5 avril 1993, Revue éuropéenne de droit de la consommation 96, 16. *Leible* (aaO., S. 379 f.) kritisiert dagegen die Richtlinie als Instrument zur Schaffung von Kollisionsrecht.

[27] *Leible*, aaO., S. 361.

[28] S. z.B. *Leible*, (ebenda), der zwei Fallgruppen anführt, bei denen seiner Ansicht nach der Schutz der Richtlinie zu Unrecht nicht greift. Zumindest die erste der von ihm genannten Fallgruppen, ein Verbraucher mit gewöhnlichem Aufenthalt in einem Mitgliedstaat, der ein außerhalb der EG belegenes Timshare - Objekt erwirbt, wobei für den Vertrag innerhalb der EG geworben wurde und dieser auch in der EG abgeschlossen wurde, sollte von der Richtlinie erfasst sein. Der zweite Fall jedoch, in dem ein amerikanischer Verbraucher mit einem amerikanischen Gewerbetreibenden einen Vertrag über eine in der EG belegenes Timeshare - Objekt abschließt, ist vom Schutzzweck der Richtlinie, die den EG - Verbraucher im Auge hat, nicht mehr umfasst. Vgl. allerdings auch *Micklitz*, in: *Reich/Micklitz*, Europäisches Verbraucherrecht, 4. Aufl., 2003, S. 730, m.w.N. zur Kritik an der IPR – Klausel der Timeshare – Richtlinie, der er mit dem Argument begegnet, dass die Mitgliedstaaten aufgrund der Mindestharmonisierungsklausel darüber hinausgehen könnten und deshalb nicht auf den Anknüpfungspunkt des Belegenheitsortes beschränkt sind (allerdings wohl in Widerspruch zu

2. *Verhältnis zu Art. 5 EVÜ*

Ein weiterer Kritikpunkt, der den IPR - Klauseln entgegengehalten wird, ergibt sich aus Art. 5 EVÜ. Es wird im allgemeinen auf Konkurrenzen zwischen Kollisionsnormen in Richtlinien des Verbraucherprivatrechts und dem EVÜ hingewiesen, was dazu führen soll, dass die punktuellen IPR - Klauseln in den Richtlinien die Einheit des europäischen Kollisionsrechts gefährden[29]. Teilweise geht die Kritik sogar soweit, dass unterstellt wird, dass die erste Vorschrift in diesem Bereich, Art. 6 II der Richtlinie über missbräuchliche Vertragsklauseln, in Verkennung oder sogar in Unkenntnis des Art. 5 EVÜ abgefasst wurde[30]. Im übrigen wird vertreten, dass derartige Klauseln in Verbraucherschutzrichtlinien gar nicht nötig seien, da ein ausreichender Verbraucherschutz bereits durch Art. 5 EVÜ und die nationalen Rechte gewährleistet sei[31].

Ein Hinweis auf Art. 20 EVÜ, der der gemeinschaftlichen Rechtsangleichung durch Richtlinien den Vorrang gegenüber dem EVÜ einräumt[32], ist in diesem Zusammenhang zwar möglich, aber nicht unerlässlich. Vielmehr ist hierzu grundsätzlich zu bemerken, dass sich die Verbraucherschutzrichtlinien und damit auch deren IPR – Klauseln als Ergänzung des Art. 5 EVÜ verstehen.

Alle Richtlinien des Verbraucherprivatrechts haben einen doppelten Begründungsstrang: Förderung des Binnenmarktes und Verbraucherschutz. Hinsichtlich der Förderung des Binnenmarktes wollen die Richtlinien dem Verbraucher auch direkt die Vorteile des Binnenmarktes zuteil werden lassen. Deshalb haben sie auch den Verbraucher im Auge, der den Binnenmarkt für sich nützen möchte und aus eigener Initiative grenzüberschreitende Verbraucherverträge abschließt. Diesem wollen sie garantieren, dass er überall in der Union, wo er seine Verbrauchergeschäfte vornehmen will, einen einheitlichen Mindeststandard antrifft.

Art. 5 EVÜ schützt aber nur den Verbraucher, der Verträge im Land seines gewöhnlichen Aufenthaltes abschließt, dagegen nicht den die Vorteile des Binnenmarktes nutzenden Verbraucher. Hauptsächlich deshalb ist Art. 5 EVÜ für die Zielsetzung der Richtlinien keine ausreichende Kollisionsregel[33]. Dazu kommt noch, dass manche Richtlinien ihrerseits

ebenda, S. 478).

[29] *Jayme*, aaO., S. 38; *Martiny*, aaO., S. 311. Vgl. auch Leible, aaO., S. 379. Vgl. hierzu auch Punkt 3.1.1.1. des Grünbuchs zu Rom I (Fn. 3).

[30] Vgl.: *Jayme/Kohler*, IPRax 93, 358; ihnen folgend *Baumert*, Die Umsetzung des Art. 6 Abs. 2 derAGB - Richtlinie im System des europäischen kollisionsrechtlichen Verbraucherschutzes, EWS 95, 58; *Roth*, aaO., S. 169; *Sonnenberger*, ZEuP 96, 385; *ders.*, ZVglRWiss. 95 (1996), 33.

[31] Ebenda, S. 44 f. Vgl. auch *Baumert*, Die Umsetzung des Art. 6 Abs. 2 der AGB - Richtlinie im System des europäischen kollissionsrechtlichen Verbraucherschutzes, EWS 95, 58.

[32] So z.B. *Sonnenberger*, ZVglRWiss. 95 (1996), 33; *ders.* ZEuP 96, 386.

[33] Ebenso: *Basedow*, aaO., S. 32; *Leible*, aaO., S. 366; *Kronke*, Electronic Commerce und Europäisches Verbrauchervertrags - IPR, RIW 96, 990. Vgl. auch *Baumert*, aaO., S. 59 ff. sowie *Micklitz*, aaO., S. 460 f. zu den unterschiedlichen Schutzzwecken des Art. 5 und der IPR Klauseln. Vgl. weiterhin die Reformdiskussion under Punkt 3.2.7. des Grünbuchs zu Rom I (aaO.).

einen über den sachlichen Anwendungsbereich des Art. 5 EVÜ hinausgehenden Anwendungsbereich haben, so z.B. die Richtlinie über missbräuchliche Vertragsklauseln, die im Gegensatz zu Art. 5 EVÜ auf alle Vertragstypen Anwendung findet[34].

3. Verbraucherschutz nur für den Fall der Rechtswahl

Ein weiterer Kritikpunkt betreffend die IPR - Klauseln, der hier behandelt werden soll, ist die Ansicht, dass die Richtlinien in der Tat eine Sonderanknüpfung nur bei einer Rechtswahl der Parteien vorsehen[35], nicht aber bei ihrem Fehlen. Es wird hier bezweifelt, dass es sich um eine bewusste Entscheidung des EG - Gesetzgebers handelte[36].

Dem ist zu widersprechen. Zunächst handelt es sich sehr wohl um eine bewusste Entscheidung des Gesetzgebers[37]. Dies lässt sich sehr gut am Beispiel der Richtlinie zum Kaufgewährleistungsrecht als einer der jüngsten und zugleich wohl auch der wichtigsten der bisherigen Verbraucherschutz-richtlinien im Bereiche des Vertragsrechts demonstrieren.

In Art. 6 II des ursprünglichen Vorschlages zur Verbrauchsgüterkauf-richtlinie[38] war die IPR – Klausel leicht abgewandelt. Sie bezog sich nicht nur auf das infolge einer Rechtswahl der Parteien anwendbare Recht, sondern forderte allgemein, dass dem Verbraucher unabhängig von dem auf den Vertrag anwendbaren Recht der Schutz der Richtlinie nicht vorenthalten werden darf. Dagegen haben Rat und Parlament unabhängig voneinander den jetzigen Artikel 7 II analog zu den traditionellen IPR – Klauseln formuliert und nur auf die Rechtswahl Bezug genommen. Dies wurde auch durchaus - wenn auch nicht als eines der wichtigsten Themen - diskutiert und bewusst so geändert.

Auch im geänderten Richtlinienvorschlag zum Fernabsatz von Finanzdienstleistungen[39] war diese weite Formulierung noch enthalten. Allerdings wurde auch dies vom Rat im Gemeinsamen Standpunkt wieder korrigiert; in der endgültigen Fassung entspricht der Art. 12 II dem Wortlaut der anderen IPR - Klauseln.

Diese Änderungen wurden auch zu Recht vorgenommen. Eine solche Ausweitung wie ursprünglich vorgenommen ist nicht angebracht, weil sie nicht mehr durch die Zielsetzung der Richtlinien gerechtfertigt ist. Wie bei

[34] So auch schon: *Basedow*, aaO., S. 31; *Roth*, aaO., S. 169; *Fallon*, aaO., S. 17; *Freitag/Leible*, aaO., S. 1297.

[35] Ausser Art. 9 der Timeshare-Richtlinie.

[36] *Leible*, aaO., S. 366 f.

[37] So auch *Micklitz*, aaO., S. 68, der dies daraus folgert, dass die bereits bekannte Kritik zur IPR – Klausel in der Richtline 93/13 bei späteren Richtlinien nicht berücksichtigt wurde.

[38] KOM (95) 520 endg. v. 18. 6. 1996, ABl. EG 1996 C 307/8. S. hierzu und zur Richtlinie im Allgemeinen schon *Staudenmayer*, in: *Grundmann/Medicus/Rolland*, Europäisches Kaufgewährleistungsrecht, 2000, S. 27 ff. (45).

[39] Vorschlag der Kommission vom 14. 10. 1998, ABl. EG 1998 C 385/10; geänderter Vorschlag vom 23. 7. 1999, KOM (1999) 385 endg.

den Ausführungen zum Schutzzweck bereits dargelegt, soll die IPR – Klausel in den Verbraucherrichtlinien den Verbraucher davor schützen, dass sein Vertragspartner das zwischen ihnen bestehende strukturelle Ungleichgewicht ausnützt und dem Verbraucher durch allgemeine Geschäftsbedingungen ein anwendbares Recht sozusagen „aufnötigt", das nicht den Standards der Richtlinie entspricht. Dagegen kann es von der erwähnten Intention der Richtlinie nicht Zweck der IPR – Klausel sein, den Verbraucher vor der Anwendung der Regeln des normalen IPR zu schützen, die nicht auf dem erwähnten "strukturellen Ungleichgewicht", sondern auf einer Wertung des jeweiligen Gesetzgebers beruhen.

Zwar kann man im allgemeinen durchaus argumentieren, dass Zweck kollisionsrechtlichen Verbraucherschutzes nicht nur die Sicherung eines Mindestschutzniveaus vor Umgehungshandlungen durch Rechtswahl ist, sondern dass "darüber hinaus auch der Schutz des Verbrauchers vor mit der Anwendung fremden Rechts verbundener Informationsdefizite und -kosten"[40] ein mögliches Ziel ist. Eine solche Ansicht hat auch durchaus ihre Berechtigung im Rahmen des EVÜ und der dadurch angestrebten Vereinheitlichung des IPR. Sie übersieht aber die bereits erwähnte unterschiedliche Zielsetzung der Richtlinie, in deren Rahmen die IPR - Klauseln ein Anhang der bezweckten Mindestharmonisierung des Verbraucherschutzniveaus im Binnenmarkt sind.

4. "Günstigkeitsprinzip" im Rahmen der IPR - Klauseln der Verbraucherschutzrichtlinien?

Im Rahmen des Art. 5 EVÜ wird häufig vertreten, dass ein sogenannter "Günstigkeitsvergleich" stattzufinden hat, nach dem vom Richter das für den Verbraucher günstigere Recht zu ermitteln und anzuwenden ist[41].

Dieses „Günstigkeitsprinzip" wird im Schrifttum auch auf die IPR - Klauseln der Richtlinien, bzw. deren Umsetzung in nationales Recht angewandt. Nach dieser Auffassung wird die Anwendung des von den Vertragsparteien gewählten drittstaatlichen Rechtes dann nicht ausgeschlossen, wenn es günstiger für den Verbraucher ist, d.h. weiterreichende Schutzstandards als die Richtlinie oder das jeweilige nationale Recht (sogar wenn es über die Mindestharmonisierung der Richtlinie hinausgeht) enthält[42]. Nationale Umsetzungsakte, die dies nicht berücksichtigen würden, seien nicht richtlinienkonform[43].

Vor allem der letzteren Feststellung dieser Auffassung ist rein vom Standpunkt der Richtlinie her so nicht zuzustimmen.

Wie sich aus der bereits mehrfach erwähnten Zielsetzung der Richtlinie ergibt, soll sie nur verhindern, dass durch die Rechtswahl eines nicht dem

[40] *Leible*, aaO., S. 374 f. m.w.N.

[41] Vgl. z.B. *Leible*, aaO., S. 359 f. m.w.N.

[42] *Leible*, aaO., S. 364 f. m.w. N.; *Freitag/Leible*, aaO., S. 1299; *Jayme*, aaO., S. 46.

[43] *Leible*, ebenda; *Freitag/Leible*, ebenda.

Umsetzungsbefehl der Richtlinie unterworfenen drittstaatlichen Rechtes dem Verbraucher nicht die Schutzstandards der Richtlinie zugute kommen. Solange die Anwendung der Schutzstandards der Richtlinie gesichert ist - sei es nun durch die Anwendung des gewählten, drittstaatlichen Rechtes, das dem Verbraucher günstiger ist als die Richtlinie oder durch die Anwendung des nationalen Rechtes, das zumindest die Richtlinie korrekt umgesetzt hat oder auch darüber hinausgegangen ist - ist der Richtlinie Genüge getan worden.

Sie hat nicht zum Ziel, die Anwendung eines bestimmten Rechtes, und sei es auch eines dem Verbraucher günstigeren Rechtes, festzulegen. Natürlich kann ein nationales Umsetzungsrecht die Anwendung eines vertraglich vereinbarten drittstaatlichen Rechtes, das über die Schutzstandards der Richtlinie hinausgeht, gestatten. Allerdings ist es dazu von der Richtlinie auch nicht gezwungen.

C. Anwendbares Recht bei Verbraucherverträgen im elektronischen Geschäftsverkehr

Da der elektronische Geschäftsverkehr aufgrund seiner Natur in besonderem Maße grenzüberschreitend abgewickelt wird und die Bedeutung dieser Vertriebsmethode in Zukunft nach allen Voraussagen erheblich zunehmen wird, stellt sich hier die Frage des anwendbaren Rechts bei Verbraucherverträgen in ganz besonderer Schärfe.

I. Anwendung von Art. 5 EVÜ auf den elektronischen Geschäftsverkehr

Grundsätzlich ist die Systematik der Art. 3 ff. EVÜ anwendbar. Die Parteien haben nach Art. 3 EVÜ die Möglichkeit der freien Rechtswahl. Falls eine solche nicht erfolgt, richtet sich das anzuwendende Recht gemäß Art. 4 I, II EVÜ nach der charakteristischen Leistung. Da die Leistung des Verbrauchers aber im allgemeinen nur in der Zahlung des entsprechenden Geldbetrages besteht, ist die charakteristische Leistung in aller Regel die Warenlieferung oder Dienstleistung des Gewerbetreibenden[44]. Daher kommt man bei Verbraucherverträgen im allgemeinen zur Anwendung des Rechts des Gewerbetreibenden.

Hiervon sieht Art. 5 EVÜ Ausnahmen vor. Bei Verbraucherverträgen (i.S.d. Art. 5 I EVÜ, unter Beachtung der Ausnahmen der Absätze 4 und 5) ist unter bestimmten Umständen nach Art. 5 III EVÜ bei Fehlen einer Rechtswahl das Recht des Verbrauchers maßgeblich und darf nach Art. 5 II EVÜ eine vorgenommene Rechtswahl den Verbraucher nicht dem Schutz der zwingenden Vorschriften seines Heimatrechtes entziehen.

Die drei besonderen Umstände, die zu den Rechtsfolgen der Absätze 2 und 3 führen, sind in Abs. 2 alternativ beschrieben. Im Zusammenhang mit dem elektronischen Geschäftsverkehr besonders relevant ist hier der erste Fall des Abs. 2, der dann vorliegt, „wenn dem Vertragsabschluss ein ausdrückliches

[44] Statt vieler vgl. nur *Kropholler*, Internationales Privatrecht, 2. Aufl. 1997, S. 447.

Angebot oder eine Werbung in diesem Staat vorausgegangen ist und wenn der Verbraucher in diesem Staat die zum Abschluss des Vertrages erforderlichen Rechthandlungen vorgenommen hat". Dabei ist zu berücksichtigen, dass diese Formulierung des EVÜ von 1980 den klassischen Fernabsatz, aber natürlich nicht den elektronischen Geschäftsverkehr im Auge hatte, weil es jenen damals noch gar nicht gab[45]. Hieraus resultiert im Grunde die aktuelle Diskussion.

Bei der Subsumtion der Gegebenheiten des elektronischen Geschäftsverkehrs wird der erste Unterfall in der Praxis weniger diskutiert. Es ist – soweit ersichtlich - im wesentlichen unbestritten, dass ein direkt an den Verbraucher gerichtetes Email bei entsprechendem Inhalt „ein ausdrückliches Angebot" i.S.d. Art. 5 EVÜ darstellen kann. Andere Präsentationen von Waren und Dienstleistungen auf Webseiten dürften hingegen als "invitatio ad offerendum" zu qualifizieren sein[46]. Auf die Frage, inwieweit die aus dem deutschen Recht bekannte „invitatio ad offerendum" als ausreichend für ein "Angebot" i.S.d. Art. 5 EVÜ angesehen werden kann[47], soll hier nicht näher eingegangen werden, weil Art. 5 II EVÜ noch den weiteren Unterfall der Werbung enthält und diese Frage daher für die europäische Diskussion keine entscheidende Rolle spielt.

Wie gesagt ist der zweite Unterfall der dem Vertragsschluss vorausgegangenen Werbung in der Praxis bedeutsamer, weil jedenfalls hier die interaktiven oder auch nur passiven Webseite einschlägig sein können.

Es wird nun vertreten, dass eine Webseite – sei sie nur passiv oder auch interaktiv ausgestaltet – keinesfalls eine Werbung i.S.d. Art. 5 II EVÜ darstellt. Das hauptsächlich ins Feld geführte juristische Argument ist die den Anwendungsfällen des Art. 5 II zugrundegelegte Intention. Dies beruht auf einer Ansicht, nach der die Anwendungsfälle des Art. 5 II nur den „passiven Verbraucher" schützen und nicht den „aktiven Verbraucher", der selber in ein anderes Land reist und dort die entsprechenden Verträge abschließt[48]. Letzterem wird in der Diskussion der „virtuelle Verbraucher" gleichgestellt, der im Internet „surft", und deshalb nicht i.S.d. Art. 5 schutzwürdig sei.

Daran ist richtig, dass man aus den Fallgruppen des Art. 5 II bei starker Vereinfachung eine Art gemeinsamen Nenner herauskristallisieren kann, der den Verbraucher dann als schutzwürdig behandelt, wenn die Initiative zum Vertragschluss nicht vom Verbraucher, sondern vom Gewerbetreibenden ausgegangen ist.

[45] Bericht *Giulano/Lagarde* (ABl. EG 1980, C 282/24), die als unbedingt zu regelndes Gebiet Versandgeschäfte nennen, aber auch allgemein feststellen, dass Art. 5 II 1. Gedankenstrich EVÜ die Fälle betrifft, «in denen der Kaufmann Schritte unternommen hat, um seine beweglichen Sachen oder Dienstleistungen in dem Land zu verkaufen, in dem sich der Verbraucher aufhält».

[46] So z.B. *Waldenberger*, Grenzen des Verbraucherschutzes beim Abschluß von Verträgen im Internet, BB 96, 2365.

[47] Bejahend z.B. *Wagner*, Verfahrens- und internationalprivatrechtliche Fragen beim Teleshopping, WM 95, 1130 m.w.N.

[48] S. z.B. *Jayme*, aaO., S. 46; *Leible*, aaO., S. 359.

Nun ist allerdings sehr fraglich, ob man dem Verbraucher, der die Initiative ergriffen hat, den „virtuellen, im Netz surfenden Verbraucher“ gleichstellen kann[49]. Im Grund handelt es sich hier nämlich um eine künstliche Konstruktion, um zu einer bestimmten Auslegung zu kommen. Dies zeigt sich besonders klar dann, wenn man eine Parallelität zum insofern vergleichbaren „Teleshopping“ zieht.[50] Beim Teleshopping ist es – soweit ersichtlich – unbestritten, dass es sich um eine dem Vertragsschluss vorausgegangene Werbung i.S.d. Art. 5 II EVÜ handelt[51]. Dann ist aber nicht einsichtig, worin – ganz plastisch formuliert - der Unterschied liegen sollte zwischen einem Verbraucher, der in seinem Fernsehsessel sitzt und mit Hilfe seines Fernsehers, seiner Fernbedienung und des Telefons Teleshopping betreibt und dem Verbraucher, der in seinem Computerstuhl vor dem Bildschirm seines PC sitzt und genau dieselbe Ware mit demselben Vertragstyp über das Internet kauft, wobei in beiden Fällen per Kreditkarte bezahlt wird.

Daher kann man sehr wohl mit guten Gründen vertreten, dass eine passive, jedenfalls aber eine interaktive, Webseite eine Werbung i.S.d. Art. 5 EVÜ darstellt[52]. Jedenfalls das Beispiel der interaktiven Webseite zeigt auch, dass das teilweise im Schrifttum verlangte Kriterium der auf das Verbraucheraufenthaltsland gezielt gerichteten Werbung auf das Internet und den elektronischen Geschäftsverkehr nicht passt[53], wenn man nicht auf die Sprache der Webseite abstellen will, was angesichts der Verbreitung des Englischen im Internet kaum ein taugliches Kriterium darstellen kann.

Diese Ansicht würde wohl auch die Unterstützung des EuGH finden, wie aus dem Gabriel – Urteil[54] hervorgeht. Das Urteil ist aus zwei Gründen besonders interessant. Zum einen äußert sich der EuGH hier in einem Urteil, das Art. 13 EUGVÜ und den dort verwendeten Begriff der Werbung betraf, auch zu demselben Begriff in Art. 5 II EVÜ. Das ist deshalb bemerkenswert, weil wegen der noch fehlenden Ratifizierung durch Belgien[55] das zweite Protokoll zur Übertragung der Auslegungszuständigkeit hinsichtlich des EVÜ auf den EuGH noch nicht in Kraft getreten ist. Zum anderen ist es deswegen bemerkenswert, weil der EuGH eine weite Auslegung des Begriffs der Werbung vornimmt, nämlich „alle Formen der Werbung in dem Vertragsstaat, in dem der Verbraucher seinen Wohnsitz hat, unabhängig davon, ob sie allgemein – über Presse, Radio, Fernsehen, Kino oder in anderer Weise – verbreitet oder unmittelbar, z.B. mit speziell in diesen Staat

[49] S. auch *Mankowski*, ZvglRWiss 100 (2001), S. 173 m.w.N. Vgl. auch *Kronke* (aaO., S. 990), für den im elektronischen Geschäftsverkehr die Unterscheidbarkeit zwischen dem passiven und dem dynamischen Verbraucher verschwimmt.

[50] Wie hier *Firsching*, Internationales Privatrecht, 5. Aufl. 1997, S. 404.

[51] Vgl. z.B. *Wagner*, aaO. S. 1130, 1135.

[52] So auch *Waldenberger*, aaO., S. 2371; Firsching, aaO..

[53] Vgl. *Kronke* (aaO., S. 988 m.w.N. zum Streitstand), der jede, auch die weltweit präsente, aber ungezielte Werbung ausreichen läßt.

[54] *EuGH*, Urt. v. 11. 7. 2002, Rs. C – 96/00 (*Rudolf Gabriel*), Slg. I -

[55] S. Fn. 21 des Grünbuchs zu Rom I, aaO.

geschickten Katalogen, an den Empfänger gerichtet wird". Angesichts dieser weiten Formulierung wird man Webseiten, auch wenn sie nicht ausdrücklich erwähnt sind, auch unter den Begriff der Werbung subsumieren können.

Tatsache aber bleibt, dass die Bestimmung des Art. 5 nicht auf den elektronischen Geschäftsverkehr zugeschnitten ist und es sich daher empfiehlt, dieses Problem de lege ferenda klarzustellen[56]. Welche Schwierigkeiten dies aufwirft, zeigte sich bei der Diskussion um die Neufassung des EuGVÜ und die Verabschiedung der bereits erwähnten Verordnung Nr. 44/2001.

II. Diskussion um die Neufassung des Art. 13 EuGVÜ in Art. 15 VO 44/2001

Zuerst wurde die Diskussion um Verbraucherverträge im elektronischen Geschäftsverkehr vor allem bei der insoweit parallelen Frage des Gerichtstandes geführt. Der Ausgang der Diskussion um den Gerichtsstand ist aber vor allem wegen der Parallelität des Art. 13 EuGVÜ, bzw. Art. 15 VO 44/2001 und des Art. 5 EVÜ bedeutsam, da es sinnvoll ist, diese Parallelität auch in Zukunft beibehalten werden wird, d.h. die für den Gerichtsstand gefundene Lösung auch für die anstehende Neufassung des EVÜ zu übernehmen.

Gegenstand der politisch-juristischen Debatte war insbesondere Art. 13 EuGVÜ, der in der Neufassung an die neuartigen Umstände des elektronischen Geschäftsverkehrs angepasst werden sollte. Der bisherige Art. 13 EuGVÜ behandelte im wesentlichen parallel zu Art. 5 EVÜ den Gerichtsstand für Verbraucherverträge. Die im wesentlichen Art. 5 II EVÜ entsprechenden Fallgruppen des Art. 13 I EuGVÜ führten nach Art. 14 I, II EuGVÜ dazu, dass der Verbraucher nur vor den Gerichten seines Heimatstaates verklagt werden konnte und unter anderem auch dort Klage erheben konnte.

Da bei der Auslegung der Fallgruppe des Art. 13 I Nr. 3 EuGVÜ, die der eben besprochenen ersten Fallgruppe des Art. 5 II EVÜ entsprach, genau dieselben Probleme auftauchten, sollte bei der Neufassung eine ausgewogene und praktikable Lösung gesucht werden. Da das EuGVÜ auf den früheren Art. 220 EGV a.F., jetzt Art. 293 EGV gestützt war, hatten die Mitgliedstaaten im Rahmen des dritten Pfeilers, d.h. der intergouvernementalen Zusammenarbeit, die vor dem Inkrafttreten des Amsterdamer Vertrages auch das europäische Zivilverfahrensrecht sowie das internationale Privatrecht umfasste, entsprechende Verhandlungen unternommen, die auch am 28. 5. 1999 zu einer Einigung geführt hatten[57]. Da dieser Bereich durch den Amsterdamer Vertrag aber vergemeinschaftet wurde und nunmehr in Art. 65 EGV geregelt ist, legte die Kommission gemäß. 67 I EGV einen Vorschlag für eine Verordnung zur Neufassung des EuGVÜ vor, der im wesentlichen dem bereits in der intergouvernementalen

[56] S. hierzu auch das Grünbuch zu Rom I (aaO.), Punkt 3.2.7. zu Art. 5 und Frage 12 A.

[57] Vgl. KOM (1999) 348 endg., S. 4.

Zusammenarbeit der Mitgliedstaaten erarbeiteten Text entsprach[58]. Dementsprechend wurde dieser Text ohne größere Änderungen vom Rat als VO 44/2001 verabschiedet.

Diese Verordnung sieht nun in Art. 15 I c) eine Neuformulierung vor, nach der der Gerichtstand für Verbraucherverträge im Wohnsitzland des Verbrauchers liegt „wenn der andere Vertragspartner in dem Mitgliedstaat, in dessen Hoheitsgebiet der Verbraucher seine Wohnsitz hat, eine berufliche oder gewerbliche Tätigkeit ausübt oder eine solche auf irgendeinem Wege auf diesen Mitgliedstaat oder mehrere Staaten, einschließlich dieses Mitgliedstaates ausrichtet und der Vertrag in den Bereich dieser Tätigkeit fällt".

Im Erwägungsgrund 13 des Kommissionsvorschlages war noch besonders hervorgehoben worden, dass der zunehmende Einsatz neuer Kommunikationstechnologien insbesondere in Bezug auf den Verbraucherschutz berücksichtigt werden muss. Zusätzlich wurde zur Auslegung dieser Bestimmung klargestellt, dass die Vermarktung von Waren und Dienstleistungen mit Hilfe elektronischer Mittel, die in einem Mitgliedstaat zugänglich sind, eine auf diesen Staat ausgerichtete Tätigkeit darstellt. Der Grund für diese Intention ergibt sich aus Erwägungsgrund 13 der Verordnung, dem früheren Erwägungsgrund 12 des Kommissionsvorschlages. Dieser macht nämlich deutlich, dass unter anderem bei Verbraucherverträgen die schwächere Partei geschützt werden sollte und deshalb von der allgemeinen Zuständigkeitsregel abgewichen werden kann, so dass in den entsprechenden Fällen das Gericht am Ort des Wohnsitzes dieser Partei angerufen werden kann. Damit beruht der Verordnungsvorschlag im Grunde auf der bereits erwähnten EuGH - Rechtsprechung zu Art. 13 EuGVÜ und der hier vertretenen These vom "strukturellen Ungleichgewicht".

Wie sehr diese Lösung diskutiert wurde, zeigt sich an den Erklärungen des Rates und der Kommission zu Art. 15 der Verordnung, die gleichzeitig mit der Verabschiedung der politischen Übereinkunft des Rates abgegeben wurden[59].

Rat und Kommission betonen hier einerseits die Bedeutung des elektronischen Geschäftsverkehrs für das wirtschaftliche Wachstum und dass Gemeinschaftsrecht garantieren muss, dass Wirtschaftsteilnehmer und Verbraucher von den durch den elektronischen Geschäftsverkehr gebotenen Möglichkeiten profitieren können. Hierbei unterstreichen sie die Bedeutung der Tatsache, dass es für das Vertrauen des Verbrauchers in den elektronischen Geschäftsverkehr wichtig ist, dass dieser einen eventuellen Rechtsstreit vor die Gerichte seines Heimatstaates bringen kann.

Hinsichtlich der konkreten Formulierung des Art. 15 I c) der Verordnung stellen Rat und Kommission fest, dass die Tatsache allein, dass eine Webseite zugänglich ist, noch nicht für eine Anwendung dieser Vorschrift ausreicht.

[58] Ebenda.

[59] Ratsdokument 14139/00 JUSTCIV 137.

Allerdings sei es von Bedeutung, ob die Webseite den Abschluss von Verträgen anregt and ob dann tatsächlich auch ein Vertrag im Fernabsatz geschlossen wird. Diese Feststellung versucht im wesentlichen klarzustellen, dass die passiven Webseiten von der Anwendung des Art. 15 der Verordnung ausgeschlossen und nur die interaktiven Webseiten einbezogen sind. Im übrigen versucht sie, jedenfalls in einer Erklärung des Rates und der Kommission einen Änderungsantrag des Europäischen Parlamentes zu berücksichtigen. Dieser Änderungsantrag hatte darauf abgezielt, die sicherlich nicht allzu präzise Formulierung, dass eine Webseite auf irgend einem Wege auf einen oder mehrere Mitgliedstaaten "ausgerichtet" ist, durch eine Bezugnahme auf den Vertragsabschluss im Fernabsatz zu ersetzen[60].

Schließlich wird noch erwähnt, dass die Verwendung einer bestimmten Sprache oder Währung kein relevantes Element darstellt.

Diese Erklärung, die eigentlich eine Auslegung des Art. 15 der VO darstellt, hat an sich mehr politischen und keinen juristischen Wert. Trotzdem gibt sie interessante Hinweise für die Intention des Gesetzgebers bei der Abfassung des Art. 15 der Verordnung, die im Laufe des Gesetzgebungsverfahrens sehr stark diskutiert wurde.

Gegen diese mittlerweile zumindest unter bestimmten Bedingungen in Art. 15 der Verordnung niedergelegte Festlegung des Verbrauchergerichtsstandes wurde in der Diskussion von interessierter Seite ein wirtschaftliches Argument ins Feld geführt. Man argumentierte nämlich, dass es für die beteiligten Unternehmen unzumutbar sei, sich auf alle potentiell anwendbaren Gerichtsstände, bzw. Vertragsstatute einzustellen. Insbesondere für kleine und mittlere Unternehmen würde dies praktisch zu einem Ausschluss vom elektronischen Geschäftsverkehr führen. Eine solche Auffassung übersieht aber geflissentlich, dass es für den rechtsunkundigen Verbraucher mindestens genauso unzumutbar ist, sich auf ein ihm unbekanntes Recht und einen eventuell weit entfernten Gerichtsstand mit all den damit verbundenen Problemen einzustellen. Dies ist besonders deshalb relevant, weil es in der Praxis fast immer der Verbraucher sein wird, der Klage erhebt, denn die Verträge im elektronischen Geschäftsverkehr werden fast ausschließlich auf der Basis von Vorauszahlungen per Kreditkarte abgewickelt. In der Praxis würde eine solche Ansicht zu einem Ausschluss des Zuganges des Verbrauchers zum Recht führen.

Zwar kann man die dem erwähnten wirtschaftlichen Argument zugrundeliegenden Überlegungen nicht ohne weiteres zurückweisen, jedoch können sie auch nicht zu einer Begründung des Gerichtstandes des Gewerbetreibenden, bzw. der Anwendung seines Rechts führen.

Die Lösung zu diesem Dilemma ergibt sich im Grunde aus der weitgehenden politischen Übereinstimmung, dass der elektronische Geschäftsverkehr zu fördern ist. Dies ist nur möglich, wenn die Unternehmen für sie akzeptable Bedingungen für ihre Aktivitäten vorfinden. Gleichzeitig muss aber der Verbraucher das nötige Vertrauen in den elektronischen Geschäftsverkehr

[60] Vgl. hierzu Art. 2 Nr. 1 der Fernababsatzrichtlinie.

haben, denn sonst wird er schlichtweg daran nicht teilnehmen. Diese letzte Bedingung führt aber dazu, dass man dem Verbraucher - jedenfalls im Grundsatz und als in der Praxis letzte Möglichkeit -"sein" Gericht, bzw. "sein" Recht nicht verweigern darf.

Bevor man allerdings zu einer gerichtlichen Lösung einer Verbraucherstreitigkeit kommt, muss alles getan werden, um eben dies zu vermeiden. Das liegt im Interesse beider Parteien. Die Lösung in der Praxis könnte daher darin liegen, vor Vertragsschluss eine vollständige Information des Verbrauchers sicherzustellen und ihm durch die Verwendung sogenannter "*trustmarks*" die Gewähr zu bieten, dass die Gewerbetreibenden, mit denen er es im elektronischen Geschäftsverkehr zu tun hat, bestimmte, in Verhaltenskodices niedergelegten Grundsätze anwenden. Zu diesen Grundsätzen wird es dann auch gehören müssen, dass ein effizientes und faires außergerichtliches Schlichtungsverfahren (im Internet) besteht, auf das die Parteien vor einer gerichtlichen Lösung eines Falles zugreifen können[61]. Die Bedeutung von außergerichtlichen Schlichtungsverfahren wird besonders in der erwähnten Erklärung des Rates und der Kommission hervorgehoben, die sich zu einem wesentlichen Teil diesem Punkt widmet. Allerdings darf natürlich nicht dem Verbraucher der Zugang zum Gericht dadurch abgeschnitten werden, dass vertraglich nur dieses Verfahren als einziges Abhilfeverfahren vorgeschrieben ist.

III. Auswirkungen der Richtlinie zum elektronischen Geschäftsverkehr ?

Fraglich ist auch, ob die Richtlinie zum elektronischen Geschäftsverkehr[62] Auswirkungen auf die oben beschriebenen Auffassung hat. Die Frage, ob und inwieweit das in der Richtlinie niedergelegte Herkunftslandprinzip kollisionsrechtliche Auswirkungen im Allgemeinen oder im Bereich des Vertragsrechts hat, ist Gegenstand einer regen wissenschaftlichen (aber auch politisch-wirtschaftlichen[63]) Diskussion. Vereinfacht dargestellt, verlaufen im wesentlichen die Diskussionslinien mit Unterschieden im Detail zwischen drei verschiedenen grundsätzlichen Ansichten[64]. Eine Ansicht will aus dem das Herkunftslandprinzip regelnden Art. 3 der Richtlinie folgern, dass im Allgemeinen immer das Recht des Herkunftslandes anzuwenden ist[65]. Die Gegenansicht leitet aus dem Herkunftslandprinzip im wesentlichen nur

[61] S. hierzu die Empfehlung der Kommission vom 30. 3. 1998 betreffend die Grundsätze für Einrichtungen, die für die außergerichtliche Beilegung von Verbraucherstreitigkeiten zuständig sind, ABl. EG 1998, L 115/31.

[62] Richtlinie 2000/31/EG des Europäischen Parlamentes und des Rates vom 8. 6. 2000 über bestimmte rechtliche Aspekte der Dienste der Informationsgesellschaft, insbesondere des elektronischen Geschäftsverkehrs, im Binnenmarkt (Richtlinie über den elektronischen Geschäftsverkehr"), ABl. EG 2000, L 178/1.

[63] Diesen Aspekt betont völlig zu Recht *Mankowski*, aaO., S. 142, 181.

[64] Einen Überblick über die meisten der vertretenen Auffassungen geben *Reich*, in: *Reich/Micklitz*, Europäisches Verbraucherrecht, 4. Aufl., 2003, S. 136 f. und *Mankowski*, aaO., S. 137 ff. jeweils m.w.N. Neben den dort genannten Fundstellen s. insbesondere auch die im Folgenden genannten Nachweise.

[65] *Crabit*, Revue du Droit de L'Union européenne 2000, 799.

Folgen für das durch die normalen IPR – Regeln zur Anwendung berufene Sachrecht ab, das nicht in unverhältnismäßiger Weise die Grundfreiheiten einschränken darf[66]. Ein vermittelnde Ansicht erkennt dem Herkunftslandprinzip des Art. 3 der Richtlinie kollisionsrechtliche Bedeutung zu, will dies aber auf das internationale Wettbewerbsrecht beschränkt sehen und das internationale Vertragsrecht davon ausnehmen[67].

Für die Beantwortung der Frage betreffend die hier behandelten Probleme für das IPR der Verbraucherverträge kann man zunächst auf den sechsten Anstrich des Anhangs der Richtlinie verweisen, der vertragliche Schuldverhältnisse in Bezug auf Verbraucherverträge von Art. 3 der Richtlinie ausnimmt. Dies sowie der 55. Erwägungsgrund stellen klar, dass auf jeden Fall bei Verbraucherverträgen das anwendbare Recht durch die Vorschriften der Art. 3 – 5 EVÜ bestimmt wird[68]. Ausweislich des 56. Erwägungsgrundes bezieht dies auch vorvertragliche Informationspflichten[69] mit ein, denn es ist gerade der Sinn dieser vorvertraglichen Informationspflichten, dass sie es dem Verbraucher erlauben, in Kenntnis aller zum Vertragschluss und zur Vertragsdurchführung wesentlichen Punkte den Vertrag abzuschließen[70]. Damit haben sie „einen bestimmenden Einfluss auf die Entscheidung zum Vertragsabschluss" i.S.d. 56. Erwägungsgrundes.

Der genannten Diskussion, jedenfalls insoweit sie das Vertragsrecht betrifft[71], soll hier allerdings nicht ohne eine eigene Stellungnahme aus dem Weg gegangen werden.

Nach zutreffender Ansicht hat Art. 3 der Richtlinie keine Auswirkungen auf das IPR, sondern nur auf das anwendbare materielle Vertragrecht, soweit dies in den von der Richtlinie koordinierten Bereich fällt. Das zuständige Gericht muss weiterhin nach den Regeln des EVÜ das anwendbare Sachrecht bestimmen. Dies kann und wird häufig aus Gründen der Rechtswahl nach Art. 3 EVÜ oder nach Art. 4 EVÜ das Recht des Herkunftslandes sein. Es kann aber auch das Recht des Bestimmungslandes sein. Wenn es sich bei der fraglichen Bestimmung um eine dispositive Vorschrift handelt, so findet das Recht des Bestimmungslandes ohne weiteres seine Anwendung. Eine solche dispositive Bestimmung ist nämlich kein Hindernis i.S.d. der Grundfreiheiten, da die Parteien sie im Wege der Rechtswahl vermeiden können[72]. Wenn es sich bei der fraglichen Bestimmung dagegen um eine zwingende Vorschrift handelt, könnte es sich allerdings um ein Hindernis für

[66] *Wilderspin/Lewis*, Revue critique de droit international privé 91 (2002), 302 ff.; *Spindler*, ZHR 165 (2001), S. 334 ff.; *Fezer/Koos*, IPRax 2000, 352 f.; wohl auch *Ahrens* CR 2000, 837.

[67] *Dethloff* JZ 2000, 180 f. zum Kommissionsvorschlag; *Mankowski*, aaO., S. 138 ff., 153 ff., 157 ff.

[68] Ebenso auch *Mankowski*, aaO., S. 155.

[69] Vgl. hierzu auch *Rolin Jacquemyns/Van Huffel*, Revue Européenne de droit bancaire et financier 2001 – 2002/1, 111 ff.

[70] Vgl. hierzu bereits *Staudenmayer*, in: *Schulte-Nölke/Schulze*, aaO., S. 73.

[71] Im Rahmen dieses Beitrages kann auf Fragen des Wettbewerbsrechts nicht eingegangen werden.

[72] Vgl. *EuGH*, Urt. V. 24. 1. 1991, Rs. C – 339/89 (*Alsthom Atlantique*), Slg. I – 107, 124.

die Warenverkehrs- und Dienstleistungsfreiheit handeln. In diesem Fall muss wie auch in allen anderen Fällen entsprechend der Rechtsprechung des EuGH die Rechtfertigung und die Verhältnismäßigkeit geprüft werden. Falls eine solche Rechtfertigung oder Verhältnismäßigkeit nicht vorliegt, wäre die Bestimmung nicht vereinbar mit Art. 3 der Richtlinie oder den Grundfreiheiten.

Wie bereits erwähnt, vertritt die extreme Gegenansicht[73] hingegen, dass Art. 3 der Richtlinie eine dem IPR vorgeschaltete, zwingende Regel ist, die immer zur Anwendung des Rechts des Herkunftslandes führt.

Eine solche Ansicht würde dazu führen, dass IPR – Regeln, die zur Anwendung des Rechts des Bestimmungslandes führen, nicht mit Art. 3 der Richtlinie konform wären. Dies entspricht aber nicht dem Wortlaut der Richtlinie und ihren Erwägungsgründen. Die Richtlinie würde damit entgegen ihrem Art. 1 IV und ihrem 23. Erwägungsgrund doch Regeln im Bereich des internationalen Privatrechts schaffen. Die hier vertretene Ansicht wäre eher in Übereinstimmung mit den genannten Bestimmungen. Insbesondere entspräche sie dem zweiten Teil des 23. Erwägungsgrundes. Die hierin erwähnten Vorschriften des anwendbaren Rechts, die durch IPR – Regeln zur Anwendung bestimmt sind, beziehen sich ganz klar auf Regeln des Sachrechts, die in der Tat, wie bereits ausgeführt, keine unverhältnismäßigen Beschränkungen der Grundfreiheiten enthalten dürfen. Dieser zweite Teil des 23. Erwägungsgrundes stellt auch klar, dass eventuelle Einschränkungen der Grundfreiheiten nur von den Regeln des Sachrechts, nicht hingegen von den Regeln des IPR kommen können[74].

Die hier vertretene Ansicht entspricht auch der Systematik der Richtlinie. Dies betrifft zunächst die systematische Stellung des Art. 1 IV der Richtlinie. Abs. 4 befindet sich zu Recht in Art. 1, der Zielsetzung und Anwendungsbereich der Richtlinie festlegt. Dies entspricht seinem Inhalt, festzulegen, dass weder die Zielsetzung noch der Anwendungsbereich der Richtlinie das IPR betreffen.

Der hier vertretenen Ansicht kann man auch nicht vorhalten, dass sie den sechsten Anstrich des Anhangs der Richtlinie als rein deklaratorisch hinsichtlich der Verbraucherverträge behandeln muss[75]. Zwar ist richtig, dass aus der hier vertretenen Ansicht folgen würde, dass Verbraucherverträge als Teil des Vertragsrechts nicht dem Herkunftslandprinzip des Art. 3 unterworfen sind. Der sechste Anstrich des Anhangs der Richtlinie geht aber über diese Auslegung hinaus. Er nimmt die Verbraucherverträge vom gesamten Art. 3 aus, d.h. auch aus dem Verfahren der Abs. 4 – 6, die im übrigen für die übrigen Belange des Verbraucherrechts, z.B. den Bereich der

[73] S. hierzu z.B. *Crabit*, aaO., 798 ff.

[74] Auch *Wilderspin/Lewis*, aaO., S. 302, und *Fezer/Koos*, aaO., S. 353, unterstreichen die besondere Bedeutung des 23. Erwägungsgrundes.

[75] S. *Crabit*, aaO., S. 803 f. Im Ergebnis wie hier *Wilderspin/Lewis*, aaO., S. 304. Vgl. auch *Mankowski*, aaO., S. 143 und *Spindler*, aaO., S. 335 zu dem gleichen Argument betreffend den fünften Anstrich des Anhangs.

Werbung, weitergelten, wie sich aus dem dritten Anstrich des Art. 3 IV a) i) ergibt.

Die hier vertretene Ansicht entspricht auch der Entstehungsgeschichte der Richtlinie. Es ist behauptet worden[76], dass der Zweck des Art. 1 IV der Richtlinie ein rein politischer war, d.h. er dem Wunsch einiger Mitgliedsstaaten entspräche, die einen Präzedenzfall verhindern wollten, der die Bedeutung des IPR verringern würde. Diese Ansicht übersieht aber geflissentlich, dass der Erwägungsgrund 23 mehr oder weniger wörtlich den Erwägungsgrund 7 des ursprünglichen Kommissionsvorschlags[77] übernimmt. Aus diesem Erwägungsgrund 7 ist klar ersichtlich, dass die Kommission bereits im ursprünglichen Vorschlag das Verhältnis zwischen dem Richtlinienvorschlag und dem Internationalen Privatrecht i.S.d. jetzigen Art. 1 IV klarstellen wollte. Art. 1 IV überträgt dann nur den ursprünglichen Erwägungsgrund 7 in den Text der Richtlinie und unterstreicht seinen Wortlaut und die zugrundeliegende Absicht.

Schließlich stimmt die hier vertretene Ansicht auch mit der richtig verstandenen gesetzgeberischen Intention der Richtlinie überein. Wie bereits ausgeführt, soll das Herkunftslandprinzip in Art. 3 verhindern, dass Grundfreiheiten unverhältnismäßig durch zwingende Vorschriften des Vertragsrechts, die den koordinierten Bereich betreffen, eingeschränkt werden. IPR – Bestimmungen sind aber also solche in dieser Hinsicht neutral. Sie bestimmen nur das anwendbare Recht und enthalten an sich keine Einschränkungen der Grundfreiheiten. Daher kann sich die Intention des Art. 3 nur gegen einschränkende und unverhältnismäßige Regeln des Sachrechts richten und nicht gegen Vorschriften des IPR.

D. Ausblick

In Anbetracht der beschriebenen Problematik kann mit Interesse dem Ausgang der Diskussion in der Folge des Grünbuchs der Kommission zu Rom I entgegensehen. Das IPR im EVÜ, bzw. in seiner möglicherweise vergemeinschafteten Form als Verordnung wird sich weiterhin mit den geschilderten Fragen auseinander setzen müssen. Dies gilt insbesondere für die Frage, ob und inwieweit Art. 5 EVÜ *de lege ferenda* im Rahmen der Vergemeinschaftung und Modernisierung des EVÜ im Hinblick auf seine Anwendung auf den elektronischen Geschäftsverkehr geändert, bzw. klargestellt werden soll. Dieselbe Diskussion, die bereits zur Richtlinie über den elektronischen Geschäftsverkehr, aber vor allem zu Art. 15 der VO 44/2001 geführt wurde, wird sich in diesem Rahmen in noch stärkerem Maße wiederholen. Wenn wie *Mankowski*[78] sagt, « bei den Anhörungen zu « Brüssel I » die großen Schlachten um das internationale Verbraucherschutzrecht geschlagen wurden », so waren diese « großen Schlachten », um im Bild zu bleiben, nur Vorhutgefechte im Vergleich zu

[76] *Crabit*, aaO., S. 799.

[77] ABl. EG C 169/4 v. 5. 2. 1999.

[78] AaO., S. 175.

dem, was sich in der Diskussion um Art. 5 EVÜ abspielen wird. Wie bereits angedeutet, bleibt zu hoffen, dass die Lösung des Art. 15 der VO 44/2001 auch in diesem Rahmen übernommen wird.

Eine Sachrechtsvereinheitlichung, die diese Probleme hinfällig machen könnte, ist auf absehbare Zeit nicht zu erwarten. Selbst wenn der weitgehendste Vorschlag des Aktionsplans der Kommission zum Europäischen Vertragsrecht[79], nämlich die Reflexion über ein optionales Instrument[80], zu einem konkreten Ergebnis führen wird, würde es nicht das nationale Recht ersetzen, sondern nur wahlweise ein Rechtsinstrument neben den nationalen Rechten schaffen. Im übrigen wäre eine solche Entwicklung sowieso nur sehr langfristig zu erwarten. Die Diskussion um Probleme im Schnittbereich von Verbraucherschutz und IPR bleibt daher spannend.

[79] KOM 2003 (68) endg, ABl. EG C 63/1 v. 15. 3. 2003; http://europa.eu.int/comm/consumers/cons.int/safe.shop/fair.bus.pract/cont.law/index.de.htm. S. hierzu *Staudenmayer*, EuZW 2003, 165 ff.

[80] S. eingehend zu den in diesem Zusammenhang auftretenden Fragen des IPR *Staudenmayer*, ZEuP 2003 (Heft 4, im Erscheinen).

Tragweite des EVÜ für Bankgeschäfte

PROF. DR. REINHARD WELTER

A. Die Bedeutung des Internationalen Schuldrechts für grenzüberschreitende Bankdienstleistungen

I. Schuldverträge als rechtliche Grundlage von Bankdienstleistungen

Im Ausgangspunkt fällt es mir sehr leicht, Ihnen klar zu machen, dass das Internationale Schuldrecht für Bankgeschäfte von größter Bedeutung ist.

Bankdienstleistungen jeglicher Art finden aus rechtlicher Sicht auf der **Grundlage von Schuldverträgen** statt: **Darlehensverträge**[1] (Kreditgeschäft), **Geschäftsbesorgungsverträge** (z.B. Zahlungsverkehr)[2], **Bürgschafts- und Garantierecht** (Avalgeschäft)[3], **Kommissionsverträge**[4] (Wertpapiergeschäft). Welches Recht in Fällen mit Auslandsberührung anwendbar ist, kann die Ausgestaltung und Durchführung dieser Bankgeschäfte ganz entscheidend bestimmen. In viel stärkerem Masse als der Warenverkehr oder andere Dienstleistungen ist die kreditwirtschaftliche Tätigkeit eng mit den rechtlichen Gegebenheiten verknüpft: Finanzprodukte haben natürlich vor allem ihren **wirtschaftlichen** Sinn, der aber nur in **rechtlich abgesicherten Bahnen** zu erreichen ist. Die Frage, ob das **Heimatrecht** eines Kreditinstitutes anwendbar ist, das grenzüberschreitend tätig wird, oder ob die Regelungen des **Gaststaates** maßgeblich sind, kann durchaus über die wirtschaftliche Sinnhaftigkeit grenzüberschreitender Tätigkeit entscheiden.

Ich nenne nach dieser theoretischen Beschreibung die folgenden Beispiele auch zu dem Zweck, Ihnen deutlich zu machen, welche Erfahrungen mit Geschäften mit Auslandsberührung Kreditinstituten in Europa vielfach vor Augen stehen und warum sich sogar noch in den letzten Jahren eher eine größere Skepsis gegenüber dem „Binnenmarkt ohne Grenzen“ entwickelt hat.

[1] *Welter,* in: Schimansky/Bunte/Lwowski (Hrsg.), 2. Aufl. 2001, Bankrechts-Handbuch, § 26 RdNr 136.

[2] *Welter,* in: Schimansky/Bunte/Lwowski (Hrsg.), 2. Aufl. 2001, Bankrechts-Handbuch, § 26 RdNr 139.

[3] *Welter,* in: Schimansky/Bunte/Lwowski (Hrsg.), 2. Aufl. 2001, Bankrechts-Handbuch, § 28 RdNr 141.

[4] *Welter,* in: Schimansky/Bunte/Lwowski (Hrsg.), 2. Aufl. 2001, Bankrechts-Handbuch, § 26 RdNr 146, § 28 RdNr 141.

II. Erfahrungen der Kreditwirtschaft – Beispielsfälle

1. Der Fall Koester – Börsentermingeschäfte

Bis heute wirkt noch nach, dass sich Auslandsberührungen bei **Börsentermingeschäften** ausgesprochen fatal ausgewirkt haben. Wie z.B. Kreditinstitute in Luxemburg und der Schweiz erfahren mussten, konnte ein **Bezug zu Deutschland** zu großen Verlusten führen, namentlich bei Geschäften mit Kunden aus Deutschland).[5] Für französische Kreditinstitute offenbarte erstmals der berühmte Fall Koester, welche Risiken Geschäfte mit Deutschen mit sich brachten. Der Beamte Koester, der vorübergehend in Paris dienstlich tätig war, hatte während dieser Zeit in Paris in größerem Umfang spekuliert, schließlich mit dem Ergebnis großer Verluste und Schulden. Er konnte sich durch die Flucht nach Deutschland dem Zugriff seiner Gläubiger entziehen. Deutsche Gerichte haben das **deutsche Recht** als **Schutzschild** vor ihn gehalten; der EuGH, auf den das betroffene französische Kreditinstitut dann seine Hoffnung setzte, hat dies gebilligt.[6]

Ebenso wie dieses Kreditinstitut haben in den folgenden Jahren andere ausländische Anbieter teuer für die Erfahrung bezahlt, dass die überraschende Anwendung deutschen Rechts erhebliche Verluste für sie mitbringen kann. Jahrelang ist hierüber immer wieder erbittert gestritten worden und die Kunst des forum shopping hat eine grandiose Blüte erlebt. Mit allen denkbaren Finten hat man versucht, entweder die internationale Zuständigkeit deutscher Gerichte zu erreichen oder – aus der Sicht der anderen Seite – sie irgendwie herbeizuführen.[7]

Die rechtliche Grundlage dieses überaus lehrreichen Falls und der weiteren Entwicklung ist kompliziert und sie ist teilweise durch Änderungen des deutschen Rechts überholt.[8] Ob allerdings Urteile ausländischer Gerichte zur Durchsetzung von Termingeschäften in Deutschland anerkannt werden, ist ungeachtet der Reform von 1989 für Konstellationen wie im eingangs erwähnten Fall Koester keineswegs sicher; eine jüngere höchstrichterliche Entscheidung setzt ausdrücklich Geschäfte eines sachkundigen und damit nicht schutzbedürftigen Anlegers voraus.[9] Kollisionsrechtlich geht es vor

[5] Dazu im einzelnen *Häuser/Welter,* in: Assmann/Schütze (Hrsg), Handbuch der Kapitalanlage, 2. Aufl. 1997, § 16 RdNr. 526 ff; *dies* WM 1985, Sonderbeil. 8, S. 12 ff und *Schlosser,* in: Festschrift für Steindorff, 1990, S. 1379, 1389; *Thorn,* IPRax 1995, 294, 299; *Kropholler,* Europäisches Zivilprozessrecht, 7. Aufl. 2002, Art. 17 RdNr 19 f.

[6] Zum Koester-Fall OLG Köln IPRspr. 1979, Nr. 12 a; EuGHE 1978, 1971 = RIW/AWD 1978, 801 ; *Häuser/Welter,* in: Assmann/Schütze (Hrsg), Handbuch der Kapitalanlage, 2. Aufl. 1997, § 16 RdNr. 530, Fn. 975.

[7] *Häuser/Welter,* in: Assmann/Schütze (Hrsg), Handbuch der Kapitalanlage, 2. Aufl. 1997, Kapitalanlage-Handbuch § 16 RdNr. 574 ff.

[8] *Häuser/Welter,* in: Assmann/Schütze (Hrsg), Handbuch der Kapitalanlage, 2. Aufl. 1997, § 16 RdNr. 6 ff., 575 ff.; *Welter,* in: Schimansky/Bunte/Lwowski (Hrsg.), 2. Aufl. 2001, Bankrechts-Handbuch, § 26 RdNr 146 f.

[9] BGHZ 138, 331-339 = NJW 1998, 2358, 2359 = WM 1998, 1176 = WuB I G 7 Börsen- und

allem um die Anwendung von Art. 7 Abs. 2 EVÜ, auf die ich noch zurückkomme und die Gegenstand des nächsten Vortrags sein wird. Zunächst möchte ich ein weiteres aktuelleres Beispiel nennen und etwas vertiefen, in dem allerdings M. Dupont, also ein Franzose die besseren Chancen hat und das deutsche Kreditinstitut wahrscheinlich den kürzeren zieht.

2. Deutsch französische Immobilienfinanzierung

Im Jahr 1999 hat die französische Cour de Cassation eine Entscheidung getroffen[10], die für einige deutsche Kreditinstitute von großer Bedeutung ist. Auf den ersten Blick klingt der Inhalt der Entscheidung wenig dramatisch: Wenn beim Abschluss von Darlehensverträgen die Vorschriften des französischen Code de consommation nicht eingehalten werden (Loi Neiertz), gilt allein die speziell **gesetzlich angeordnete** Rechtsfolge, dass die Zinsen durch gerichtliche Entscheidung herabgesetzt werden, und zwar auch auf 0 (in der Praxis ein sehr häufiger Fall). Die Tragweite erschließt sich erst auf den zweiten Blick. Sie besteht vor allem darin, dass die Verträge nicht wegen Gesetzesverstoß nichtig sind. Natürlich ist die Nichtigkeit eines Darlehensvertrags auch unerfreulich für ein Kreditinstitut. Die Durchführung mit einer Zinsreduzierung bis auf 0 ist aber noch viel nachteiliger, insbesondere wenn es um einen längerfristigen Darlehensvertrag geht. Er muss dann nämlich bis zum bitteren Ende durchgeführt werden, und zwar ggf. **ohne jedes Entgelt** für die Kapitalnutzung. Kreditinstitute, die von Zins**margen** leben (Differenz zwischen der Zinspflicht auf Einlagen und den eingenommen Zinsen für die Kreditvergabe), können sich kaum etwas Schlimmeres vorstellen.

Außerdem ist man insbesondere als **ausländisches** Kreditinstitut schnell dem Vorwurf ausgesetzt, die gesetzlichen Vorgaben für den Vertragsschluss (Art. 312 – 8 Code de consommation) seien nicht korrekt eingehalten.[11] Das französische Recht sieht ein Angebot des Darlehensgebers vor, das **bestimmte Vorgaben** genau einzuhalten hat und das **erst zehn Tage** nach Eingang beim Darlehensnehmer angenommen werden darf (Art. 312 – 10 II Code de consommation). Wer diese Vorgabe nicht in Rechnung stellt oder sich im Detail versieht, kann in ein Fiasko geraten, insbesondere wenn er ein breites Geschäftsfeld aufgebaut hat, weil er mutig den Verlockungen des allseits propagierten Binnenmarkts gefolgt ist.[12] Die damit hervorgerufene Vorstellung des Anbieters, seine Leistung unter der alleinigen **Geltung deutschen Rechts** anwenden zu können, stellt sich dabei als naiv heraus.

Kapitalmarktrecht 7.98 *Schwark*.

[10] Urteil vom 23.3.1999 JCP Ed. gén. IV 1938.

[11] Ausführlich zu den verschiedenen Problemen in deutsch-französischen Rechtsverkehr *Klotz*, RIW/AWD 1997, 197 ff.

[12] Vgl. Etwa die bei *Schneider/Troberg*, WM 1990, 165, 166 erkennbare Aufbruchstimmung.

III. Von der Binnenmarkteuphorie zur Ernüchterung

Vor diesem Hintergrund sollte man besser verstehen, dass an die Stelle der Euphorie anlässlich der Verwirklichung des Binnenmarkts zum 1. Januar 1993 vielfach Enttäuschung und Rückzug getreten ist, begründet durch handfeste und günstige Erfahrungen mit dem vielfach unerwartet anwendbaren Recht. Sie mögen insbesondere im Rahmen dieser Tagung unbefangen der Auffassung sein, dass sich all dies auf das **Römische Übereinkommen** und seine Anwendung bezieht. Immerhin harmonisiert es das **Schuldvertragskollisionsrecht**, über das ich jeweils gesprochen habe. Mit Blick auf die Kreditwirtschaft besteht aber die Besonderheit darin, dass es gerade nicht ausgemacht war und ausgemacht ist, dass grenzüberschreitende Geschäfte kollisionsrechtlich nach dem Römischen Übereinkommen zu beurteilen sind. Da viele von Ihnen vielleicht nicht mit der speziellen Diskussion im Bereich der Bankgeschäfte vertraut sind und da sie besonders intensiv in Deutschland und in Brüssel stattfindet, will ich dies im folgenden näher erläutern.

B. Kollisionsrechtliche Tragweite des Aufsichtsrechts?

Grenzüberschreitende Tätigkeit hat für die Kreditwirtschaft nicht nur eine zivilrechtliche, sondern auch eine **aufsichtsrechtliche** Seite.

I. Prinzipien der 2. Bankrechtskoordinierungsrichtlinie

Hier hat die 2. Bankrechtskoordinierungsrichtlinie[13] für die Kreditwirtschaft die rechtlichen Rahmenbedingungen für den Binnenmarkt geschaffen. Sie beruht auf den Prinzipien, die seit Mitte der 80er Jahre nach dem Vorbild der EuGH Rechtsprechung (Dassonville[14].und Cassis de Dijon[15]) die Weiterentwicklung der Europäischen Wirtschaftsgemeinschaft bestimmt haben: **Herkunftslandprinzip** oder **Anerkennungsprinzip.** Sehr anschaulich war auch die Formulierung, die Banken hätten nun den **Europapass**: Wer in einem Mitgliedstaat zugelassen ist, kann seine Bankgeschäfte ohne weiteres im gesamten Binnenmarkt anbieten; die Zulassung gilt nicht nur für den Heimatstaat, sondern auch jenseits der Grenze.

Wenn Sie einen Blick in die **Erwägungsgründe** der 2. Bankrechtskoordinierungsrichtlinie werfen, dürfte Ihnen klar werden, welche Bedeutung diese Richtlinie insgesamt für die rechtlichen Rahmenbedingungen grenzüberschreitender Tätigkeit zugemessen wurde. Es heißt dort:

[13] 2. Richtlinie 89/646 EWG des Rates vom 15.12.1989 zur Koordinierung der Rechts- und Verwaltungsvorschriften über die Aufnahme und Ausübung der Tätigkeit der Kreditinstitute und zur Änderung der Richtlinie 77/780 EWG, ABl. vom 30.12.1989, Nr. L 386; dazu *Bader,* EuZW 1990, 117.

[14] EuGHE 1974, 837.

[15] EuGHE 1979, 649 ff = NJW 1979, 1766.

Die Mitgliedstaaten haben darauf zu achten, dass die Tätigkeiten, die unter die gegenseitige Anerkennung fallen, **ohne Behinderung auf die gleiche Weise wie im Herkunftsmitgliedstaat ausgeübt werden können**, soweit sie nicht im Gegensatz zu den im Aufnahmemitgliedstaat geltenden gesetzlichen Bestimmungen des **Allgemeininteresses** stehen.

II. Ursprüngliches Verständnis der 2. Bankrechtskoordinierungsrichtlinie

In der Banking Community wurde dies weithin so verstanden, dass man nun ohne weiteres mit den heimischen Vertragsbedingungen und der rechtlichen Gestaltung seiner „Finanzprodukte“ innerhalb des Binnenmarktes tätig werden könne. Auch in der (deutschen) Rechtswissenschaft wurde der Standpunkt entwickelt, die Richtlinie regele **unmittelbar** und mit **Vorrang** gegenüber dem EVÜ das (zivile) Kollisionsrecht grenzüberschreitender Geschäfte.[16] Im Sinne des Anerkennungsprinzips setze sich das **Heimatrecht** durch, soweit dies zur rechtlichen Definition des betroffenen "Produkts" erforderlich sei[17], und zwar sogar einschließlich der Kreditsicherung durch Grundpfandrechte.[18]

Eine Stütze für diese Position bildete Art. 20 des Römischen Übereinkommens.[19] Das Recht der Kreditwirtschaft wurde als „besonderes Gebiet“ im Sinne dieser Vorschrift angesehen und in der 2. Bankrechtskoordinierungsrichtlinie wurde neben ihrem aufsichtsrechtlichen Gehalt das **Kollisionsrecht für grenzüberschreitende Bankgeschäfte** im Binnenmarkt gesehen.

III. Bedeutung aus heutiger Sicht

Auch in Deutschland konnte sich dieser Ansatz schließlich nicht durchsetzen.[20] Wenn ich ihn gleichwohl hier erwähne, hat dies mehrere Gründe:

[16] Die Richtlinie soll also neben ihrem aufsichtsrechtlichen Inhalt auch das Privatrecht (Kollisionsrecht) regeln; dazu die prinzipielle Kritik von *Jayme/Kohler*, IPRax 1993, 357 ff.

[17] Vgl *Wolf*, WM 1990, 1941 ff; im Ansatz ähnlich *Troberg*, ZEuP 1994, 100, 123 wohl zustimmend *Knaul*, Auswirkungen des europäischen Binnenmarktes der Banken auf das internationale Bankvertragsrecht unter besonderer Berücksichtigung des Verbraucherschutzes (Europäische Hochschulschriften: Reihe 2, Rechtswissenschaft, Bd 1686), 1995, S. 140; *Müller-Graff*, Gemeinsames Privatrecht in der Europäischen Gemeinschaft, S. 7, 19; dazu kritisch *Remien*, JZ 1992, 277, 280; *Schneider*, NJW 1991, 1985, 1993; *Roth*, RabelsZ 55 (1991), 623, 665, 669 und *Joerges/Brüggemeier*, Europäisierung des Vertragsrechts und Haftungsrechts, in *Müller-Graff* (Hrsg.), Gemeinsames Privatrecht in der Europäischen Gemeinschaft, 1993, S. 233; S. 233, 251.

[18] Vgl dazu insbesondere *Schäfer*, Grenzüberschreitende Kreditsicherung an Grundstücken, 1992; S. 4 und *Wolf*, WM 1990, 1941 ff.

[19] Art. 20 EVÜ räumt der Anwendung von Kollisionsnormen Vorrang ein, die für besondere Gebiete im EG-Recht enthalten sind oder darauf zurückgehen; dazu *Grundmann*, IPRax 1992, 1, 4 Fn. 43 und *Jayme/Kohler*, IPRax 1993, 357, 358.

[20] Vgl. die Gegenposition von *Roth*, RabelsZ 55 (1991), 623, 669 f.; *Deckert*, JA 1997, 79 f.;. MüKo-*Sonnenberger*, Einl IPR Band 10, 1998, RdNr. 133, 134.

- Zum einen wirken die tragenden Gedanken durchaus noch bis in die Gegenwart in anderer rechtlicher Einkleidung fort (dazu sogleich).
- Zum zweiten sollten Sie nun besser verstehen, dass im Bereich der Kreditwirtschaft gegenüber den „Errungenschaften“ europäischer Rechtsangleichung große Skepsis anzutreffen ist. Die Bankjuristen haben einen Leidensweg hinter sich. Im Vertrauen auf die Perspektive, die z.B. die angeführten Erwägungsgründe zum 2. Bankrechtskoordinierungsrichtlinie nach allgemeiner Einschätzung eröffnete, wurden geschäftspolitisch große Visionen entworfen und umgesetzt. Anschließend war im Tagesgeschäft zu erleben, wie die zugrundeliegende Vertragsgestaltungen jenseits der Grenzen kläglich scheiterten.[21] Vereinfachend lässt sich ein schlichter Grund für dieses Dilemma benennen: Die Zivilrichter in den Mitgliedstaaten haben sich keinen Deut um die 2. Bankrechtskoordinierungsrichtlinie und die dort enthaltenen Prinzipien geschert. Am Ende wandten sie nach dem Eindruck vieler doch einfach ihr nationales Recht an, das für die Vertragsgestaltung grenzüberschreitender Anbieter häufig zum Fiasko führte.

C. Freizügigkeit von Finanzdienstleistungen und zivilrechtliche Rahmenbedingungen

Wie ich bereits erwähnt habe, folgen die Grundprinzipien der 2. Bankrechtskoordinierungsrichtlinie aus dem Verständnis der **Grundfreiheiten**, wie sie die Rechtsprechung des EuGH zunächst für den Warenverkehr definiert hat.

I. Das Allgemeininteresse (general good) als Schranke der Freizügigkeit

Die Erwägungsgründe zur 2. Bankrechtskoordinierungsrichtlinie, die ich Ihnen vorgestellt habe, fassen im wesentlichen den Grundgedanken dieser Rechtsprechung zusammen. Selbst wenn nationale Regelungen ausländische Anbieter nicht diskriminieren, sind sie unter dem Vorzeichen der Freizügigkeit unzulässig, wenn sie als „Maßnahme gleicher Wirkung“ den freien Verkehr von Waren oder Dienstleistungen unzulässig behindern[22]. Prüfungsmaßstab ist nach dem EGV das „Allgemeininteresse / general good“[23], das uns auch schon in der 2. Bankrechtskoordinierungsrichtlinie begegnet ist. Hierzu rechnet u.a. der **Verbraucherschutz**, die **Lauterkeit des Handelsverkehrs** und der **Umweltschutz**. Diesem Maßstab ist nur genügt, wenn die Regelung zur Erreichung des Regelungszwecks **notwendig** und

[21] Dazu aus verbraucherschützender Sicht, die ohne weiteres die Geltung sämtlicher französischer Regelungen voraussetzt, *Hessel*, ZeuP 2000, 360.

[22] EuGHE 1974, 837 („Dassonville“); dazu *Knaul*, Auswirkungen des europäischen Binnenmarktes der Banken auf das internationale Bankvertragsrecht unter besonderer Berücksichtigung des Verbraucherschutzes (Europäische Hochschulschriften: Reihe 2, Rechtswissenschaft, Bd 1686), 1995, S. 54.

[23] EuGHE 1979, 649 ff = NJW 1979, 1766 ("Cassis de Dijon").

verhältnismäßig und der angestrebte Zweck nicht schon durch das Herkunftsland sichergestellt ist.[24] Für grenzüberschreitende Anbieter soll daraus folgen, dass strengere zivilrechtliche Regeln des Gaststaates **unabhängig von den kollisionsrechtlichen Regeln** des Römischen Übereinkommens nur angewandt werden können, wenn sie sich auf solche **zwingende Gründe des Allgemeininteresses** stützen lassen.[25] Alle inländischen Schutzvorschriften stehen damit gegenüber grenzüberschreitenden Anbietern unter diesem Vorbehalt.[26]

Auch dies ist eine vielversprechende Verheißung:

- Kann man nicht in Europa davon ausgehen, dass allein die **Zulässigkeit** bestimmter Regelungen **in einem Mitgliedstaat** ganz entscheidend dagegen spricht, dass solche **zwingenden Gründe des Allgemeininteresses** in einem anderen Mitgliedstaat geltend gemacht werden können? Kann denn das, was auf der einen Seite des Rheins rechtlicher Standard und vielleicht sogar wirtschaftspolitisch erwünscht ist, auf der anderen Seite des Rheins aus zwingenden Gründen des Allgemeininteresses verboten sein, und auch noch unter der einschränkenden Voraussetzung, dass diese Regelungen hierzu notwendig und verhältnismäßig ist?
- Außerdem: Wie kann man sich vorstellen, dass bestimmte Geschäftstypen, wie z.B. der Verbraucherkredit durch eine **Richtlinie** geregelt ist, aber gleichwohl **zusätzliche** Vorschriften des nationalen Rechts notwendig sein können, um den zwingenden Gründen des Allgemeininteresses gerecht zu werden? Wenn es sie geben würde, wären sie wohl in der Richtlinie zu finden und damit in **allen nationalen Rechtsordnungen** der Mitgliedstaaten.[27]

[24] *Roth,* RabelsZ 55 (1991), 623, 651; *Möschel,* NJW 1994, 429, 430.

[25] *Grundmann,* IPRax 1992, 1, 4; *ders.*, Das Europäische Bankaufsichtsrecht wächst zum System, S. 41 ff, dazu kritisch *Horn,* ZBB 1993, 204; ferner *Strub,* Bankdienstleistungen im Binnenmarkt, 1994, S. 47, 85, 137 ff mit der Differenzierung zwischen Finanzierungstechnik (anzuerkennen nach dem Hypothekarrichtlinienvorschlag) und "allgemeinem Zivilrecht"); ähnlich wie *Grundmann/Ulmer,* EuZW 1993, 337, 338; *Steindorff,* in: Festschrift für Lorenz, 1991, S. 561, 574 ff; ausführlich *Roth,* RabelsZ 55 (1991), 623, 660 und zustimmend *Kreuzer,* Die Europäisierung des Internationalen Privatrechts - Vorgaben des Gemeinschaftsrecht, S. 373, 421; ferner *Knaul,* Auswirkungen des europäischen Binnenmarktes der Banken auf das internationale Bankvertragsrecht unter besonderer Berücksichtigung des Verbraucherschutzes (Europäische Hochschulschriften: Reihe 2, Rechtswissenschaft, Bd 1686), 1995, S. 54 f.

[26] *Roth,* RabelsZ 55 (1991), 623, 660; ebenso, aber zusätzlich unter Berufung auf die 2. Bankrechtskoordinierungsrichtlinie *Troberg,* ZEuP 1994, 100, 123 (keine „Inhaltskontrollen" im Gastland).

[27] *Grundmann,* IPRax 1992, 1, 4 unter Hinweis auf die Rspr. des EuGH in Versicherungssachen.

II. Mitteilung der Kommission zu Auslegungsfragen über den freien Dienstleistungsverkehr und das Allgemeininteresse in 2. Bankenrichtlinie vom 20.6.1997

Zur Frage, wie man sich das Verhältnis zwischen der garantierten Freizügigkeit nach dem EGV und dem Römischen Übereinkommen vorstellen soll, lässt sich auf eine recht aktuelle Stellungnahme zurückgreifen, die mit höchster Autorität der Kreditwirtschaft eine Vorgabe an die Hand geben möchte: Die Mitteilung der Kommission zu Auslegungsfragen über den freien Dienstleistungsverkehr und das Allgemeininteresse in 2. Bankenrichtlinie vom 20.6.1997.[28] Man kann nur dringend empfehlen, diese Mitteilung einmal sorgfältig durchzulesen. Ich muss mich hier auf Stichworte beschränken:

1. Der **Vorrang** des Gemeinschaftsrechts mit der garantierten Freizügigkeit und dem Verbot behindernder Regelungen gilt auch für das **Zivilrecht**.
2. Die Garantie der Freizügigkeit umfasst auch die Befugnis, auf der Grundlage von Verträgen, die der Rechtsordnung des **Heimatstaates** entsprechen, im Ausland tätig zu sein, wenn die rechtlichen Rahmenbedingungen das Finanzprodukt prägen (Beispiel Zinsvariabilität in Darlehensverträgen und vorzeitige Rückzahlung).
3. Mit der Ermittlung des anwendbaren Rechts nach dem **Römischen Übereinkommen** ist **nicht** das letzte Wort gesprochen. In einem weiteren Schritt muss das Ergebnis anhand des Gemeinschaftsrechts überprüft werden.
4. Wenn kreditwirtschaftliche Leistungen durch eine Zweigstelle im Ausland angeboten werden, sind die Vorschriften des Gaststaates, die eine Behinderung darstellen, dem **Test des allgemeinen Interesses** zu unterziehen und gegebenenfalls auszuklammern.
5. Auch **Verbraucherschutzvorschriften** unterliegen im Rahmen des freien Dienstleistungsverkehrs dem fraglichen Test. Der Verbraucherschutz ist zwar ein Ziel des Allgemeininteresses, aber verbraucherschützende Regeln können im Einzelfall nicht notwendig und unverhältnismäßig sein. Der Verbraucherschutz darf auf keinen Fall dazu eingesetzt werden, das Eindringen ausländischer Anbieter zu behindern.

Brüssel hat gesprochen, aber wie nimmt man dies in der Kreditwirtschaft auf? Man trifft die Stimmung wohl mit dem Zitat „Die Botschaft hör ich wohl, allein mir fehlt der Glaube“. Zu tief sitzt noch die Erinnerung an die unerfreulichen Erfahrungen im Zusammenhang mit der 2. Bankrechtskoordinierungsrichtlinie. Auch hierzu konnte man aus Brüssel von großartigen Visionen hören, mit denen man in den Gerichtssälen dann kläglich gescheitert ist. In der Mitteilung der Kommission findet sich auch die Aufforderung, dem EuGH Gelegenheit zu geben, der Freizügigkeit zum Durchbruch zu verhelfen. Es lässt sich leicht erklären, warum solche

[28] SEK (97) 1193 endg.

Ermutigungen außen wenig Widerhall finden: Kreditinstitute wollen Geschäft betreiben und keine Prozesse durch alle Instanzen mit der Hoffnung auf eine Entscheidung des EuGH führen. Man bleibt also lieber diesen Geschäftsfeldern fern, oder zieht sich sogar wieder daraus zurück.

Bei vielen hat es auch zu einem nachhaltigen Eindruck geführt, dass Vorschriften, die die Tätigkeit von Banken regeln, **strafbewehrt** sein können. Kursierende Geschichten von Bankern, die bei grenzüberschreitender Tätigkeit mit der Staatsanwaltschaft in Konflikt geraten, oder sich sogar in einem Gefängnis wiederfinden können, lassen sich nicht mit dem juristischen Argument aus der Welt schaffen, dass es sich um notwendige und nützliche Schritte zu einer endgültigen Klärung durch den EuGH handelt.

III. Die jüngere EuGH-Rechtsprechung als Prüfungsmassstab

Und schließlich: Wer traut sich wirklich zu, die Rechtsprechung des EuGH zu prognostizieren? Erst seit den Fällen Keck und Hünermund[29] wissen wir, dass die bisher entwickelten Maßstäbe nur für die **Regelung des „Produkts"** selbst gelten und nicht mit Blick auf **„Verkaufsmodalitäten"**, für die nur diskriminierende Regelungen unzulässig sind. Eine Entscheidung zum **Verbot der Telefonwerbung** für bestimmte Finanzdienstleistungen (außerbörsliche Warentermingeschäfte)[30], hat dies freilich wieder modifiziert (umfassende Prüfung bei Regelungen des **Herkunftsstaates**). Außerdem haben sich in der jüngeren Rechtsprechung zur Beurteilung von Verkaufsmodalitäten weitere Differenzierungen ergeben.[31] Was heißt das im einzelnen für Bankdienstleistungen? Folgt etwa aus der Wende in der EuGH-Rechtsprechung, dass **zivilrechtliche Schutzvorschriften** sowieso nur noch beschränkt in den Anwendungsbereich der gemeinschaftlichen Verkehrsfreiheiten kommen? Seither ist auch die Rede von einem „unvollkommenen Binnenmarkt"[32], der durch den Fortbestand von Rechtsunterschieden und gewissen normativen Hindernissen für gewerbliche Handlungsfreiheit gekennzeichnet ist. Und last but not least: Welche Tragweite hat hier das **Subsidiaritätsprinzip,** das seit Maastricht ins Kalkül zu ziehen ist?[33]

[29] EuGH NJW 1994, 121 mit Anm. *Möschel*, NJW 1994, 429 (Keck) und NJW 1994, 781 (Hünermund) keinen Konflikt mit der Dienstleistungsfreiheit; dazu *Lenz*, NJW 1994, 1633; *Schwarz*, ZEuP 1994, 557, 580; *Petschke*, EuZW 1994, 107 und *Gebauer*, IPRax 1995, 152; zur Übertragung auf Finanzdienstleistungen *Radicati di Brozolo*, in: Lagarde/Hoffmann, Die Europäisierung des internationalen Privatrechts (Schriftenreihe der europäischen Rechtsakademie, Bd. 8), 1996, S. 98.

[30] EuGH NJW 1995, 2541 = WM 1995, 1908 = WuB VII D. Art. 59 EWGV 1. 96 *Thode*.

[31] Vgl. EuGH EuZW 2000, 309 = JuS 2000, 809 (tatsächliche Diskriminierung durch scheinbar „neutrale" Regelungen).

[32] *Steindorff*, ZHR 158 (1994), 149.

[33] Vgl *Schneider*, NJW 1991, 1991; *Kreuzer*, Die Europäisierung des Internationalen Privatrechts - Vorgaben des Gemeinschaftsrecht, S. 373, 407 f.; *Schwarz*, ZEuP 1994, 557, 573; ausführlich *Reich*, ZEuP 1994, 385, 400.

D. Schwerpunkte und Streitpunkte bei der Beurteilung von Bankgeschäften nach dem EVÜ

Nachdem Sie vielleicht zu Ihrer Überraschung gehört haben, dass jedenfalls nach Auffassung der Kommission das Kollisionsrecht aufgrund des Römischen Übereinkommens gar nicht das letzte Wort bei der Beurteilung grenzüberschreitender Bankgeschäfte ist, will ich doch noch auf einige prägende Elemente des Übereinkommens und ihre Tragweite für Bankgeschäfte eingehen.

I. Freie Rechtswahl (Parteiautonomie) und ihre Schranken

Das EVÜ rückt nach der Bestimmung seines Anwendungsbereich (Artt. 1 und 2) sogleich die **freie Rechtswahl** in den Vordergrund (Art. 3). Dieser Ausgangspunkt passt vorzüglich zum Gedanken der **Freizügigkeit im Binnenmarkt**: Wenn das eigene Angebot mit der heimatlichen Rechtsordnung verbunden ist, lässt sich diese durch eine Rechtswahl gleichsam über die Grenze „mitnehmen".

Dies ist freilich nur die eine Seite. Auf der anderen Seite stehen die **Einschränkungen** der Parteiautonomie. Zu diesen Einschränkungen (Art. 4 ff.) muss man sich von vorneherein vor Augen halten, dass das Römische Übereinkommen nicht speziell grenzüberschreitende Sachverhalte **im Kreis der Mitgliedstaaten** regelt, sondern nur das Kollisionsrecht vereinheitlicht, das auch in Fällen gilt, in denen das Verhältnis zu **Drittstaaten** betroffen ist (vgl. Art. 2 EVÜ)[34]. Danach spielt es also aus dem Blickwinkel des EVÜ keine Rolle, ob bei der kollisionsrechtlichen Beurteilung ein Anbieter aus einem anderen Mitgliedstaat mit seiner Vertragsgestaltung zur Debatte steht, oder aber ein Anbieter aus einem Staat außerhalb der Europäischen Union, dessen Rechtsordnung keineswegs durch Umsetzung von Richtlinien und sonstigen Harmonisierungsmaßnahmen dem europäischen Komment entspricht. Insofern ist von vorneherein ausgeschlossen, dass das EVÜ ohne weiteres die Prinzipien des Binnenmarkts und die Gedanken der Freizügigkeit widerspiegelt.

Das Gegenstück zu Art. 2 (Anwendung des Rechts von Drittstaaten) bildet die Rücksicht auf das **nationale** Recht, das nach dem EVÜ (im hier relevanten Bereich) auf drei Ebenen zum Tragen kommen kann:

- Art. 5 gewährt Verbrauchern bei bestimmten Verträgen den Schutz ihrer nationalen Rechtsordnung.
- Art. 7 Abs. 2 erlaubt es dem Richter, das Recht **seines Staates** anzuwenden, wenn die einschlägigen Bestimmungen „ohne Rücksicht auf das auf den Vertrag anzuwendende Recht" zwingend regeln.

[34] Anders das in jüngeren verbraucherschützenden Richtlinien (zB Fernabsatzrichtlinie) enthaltene Kollisionsrecht; es ist darauf gerichtet, die Anwendung des Rechts von **Drittstaaten** (ausserhalb EU und EWR) zu verhindern. vgl. zur Umsetzung in Deutschland durch Art. 29 a EGBGB *Staudinger*, RIW 2000, 416.

- Drittens lässt sich die Anwendung ausländischen Rechts auf der Grundlage von Art. 16 abwehren, wenn es mit der öffentlichen Ordnung im Gerichtsstaat unvereinbar ist.

In der Praxis liegt der Schwerpunkt bei Art. 5 und bei Art. 7 Abs. 2, wobei die Grenzen fließend sind. Die Anwendung des deutschen Rechts der Börsentermingeschäfte, die ich oben als Beispiel genannt habe (Fall Koester), wurde nach Inkrafttreten des EuGVÜ auf Art. 7 Abs. 2 gestützt (Art. 34 EGBGB).[35] Bei grenzüberschreitenden Immobiliarfinanzierungen Privater (Beispiel Frankreich) stehen je nach Auslegung beide Vorschriften zur Debatte. Ich werde darauf zurückkommen.

II. Bestimmung des anwendbaren Rechts anhand der charakteristischen Leistung

Gegenüber den herkömmlichen Regeln in den einzelnen Mitgliedstaaten hat das Römische Übereinkommen insofern eine Veränderung gebracht, als nun mangels Rechtswahl das anwendbare Recht grundsätzlich danach zu ermitteln ist, welche Vertragsseite die **charakteristische Leistung** zu erbringen hat (Art. 4 Abs. 2). Diese Orientierung war von vorneherein der Kritik ausgesetzt, dass diese Regel jeweils die **marktstärkere** Seite begünstige. Dies wurde schon 1977 ausgerechnet in US-amerikanischen Publikationen den Plänen zum Römischen Übereinkommen entgegengehalten.[36] Auch in Deutschland fand ein bissiger Kommentar Resonanz: Wer da hat, dem wird gegeben (*Kegel*).[37]

Der Gedanke klingt plausibel: Natürlich erbringt der Kunde mit seinem Entgelt die neutrale Leistung, so dass stets das Recht am Sitz der Bank maßgebend ist. Gleichwohl sollte man nach meiner Einschätzung diese Weichenstellung nicht überschätzen. In aller Regel wird das auf Bankverträge anwendbare Recht anhand einer **Rechtswahl** ermittelt, so dass Art. 4 Abs. 2 gar nicht zum Tragen kommt (mit der Ausnahme wirklich verunglückter Fälle). Auch die Umkehrung trifft deshalb übrigens nicht zu. Wer sich gegenüber einem ausländischen Kreditinstitut verbürgt, erbringt zwar sicherlich die charakteristische Leistung, darf aber kaum damit rechnen, dass nun ausnahmsweise sein Recht zur Anwendung kommt. Das Bürgschaftsformular, das ihm die Bank vorlegt, enthält mit größter Wahrscheinlichkeit eine Rechtswahlklausel.

Aus heutiger Sicht wird man also sagen können, dass die Anknüpfung an die charakteristische Leistung Kreditinstituten keinen spürbaren Vorteil gebracht hat. Im Gegenteil dürfte sich stärker ausgewirkt haben, dass gleichsam als

35 *Häuser/Welter*, in: Assmann/Schütze (Hrsg), Handbuch der Kapitalanlage, 2. Aufl. 1997, § 16 RdNr. 542 ff.

36 Vgl. *Jessurun d'Oliveira:* "The doctrine of characteristic performance calls into being in private international law a leonien contract in favor of the stronger party, whilst pretending to be a neutral and objective method for connecting contracts with a given law." (American Journal of Comparative Law 25 (1977), 303.

37 Vgl. *Schröder/Wenner*, Internationales Vertragsrecht, RdNr. 399.

Gegengewicht der **Verbraucherschutz** kollisionsrechtliche einen hohen Stellenwert erlangt hat.[38]. Dieses Gegengewicht wirkt sich auch aus, wenn eine Rechtswahl vorliegt, also im Normalfall grenzüberschreitender Bankgeschäfte (vgl. Art. 5 Abs. 2: Meistbegünstigung). Insofern ist leicht nachzuvollziehen, dass Art. 5 des EVÜ zu den Vorschriften gehört, die bei der Gestaltung grenzüberschreitender Verträge die größten Kopfschmerzen bereiten.

Streitigkeiten entzünden sich schon an der Frage, ob die verbraucherschützenden Kollisionsregeln bei bestimmten Bankgeschäften greifen. Man muss sich klarmachen, was es heißt, dass der Anwendungsbereich „umstritten" ist: Es gibt **in jedem Mitgliedstaat** einen Stand der Rechtsprechung und ein Meinungsbild im Schrifttum. Für den einzelnen Anbieter ist dies schon für das eigene Land regelmäßig schwer zu erfassen, aber er muss sich auch mit dem Meinungsbild in den Staaten vertraut machen, in denen aufgrund der internationalen Zuständigkeit ein Prozess stattfinden kann.

III. Ausgewählte Bankgeschäfte als Beispiel für einen Betrachtungswandel durch das EVÜ

Als Beispiel für die damit verbundenen Unsicherheiten und für die Tragweite, die spezifischen Weichenstellungen des EVÜ für Bankgeschäfte haben, möchte ich das Kreditgeschäft anführen, also in erster Linie den Vertragstyp **Darlehen**.

1. Darlehen im allgemeinen

Bei der kollisionsrechtlichen Beurteilung von **Darlehen** versagt das einfache Kriterium, dass in Austauschverträgen die Geldleistung nicht die charakteristische Leistung ist. Sowohl die Darlehensgewährung als auch die Rückzahlung stellen solche Geldleistungen dar. Welche dieser beiden Geldleistungen für den Vertrag charakteristisch ist, wird unterschiedlich beurteilt.[39] Die h.M. stellt mit unterschiedlichen Begründungen[40] auf die **Darlehensgewährung** ab.[41] Man muss aber zugeben, dass auch die Gegenansicht nicht ganz abwegig ist, das Spannende sei bei einem Darlehen

[38] *Schröder/Wenner*, Internationales Vertragsrecht, RdNr. 399.

[39] Vgl *Schnelle,* Die objektive Anknüpfung von Darlehensverträgen im deutschen und amerikanischen IPR (Schriftenreihe der Gesellschaft für Rechtsvergleichung, Bd 157), 1992, S. 50 ff.

[40] *Schnelle,* Die objektive Anknüpfung von Darlehensverträgen im deutschen und amerikanischen IPR (Schriftenreihe der Gesellschaft für Rechtsvergleichung, Bd 157), 1992, S. 53 ff.

[41] Reithmann-*Martiny*, Internationales Vertragsrecht, 5. Aufl 1996 RdNr 495; Palandt-*Heldrich* Art. 28 EGBGB RdNr 12; MünchKomm-*Martiny,* 3. Aufl. 1998, Art. 28 EGBGB RdNr 133; *Knaul,* Auswirkungen des europäischen Binnenmarktes der Banken auf das internationale Bankvertragsrecht unter besonderer Berücksichtigung des Verbraucherschutzes (Europäische Hochschulschriften: Reihe 2, Rechtswissenschaft, Bd 1686), 1995, S. 256.

eigentlich die Frage, ob es **zurückgezahlt** wird. Allerdings spricht schließlich für die h.M., dass der Darlehensvertrag darauf gerichtet ist, Kapitalnutzung auf Zeit entgeltlich oder unentgeltlich zu gewähren. Die Zahlungspflichten beider Seiten sind nur ein Hilfsmittel, um diesen Zweck herbeizuführen. Der *Diskontkredit* ist in gleicher Weise zu beurteilen.[42] Die grundpfandrechtliche Sicherung an einem ausländischen Grundstück soll dagegen zum Recht am Ort der Belegenheit führen.[43]

Dem **Einlagengeschäft** liegt zwar außerhalb der Sichteinlage (depositum irregulare gem. § 700 BGB) ein **Darlehen** zugrunde. Aufgrund der Besonderheiten des Einlagengeschäfts wird die charakteristische Leistung aber ausnahmsweise bei der Bank gesehen, so dass das Guthaben in jeder Hinsicht ihrem Recht unterliegt.[44]

Bei **Konsortialkrediten**, für die in aller Regel eine Rechtswahlklausel vorgesehen ist[45], stellt die h.M. auf den Sitz des Agenten[46] ab.[47] Bei **Anleihen** ist grundsätzlich nach Art. 28 Abs. 2 EGBGB das Recht des Anleiheschuldners maßgeblich.[48] Findet die Emission nur in einem Staat statt, spricht dies allerdings i.S.d. Art. 28 Abs. 5 EGBGB für die Anwendung des Rechts am Ausgabeort[49], insbesondere wenn die Anleihe auf diesen bestimmten Kapitalmarkt zugeschnitten ist.[50]

[42] MünchKomm-*Martiny,* 3. Aufl. 1998, Art. 28 EGBGB RdNr 239; *Schnelle,* Die objektive Anknüpfung von Darlehensverträgen im deutschen und amerikanischen IPR (Schriftenreihe der Gesellschaft für Rechtsvergleichung, Bd 157), 1992, S. 196.

[43] MünchKomm-*Martiny,* 3. Aufl. 1998, Art. 28 EGBGB RdNr 134 mwN auch zur Gegenmeinung.

[44] MünchKomm-*Martiny,* 3. Aufl. 1998, Art. 28 EGBGB RdNr 239; *Schütze,* in: Assmann/Schütze (Hrsg), Handbuch der Kapitalanlage, 2. Aufl. 1997, § 10 RdNr 46; anders *Knaul,* Auswirkungen des europäischen Binnenmarktes der Banken auf das internationale Bankvertragsrecht unter besonderer Berücksichtigung des Verbraucherschutzes (Europäische Hochschulschriften: Reihe 2, Rechtswissenschaft, Bd 1686), 1995, S. 258.

[45] Vgl *Hinsch/Horn,* Das Vertragsrecht der internationalen Konsortialkredite und Projektfinanzierungen (Recht des Internationalen Wirtschaftsverkehrs, Band II), 1985, S. 151.

[46] Zur Rolle des lead managers und des agent im Konsortium *Hinsch/Horn,* Das Vertragsrecht der internationalen Konsortialkredite und Projektfinanzierungen (Recht des Internationalen Wirtschaftsverkehrs, Band II), 1985, S. S. 23, 178 ff.

[47] *König,* Die internationalprivatrechtliche Anknüpfung von Syndicated Loan Agreements, 1984; S. 27 und 51; *Schnelle,* Die objektive Anknüpfung von Darlehensverträgen im deutschen und amerikanischen IPR (Schriftenreihe der Gesellschaft für Rechtsvergleichung, Bd 157), 1992, S. 207; im Ergebnis wohl nicht anders MünchKomm-*Martiny,* 3. Aufl. 1998, Art. 28 EGBGB RdNr 135: Konsortialführer.

[48] MünchKomm-*Martiny,* 3. Aufl. 1998, Art. 28 EGBGB RdNr 137; weitere Einzelheiten bei Reithmann-*Martiny,* Internationales Vertragsrecht, 5. Aufl 1996 RdNr 527; *Horn* S. 481 ff. und *Hopt,* Festschrift für Lorenz, 1991, S. 413, 414 mwN zum internationalen Schrifttum.

[49] Vgl vorige Fn mwN.

[50] *Schütze,* Bankverträge im grenzüberschreitenden Verkehr, S. 59; *Schütze,* in: Assmann/Schütze (Hrsg), Handbuch der Kapitalanlage, 2. Aufl. 1997, § 10 RdNr 47.

2. Verbraucherdarlehen

Welche Tragweite Art. 5 EVÜ für Darlehensgeschäfte außerhalb des gewerblichen Bereichs (einschließlich Immobiliarfinanzierung) hat, gehört zu den Fragen, die am meisten umstritten sind und in der Praxis zu großen Unsicherheit führen.

Art. 5 EVÜ (Art. 29 EGBGB) schränkt die Freiheit der Rechtswahl für bestimmte **Verbraucherverträge** in der Weise ein, dass dem Verbraucher nicht der Schutz entzogen werden darf, den ihm die zwingenden Bestimmungen des Rechts gewähren, die an seinem gewöhnlichen Aufenthalt gelten (Günstigkeitsvergleich).[51]

3. Überblick zum Anwendungsbereich von Art. 5 EVÜ und zu den Gestaltungsschranken

Betroffen sind:

- Verträge über die Lieferung beweglicher Sachen
- Erbringung von Dienstleistungen
- Verträge zur **Finanzierung solcher Geschäfte**

außerhalb der beruflichen oder gewerblichen Tätigkeit des Berechtigten (Verbrauchergeschäfte).

Mit Blick auf die **Abschlussmodalitäten** sind grenzüberschreitende Geschäfte unter folgenden Voraussetzungen erfasst:

- Angebot[52] oder Werbung[53] im Aufenthaltsstaat des Verbrauchers[54] und dort Vornahme der zum Vertragsschluss erforderlichen Rechtshandlung[55] oder
- Entgegennahme der Bestellung[56] des Verbrauchers in dessen Aufenthaltsstaat (durch den Anbieter oder seinen Vertreter)[57]

Als Prinzip lässt sich formulieren, dass derjenige durch seine heimische Rechtsordnung geschützt bleibt, der als **Verbraucher zuhause** durch einen ausländischen Anbieter angesprochen worden ist und sich nicht "auf eigene Faust" über die Grenze auf einen "anderen Markt"[58] begeben hat.[59] Der

[51] *Mankowski*, RIW 1993, 453, 459.

[52] Zum weiten Verständnis, das auch invitationes ad offerendum einschliesst *Mankowski*, RIW 1993, 453, 458.

[53] Mit dem Erfordernis *produktspezifischer* Werbung OLG Schleswig = WM 1997, 991 = WuB VII B. - 1.97 *Nassal)*.

[54] Zur Erfüllung dieses Merkmals durch Internetkontakt *Junker*, RIW 1999, 809, 815 mwN.

[55] Im konkreten Fall verneinend OLG Schleswig = WM 1997, 991 = WuB VII B. - 1.97 *Nassall*.

[56] Dazu BGH NJW 1997, 1697 = WM 1997, 970.

[57] Vgl im einzelnen *Mankowski*, RIW 1993, 453, 458; zur Erfüllung dieses Merkmals durch Bestellungen per internet *Junker*, RIW 1999, 809, 811.

[58] Vgl *Mäsch*, Rechtswahlfreiheit und Verbraucherschutz (Schriften zum Internationalen Recht,

Anbieter unterliegt dann ungeachtet der Auslandsberührung und einer Wahl des eigenen Rechts den gleichen **Schranken**[60] wie bei einem **reinen Inlandssachverhalt.** Er steht also einem inländischen Anbieter gleich; das mit seiner Leistung verbundene ausländische Recht kann sich gegenüber dem Schutz des Verbrauchers in dessen Heimatstaat nicht durchsetzen.

4. Tragweite für Bankgeschäfte

Mit Blick auf die **Abschlussmodalitäten** liegt auf der Hand, dass die Voraussetzungen für die Anwendung des Art. 5 EVÜ/Art. 29 EGBGB bei ausländischen **Zweigstellen** immer gegeben sind. Der von Art. 5 EVÜ/Art. 29 EGBGB gewährleistete Verbraucherschutz steht also einem entsprechenden „Export" des Heimatrechts von Kreditinstituten entgegen. Außerhalb des Warenkaufs kommt Art. 5 EVÜ/Art. 29 EGBGB dagegen nicht zum Tragen, wenn der Kunde zum endgültigen Abschluss seinen Staat verlässt, um eine Zweigstelle des Kreditinstituts in **ihrem Sitzstaat** aufzusuchen. Bei sonstigen grenzüberschreitenden Geschäften kommt es auf die Abwicklung im Einzelfall an.

Ausdrücklich und damit zweifelsfrei erfasst sind **Kreditverträge** soweit sie zur **Finanzierung der Lieferung beweglicher Sachen** oder der **Erbringung von Dienstleistungen** an den Verbraucher dienen (gebundene Kredite).[61]

Im übrigen kommt es darauf an, ob eine **Kreditvergabe als "Dienstleistung"** zu verstehen ist. Dies könnte durch den Begriff "Finanzdienstleistung" nahegelegt sein.[62] Vor diesem Hintergrund ist sowohl in Deutschland als auch im europäischen Ausland[63] jegliche Kreditvergabe zu Konsumzwecken

Bd 62), 1993, S. 24: marktorientierte Anknüpfung.

59 In den letzten Jahren hat in der Diskussion um Art. 29 EGBGB die kreditwirtschaftlich weniger interessante Fallgestaltung im Vordergrund gestanden, dass im Ausland gezielt deutsche Touristen angesprochen wurden, die sich nach unüberlegten Vertragsschlüssen auf das gewohnte Verbraucherschutzniveau (Widerrufsrecht) berufen möchten; vgl dazu aus der Flut einschlägiger Veröffentlichungen *Jayme*, IPRax 1990, 220 ff; *Klingsporn*, WM 1994, 1093 ff; *Kohte*, EuZW 1990, 150 ff; *Lüderitz*, IPRax 1990, 216 ff, *Mankowski*, IPRax 1991, 305 ff mwN., *Taupitz*, BB 1990, 642; *Mäsch*, Rechtswahlfreiheit und Verbraucherschutz (Schriften zum Internationalen Recht, Bd 62), 1993, S. 112 ff.

60 Ausführlich zur noch weitergehenden Schutzkumulation *Mäsch*, Rechtswahlfreiheit und Verbraucherschutz (Schriften zum Internationalen Recht, Bd 62), 1993, S. 26 ff.

61 Sog. gebundene Finanzierungskredite, vgl *de Bra*, Verbraucherschutz durch Gerichtsstandsregelungen im deutschen und europäischen Zivilprozessrecht, 1992; S. 155; *Grundmann*, IPRax 1992, 1, 4 mwN; BGHZ 123, 380, 384f. = NJW 1994, 262 = WM 1994, 14; zu Einzelfragen *Schnelle*, Die objektive Anknüpfung von Darlehensverträgen im deutschen und amerikanischen IPR (Schriftenreihe der Gesellschaft für Rechtsvergleichung, Bd 157), 1992, S. 163.

62 *Reithmann/Martiny*, Internationales Vertragsrecht, 5. Aufl 1996 RdNr 495.

63 *Sousi-Roubi*, Revue de droit bancaire et de la bourse, 1990, 155; vgl auch *Witz*, Verbraucherschutz bei der Kreditvergabe (Frankreich), in: *Hadding/Welter* (Hrsg), Rechtsfragen bei Bankdienstleistungen im Europäischen Binnenmarkt (Schriftenreihe der Europäischen Rechtsakademie, Bd 5), 1994, S. 273, 283 mwN zur früher h.M. in Frankreich.

(einschließlich Wohnungsbau) ins Blickfeld des Verbraucherschutzes gem. Art. 5 EVÜ geraten.[64]

Aus heutiger Sicht ist in der **deutschen** Rechtsprechung[65] und im Schrifttum[66] geklärt, dass nur „gebundene Finanzierungskredite"[67] außerhalb der Immobilienfinanzierung dem **kollisionsrechtlichen Verbraucherschutz** gem. Art. 29 EGBG/Art. 5 EVÜ unterfallen.[68] Die Klärung durch die deutsche Rechtsprechung trägt im internationalen Geschäft natürlich nicht weit; auf der anderen Seite des Rheins, jedenfalls in Colmar, sieht man dies offenbar anders, aber ganz genau weiß man das auch nicht.

5. Entscheidung der Cour d'appel de Colmar vom 24.2.1999

Eine jüngere Entscheidung der Cour d'Appel de Colmar[69], hat dies zu Art. 13 EuGVÜ anders entschieden. Zu dieser Vorschrift ergab sich (bei fast identischem Wortlaut) die parallele Fragestellung, ob statt freier Gerichtsstandswahl gem. Art. 17 z.B. Klagen gegen den Verbraucher zwingend an seinem Wohnsitz zu erheben sind. Davon hing im konkreten Fall ab, ob die Bank als Darlehensgeberin in Frankreich verklagt werden konnte (auf Feststellung der Nichtigkeit des Darlehensvertrags wegen

[64] Vgl *Schütze*, Bankverträge im grenzüberschreitenden Verkehr, S. 83, 89: Der gesamte Katalog der Bankgeschäfte des § 1 Abs. 1 KWG als Dienstleistung iS des Art. 29 EGBGB; ferner *Etzkorn/Schäfer*, Der langfristige Kredit 1992, 255, 256; wohl auch *Grundmann*, Das Europäische Bankaufsichtsrecht wächst zum System, S. 31; auch noch *Strub*, Bankdienstleistungen im Binnenmarkt, 1994, S. 85; im bewussten Gegensatz zu Wortlaut und in Kenntnis der Genese *Reich*, Die Verwirklichung von Verbraucherschutz im Kreditbereich in: Hadding/Hopt, Das neue Verbraucherkreditgesetz (Schriftenreihe der Bankrechtlichen Vereinigung, Bd. 3), 1991, S. 29, 43 f.; *ders* NJW 94, 2128, 2130 mwN.

[65] BGHZ 123, 387, 380 = NJW 1994, 262 = WM 1993, 14; BGH NJW 1994, 262 = WM 1994, 14, 15.

[66] Vgl schon sehr frühzeitig *v. Hoffmann*, IPRax 89, 261, 267; *Reithmann-Martiny*, Internationales Vertragsrecht, 5. Aufl 1996 RdNr 439; MünchKomm-*Martiny*, 3. Aufl. 1998, Art. 29 EGBGB RdNr 10; Palandt-*Heldrich*, Art. 29 EGBGB RdNr 2; *Habersack*, Verbraucherschutz bei der Kreditvergabe, insbesondere bei grenzüberschreitenden Geschäften (Deutschland), in: *Hadding/Welter* (Hrsg), Rechtsfragen bei Bankdienstleistungen im Europäischen Binnenmarkt (Schriftenreihe der Europäischen Rechtsakademie, Bd 5), 1994, S. 361; *Klotz*, RIW/AWD 1997, 197, 198; *Schnelle*, Die objektive Anknüpfung von Darlehensverträgen im deutschen und amerikanischen IPR (Schriftenreihe der Gesellschaft für Rechtsvergleichung, Bd 157), 1992, S. 164; *Stöcker/Schäfer*, Der Langfristige Kredit 1995, 614; ferner *Bülow*, EuZW 1993, 435, 436; *Grundmann*, IPRax 1992, 1, 4 und *Jayme/Kohler*, IPRax 1993, 357, 358 unter Hinweis auf eine entgegenstehende Äusserung im französischen Schrifttum, die mit dem Wortlaut aber nicht vereinbar sei; zu Frankreich auch *Witz*, Verbraucherschutz bei der Kreditvergabe (Frankreich), in: *Hadding/Welter* (Hrsg), Rechtsfragen bei Bankdienstleistungen im Europäischen Binnenmarkt (Schriftenreihe der Europäischen Rechtsakademie, Bd 5), 1994, S. 273, 283.

[67] Verträge zur Finanzierung eines solchen (Lieferung beweglicher Sachen und Dienstleistungen) Geschäfts.

[68] Dazu kritisch *Mäsch*, S. 102 Fn. 30; *Imhoff-Scheier, aaO, S.* 192 und *Reich*, NJW 94, 2128, 2130 mwN; vgl. auch *Knaul, aaO*, S. 273 ff.

[69] ZIP 1999, 1209 mit Urteilanmerkung *Reich*, ZIP 1999, 1210; vgl. auch Cour d'Appel de Versailles RIW 1999, 884; dazu ausführlich *Lutz/Neumann*, RIW 1999, 827.

Verstoß gegen die Vorschriften des Code de consommation). Die Argumentation der Entscheidungsbegründung lässt sich weitgehend auf die Auslegung von Art. 5 EVÜ übertragen. Sie läuft zwar dem Diskussionsstand in Frankreich entgegen[70] und auch dem Bericht zur Entstehung des Römischen Übereinkommens[71], aber für die Praxis ist diese Entscheidung ein deutliches und wichtiges Signal, zumal sie der Mitteilung der Kommission zu Auslegungsfragen über den freien Dienstleistungsverkehr und das Allgemeininteresse in der 2. Bankenrichtlinie vom 20.6.1997[72] entspricht.

6. Vorschläge der Kommission zur Änderung der verbraucherschützenden Vorschriften im EuGVÜ

Dieses Signal ist um so bedeutsamer, als sich in den letzten Jahren eigentlich genau umgekehrt gleichsam auf höherer, nämlich europäischer Ebene ein starkes Argument für die Auslegung im Sinne der deutschen Rechtsprechung ergeben hat. Die Kommission hat Änderungsvorschläge zum EuGVÜ ausgearbeitet, und zwar speziell im Hinblick auf die Einbeziehung von Darlehensverträgen.

Der Vorschlag vom 14.7.1999 sieht in Ziffer 3 ganz allgemein vor, dass ein Verbrauchergerichtsstand besteht, wenn ein beruflicher oder gewerblicher Anbieter grenzüberschreitend tätig ist und dort mit Verbrauchern Geschäfte abschließt. Diese Formulierung erfasst nun **alle Verbrauchergeschäfte**, also z.B. auch Immobiliarkredite.

Die **zunächst** vorgelegte Entwurfsfassung[73] war noch aufschlussreicher: sie hat nur Darlehen im Sinne der **Verbraucherkreditrichtlinie** erfasst, also gerade **nicht** den **Immobiliarkredit**. Dies bedeutet: Im Verständnis der Kommission, die sich um eine Weiterentwicklung des EuGVÜ bemüht hat, war weder der Immobiliarkredit noch das sog. freie Verbraucherdarlehen (ohne Bindung an einen bestimmten Erwerb) ein Fall des Art. 13 EuGVÜ. Das Urteil von Colmar geht hierauf nicht ein; vermutlich waren die Änderungsbestrebungen nicht bekannt und auch die Bank hat sich wohl nicht auf dieses durchaus starke Argument berufen.

[70] *Audit,* Droit International Privé, 1992, S. 643: *„Le contrat doit avoir pour objet la fourniture d'objets mobiliers corporels ou de services, ou le financement d'une telle fourniture; sont ainsi notamment exclus les contrats ayant pour objet l'achat d'immeubles.“*; *Witz,* Verbraucherschutz bei der Kreditvergabe (Frankreich), in : *Hadding/Welter* (Hrsg), Rechtsfragen bei Bankdienstleistungen im Europäischen Binnenmarkt (Schriftenreihe der Europäischen Rechtsakademie, Bd 5), 1994, S. 273, 283; *Burnside,* Revue Banque et Droit 1993, 19; *Mayer,* Revue Banque et Droit 1993, 44; *Synvet,* Revue Banque et Droit 1993, 15; vgl. auch *Klotz,* RIW 1997, 198.

[71] Giuliano/Lagarde, Abl. 1980 Nr. 282, 23, zu Art. 5.

[72] SEK (97) 1193 endg.

[73] Vorschlag für einen Rechtsakt des Rates über die Ausarbeitung des EuGVÜ (KOM (97) 609 endg. vom 26.11.1997.

Mittlerweile ist das EuGVÜ durch die Verordnung EG Nr. 44/2001 (Brüssel I – VO)[74] ersetzt.[75] Art. Abs. 1 Ziff. 3 erfasst nun alle Verbrauchergeschäfte, also zweifelsfrei auch Darlehen. Damit ist diese Frage für das Internationale Verfahrensrecht geklärt,[76] aber für das EVÜ gelten noch die vorstehenden Erwägungen.

7. Wertpapiergeschäfte als Verkauf von beweglichen Sachen/Waren?

Sowohl für die Kreditwirtschaft als auch für die vergleichende Rechtswissenschaft ist die Frage von Interesse, ob die Veräußerung von Wertpapieren als „Lieferung beweglicher Sachen" i.S.d. Art. 5 EVÜ zu beurteilen ist. Aus deutscher Sicht liegt es eigentlich nahe, diese Frage zu bejahen. Jedenfalls[77] **Wertpapiere i.e.S.**, also z.B. **Inhaberschuldverschreibungen nach §§ 793 ff. BGB** unterliegen nach deutschem Recht den Regeln über **bewegliche Sachen**. Aus den Materialien des Übereinkommens ergibt sich allerdings klar, dass im Rahmen des Art. 5 EVÜ Wertpapiergeschäfte nicht erfasst werden sollen.[78] Es stimmt optimistisch für die Perspektive einer einheitlichen Auslegung des EVÜ, dass die deutsche Rechtsprechung davon Abstand nimmt, einseitig die deutsche Sicht zugrunde zu legen.[79] Der BGH hat zu erkennen gegeben, dass er diesen Standpunkt auch bei der Anwendung des Art. 29 EGBGB zugrundelegt.[80] Eine bemerkenswerte Entscheidung des LG Darmstadt[81] hat sich ausdrücklich hierfür ausgesprochen und damit auch nach rechtsvergleichender Analyse die Zustimmung des Schrifttums gefunden.[82]

Soweit allerdings Kreditinstitute **im Anschluss an den** Erwerb oder für ihren Kunden tätig werden, der Wertpapiere von Dritten erwirbt[83], kommen

[74] ABl. EG Nr. L 12 vom 16.1.2001, S. 1.

[75] Mit der Ausnahme von Dänemark; vgl. dazu im einzelnen *Geimer*, IPRax 2002, 69, *Wagner*, IPRax 2002, 75; *Reich/Carvalho*, VuR 8/2001, 296; *Micklitz/Rott*, EuZW 2001, 325; *dies.*, EuZW 2002, 15; *Hausmann*, The European Legal Forum, Heft 1-2000/01, 40.

[76] Nun kommt es allerdings darauf an, ob die Tätigkeit des Anbieters auf den Heimatstaat des Verbrauchers „ausgerichtet" ist. Internetauftritte können anhand dieses Kriteriums weitreichende Bedeutung erlangen; vgl. dazu die gemeinsame Erklärung des Rates und der Kommission im Vermerk des Generalsekretariats des Rates der EU für den AstV/Rat vom 14.12.2000, in der korrigierten Fassung vom 20.12.2000 (14139/00 und 14139/00 COR2(de)-JUSTCIV 137) Anlage II Nr. 1, angenommen mit der Brüssel I-VO Nr. 44/2001.

[77] Auch Wertpapiere (nur) im weiteren Sinn sind Sachen iSd § 90 BGB, unterliegen aber wegen § 952 BGB Sonderregeln.

[78] Bericht Giuliano/Lagarde, BT-Dr 10/503, 36, 55.

[79] Vgl Art. 36 EGBGB betreffend die einheitliche Auslegung; dazu *Reinhart*, RIW 1994, 450.

[80] BGHZ 123, 380, 387 = NJW 1994, 262 = WM 1994, 14.

[81] LG Darmstadt WM 1994, 1565, 1568 = NJW-RR 1994, 684.

[82] *Thorn*, IPRax 95, 294, 296 nach einem Blick auf das englische und französische Recht.

[83] S zu den verschiedenen Abwicklungsformen *Kümpel*, WM 1995, 137, 138 ff.

Dienstleistungen i.S.d. Art. 5 EVÜ /Art. 5 EGBGB in Betracht.[84] Dies betrifft etwa die Verwahrung von Wertpapieren und die Vermögensverwaltung.[85]

8. Kommissionsverträge, die auf Durchführung von Termingeschäften gerichtet sind

Seit einigen Jahren steht die deutsche höchstrichterliche Rechtsprechung vor der Frage, ob **Kommissionsverträge**[86] im Zusammenhang mit Börsentermingeschäften Verbrauchergeschäfte sind.[87] In erster Linie war dies klärungsbedürftig, um über die Zulässigkeit einer Klage am Verbrauchergerichtsstand gem. Art. 14 i.V.m. Art. 13 EuGVÜ entscheiden zu können. Die Grenzen der Rechtswahlfreiheit gem. Art. 5 EVÜ hängen aber ebenfalls hiervon ab.[88]

Zwar dienen diese Verträge im Regelfall jedenfalls bei engerem Verständnis nicht **der beruflichen oder gewerblichen Tätigkeit** des Kunden. Es ist aber fraglich, ob Kommissionsverträge auf eine **Dienstleistung** gerichtet sind[89], und speziell bei Termingeschäften mögen sie bei unbefangener Betrachtung auch nicht ohne weiteres als Verträge eines Verbrauchers[90] anzusehen sein. Der Bundesgerichtshof hat deshalb dem EuGH diese Frage neben anderen zur Auslegung des Art. 13 EuGVÜ vorgelegt.[91] Der EuGH[92] hat sich mit ihnen allerdings aus Gründen des Einzelfalls nicht auseinandergesetzt.[93] Auch eine weitere Vorlage[94] brachte insofern keinen größeren Ertrag.[95] Die

[84] Vgl LG Darmstadt WM 1994, 1565, 1568 = NJW-RR 1994, 684; zu Kommissionsgeschäften s. sogleich.

[85] *Thorn,* IPRax 1995, 294, 298.

[86] Zu Eigengeschäften *v. Gronau* Die Börsentermingeschäfte mit Auslandsberührung nach der Kodifizierung des Internationalen Vertragsrechts im IPR-Gesetz vom 25. 7. 1986, 1990, S. 59 (keine Dienstleistung iSd Art. 29 EGBGB).

[87] Vgl BGH NJW 87, 3193 = WM 87, 1153 = EWiR § 764 BGB 1/87 *Welter*; dazu: *Samtleben,* IPRax 1989, 148.

[88] Zur jedenfalls im Grundgedanken bestehenden Parallelität von Art. 5 EVÜ und Art. 13 EuGVÜ: *Rauscher,* IPRax 1995, 289, 291.

[89] Bejahend *Gronau,* Die Börsentermingeschäfte mit Auslandsberührung nach der Kodifizierung des Internationalen Vertragsrechts im IPR-Gesetz vom 25. 7.1986, 1990, S. 65.

[90] Gegen Verbrauchereigenschaft in diesem Fällen *Triebel/Peglow,* ZIP 87, 613, 616 und *Schlosser,* Festschrift für Steindorff, 1990, 1379, 1383; anders *v. Gronau,* Die Börsentermingeschäfte mit Auslandsberührung nach der Kodifizierung des Internationalen Vertragsrechts im IPR-Gesetz vom 25. 7.1986, 1990, S. 61 und *Wach/Weberpals,* AG 1989, 196.

[91] NJW 1991, 1632 = WM 1991, 360 = WuB VII B.1. Art. 13 EuGVÜ 1.91; *Thode* = EWiR Art. 13 EuGVÜ *Geimer.*

[92] EuGHE I 1993, 139 = NJW 1993, 1251 = IPRax 1995, 92=EWiR Art. 14 EuGVÜ *Heinemann.*

[93] Vgl. im einzelnen *Koch,* IPRax 1995, 71.

[94] NJW 1993, 2640 = EuZW 1993, 518 = WM 1993, 1215 = WuB VII B.1.Art. 13 EuGVÜ 1.93 *Nassall.*

deutschen Instanzgerichte wenden dagegen ohne weiteres Art. 29 EGBGB (Art. 5 EVÜ) auf solche Kommissionsgeschäfte an.[96]

E. Die Tragweite international zwingender Normen iSd Art. 7 Abs. 2 Bankgeschäfte

Zum Schluss will ich wenigstens zur Überleitung auf den nächsten Vortrag die Bestimmung ansprechen, die wohl am meisten geeignet ist, Unsicherheit in die Gestaltung grenzüberschreitender Bankgeschäfte hineinzutragen: Art. 7 Abs. 2 EVÜ. Die entscheidende Frage lautet, welche Bestimmungen seiner Rechtsordnung wird der angerufene Richter als solche ansehen, die den Sachverhalt unabhängig von dem sonst anwendbaren Recht zwingend regeln?[97]

Für Bankgeschäfte grenzüberschreitende Bankgeschäfte liegt darin ein kaum beherrschbares Risiko. Ich pflege dies daran deutlich zu machen, dass ich mich nicht in der Lage sehe, zum deutschen Recht eine sichere Prognose zu wagen, ob etwa die national zwingenden Bestimmungen des deutschen Darlehensrechts zu Kündigungsmöglichkeiten des Darlehensnehmers (§ 609 a Abs. 1 Nr. 3 a.F., jetzt § 489 Abs. 1 Nr. 3 BGB) im Sinne von Art. 7 Abs. 2 EVÜ zwingend sind.[98] Um so schwerer fällt die Einschätzung der Rechtslage im Ausland.

Sehr heikel ist für die Anbieter von Bankdienstleistungen auch die Frage, in welchem Verhältnis eigentlich Art. 5 zu Art. 7 Abs. 2 EVÜ steht. Im Ergebnis ist es für sie gleichgültig, ob in unserem Eingangsbeispiel die französischen Gerichte die Wahl deutschen Rechts an der einen oder der anderen Vorschrift scheitern lassen und stattdessen französisches Recht anwenden. Insofern kann der Streit müßig erscheinen, ob insbesondere Immobiliarkredite Art. 5 unterfallen.

Bei näherem Zusehen ist auch dies allerdings noch etwas komplizierter. Im Fall von Art. 5 ist klar geregelt, unter welchen Voraussetzungen die Regeln im Staat des Verbrauchers anwendbar sind, also z.B. nicht, wenn der Verbraucher „auf eigene Faust" im Ausland ein günstigeres Angebot gesucht und wahrgenommen hat (Möglichkeiten des Internet, z.B. bei

[95] EuGHE I 1994 = WM 1995, 99 = WuB VII B.1.Art. 13 EuGVÜ 1.95 *Nassall* mit einer Entscheidung der vorgreiflichen Frage, ob Art. 13 EuGVÜ voraussetzt, dass der Anbieter in einem Vertragsstaat seinen Sitz hat oder dort wenigstens eine Zweigstelle unterhält; dazu ausführlich *Rauscher* IPRax 1995, 289 ff.

[96] OLG Düsseldorf WM 1994, 376 = NJW-RR 1994, 1132 = WuB I G 5. Börsenrecht 4.94 *Rauscher;* OLG Düss WM 1996, 1489 = WuB VII B. Art. 5 EuGVÜ 1.96 *Nassall*; OLG Köln EwiR Art. 29 EGBGB 1/98, 455 *Mankowski* (Unwirksamkeit der Schiedsabrede); vgl auch MünchKomm-*Martiny,* 3. Aufl. 1998, Art. 28 EGBGB RdNr 9.

[97] Vgl dazu als Beispielfall außerhalb des Bankrechts OLG Frankfurt RIW 2001, 374 (Verbot erfolgsabhängigen Honorars für Rechtsanwälte); s. auch EuGH RIW 2001, 133 (Entschädigungsanspruch von Handelsvertretern).

[98] Vgl. dazu schon ausführlich *Welter,* Kreditvergabe und Kreditsicherung über die Grenze, in: *Hadding/Welter* (Hrsg), Rechtsfragen bei Bankdienstleistungen im Europäischen Binnenmarkt (Schriftenreihe der Europäischen Rechtsakademie, Bd 5), 1994, S. 25, 34 f.

Immobiliarfinanzierungen). Art. 7 Abs. 2 enthält solche Regeln nicht; aus allgemeinen Grundsätzen wird gefolgert, dass die Anwendung dieser Vorschrift voraussetzt, dass trotz Auslandsberührung ein **Inlandsbezug** besteht, der über die inländische internationale Zuständigkeit hinausgeht.[99] Präzise ist dies freilich nicht, insbesondere gilt hier nicht mehr die Regel, dass der Anbieter die Grenze zum Kunden überschreiten muss, damit dessen Rechtsordnung maßgeblich wird. In Frankreich geht man etwa im Anschluss an eine ministerielle Auskunft aus der Entstehungszeit des einschlägigen Gesetzes[100] davon aus, dass es bei Immobiliarkrediten genügt, dass die verpfändete **Immobilie** in Frankreich liegt und der **Darlehensnehmers** dort seinen **Wohnsitz** hat.[101].

Welche Bedeutung das EVÜ für grenzüberschreitende Bankgeschäfte im Binnenmarkt in Zukunft haben wird, hängt mithin ganz entscheidend davon ab, wie Art. 7 Abs. 2 verstanden und angewandt wird. Dank der umsichtigen Planung der ERA wird sich der nächste Vortrag mit dieser zentralen Fragestellung beschäftigen. Darauf dürfen wir sehr gespannt sein, nachdem ich Ihnen hoffentlich verdeutlichen konnte, welche Tragweite hiermit für Bankgeschäfte im Binnenmarkt verbunden ist.

[99] *Kohte*, EuZW 1990, 150, 153; *Knaul*, Auswirkungen des europäischen Binnenmarktes der Banken auf das internationale Bankvertragsrecht unter besonderer Berücksichtigung des Verbraucherschutzes (Europäische Hochschulschriften: Reihe 2, Rechtswissenschaft, Bd 1686), 1995, S. 294 ff.

[100] Réponse ministérielle du 16.12.1980, J.O. Sénat du 5 février 1981, 183.

[101] *Santacreu*, La protection de l'emprunteur immobilier, 1982, RdNr. 28 ff; *Witz*, Verbraucherschutz bei der Kreditvergabe (Frankreich), in: *Hadding/Welter* (Hrsg), Rechtsfragen bei Bankdienstleistungen im Europäischen Binnenmarkt (Schriftenreihe der Europäischen Rechtsakademie, Bd 5), 1994, S. 273, S. 273, 284 (also keine Anwendung bei Finanzierung eines Hauserwerbs in Frankreich, wenn der Kreditnehmer in der Bundesrepublik ansässig ist).

Mandatory rules and ordre public

PROF. DR. DR. H.C. MULT. OLE LANDO

A. Introduction

In the following I shall deal with the problems, which a court or an arbitral tribunal sitting in the EU faces when mandatory substantive rules claim application to an international commercial dispute[1]. I will deal with disputes between commercial enterprises and not disputes to which a consumer or an employee is a party.

A mandatory rule (*zwingende Rechtsnorm, règle impérative)* is a well-known concept on the European Continent. The Rome Convention on the Law Applicable to Contractual Obligations[2] (hereinafter RC) gives in art 3 (3) a definition of a mandatory rule. It is a rule of law which cannot be derogated from by contract.

Among the mandatory rules some *protect one of the parties* to the contract, typically the weak party, others are given in the interest of society at large[3], one may say to protect society against the parties. A rule, which prevents a party from excluding or restricting his liability for breach of contract, belongs to the former category. Rules, which prohibit the import of narcotics or the export of cultural goods, belong to the latter category. Most of these latter rules and some of the party protecting rules express a strong governmental interest. They must be applied whatever the law applicable to the contract. The French call them *lois de police*[4]. In English they are called *overriding statutes* [5] or *directly applicable rules*. Other mandatory rules are *"ordinary" mandatory rules*. They are not carried by the same strong governmental interest.

[1] Literature cited by the words in italics: *Dicey and Morris*, Conflict of Laws, 13. ed. London 2000; Staudinger, BGB 13 ed. Einführungsgesetz zum Bürgerlichen Gesetzbuch IPR art. 27-37, Berlin 2000 ed. Ulrich Magnus – *STAUDINGER- MAGNUS;* Report on the Convention on the Law Applicable to Contractual Obligations by Mario Giuliano and Paul Lagarde, OJEC L 266 of 9 October 1980, *Official Comment.*

[2] Opened for signature in Rome on June 19,1980 (80 /934 EEC) OJEC 1980 L 266/1.

[3] The author has chosen these terms although he is aware of the fact that it is also in the public interest to provide rules which protect the parties or one of them.

[4] See the French title of art 7 of the RC.

[5] Dicey-Morris (Collins) 32-133.

B. State courts facing mandatory rules

I. Mandatory rules of the law applicable to the contract

The mandatory, ordinary as well as directly applicable, rules of the law which under the RC articles 3 and 4 governs the contract, will apply to the extent these rules claim application to the issue. This is provided in article 8 under which the existence and validity of a contract or of any term of a contract shall be determined by the law which would govern it if the contract or term were valid. In general, the mandatory rules of other laws than the law governing the contract under arts 3 and 4 of the RC will not apply to the contract. There are however exceptions to this rule.

II. The failing relationship with the chosen law. The internal contracts

One exception is provided in art 3 (3) of the RC. It lays down that the fact that the parties have chosen foreign law, whether or not accompanied with the choice of a foreign tribunal, shall not, where all the other elements relevant to the situation at the time of the choice are connected with one country only, prejudice the application of the mandatory rules of that country.

This rule prevents parties to a contract which only has connection with one country to evade the mandatory rules of that country by choosing the law of a foreign country. Two German enterprises which make a contract which is to be performed in Germany cannot avoid a mandatory rule of German law by choosing the law of New York which does not have that mandatory rule.

The EU is not one country. Under art 3 (3) parties from two EU countries may avoid the mandatory rules of the EC legislation, by choosing a law of a non- EU country. For instance, art 12 in the Council Directive of 25 July 1985 on product liability provides that the liability of the producer arising from the Directive cannot in relation to the injured person be limited or excluded by a provision limiting his liability or exempting him from liability. This rule has been implemented in the national laws of the Member States. It would be reasonable that in relation to the community law the European Union is to be treated as one country, and that art 3 (3) of the RC should apply. An Italian seller and a German buyer of goods should not be permitted to avoid the rule in article 12 by submitting the contract to a non-EU State which does not have that rule. Therefore the European Group of Private International Law has proposed to add the following rule to art 3 (3): The fact that the parties have chosen the law of a third country (i.e. a country not belonging to the EU and the EEA), whether or not accompanied with the choice of a tribunal in a third country, shall not, where all the other elements relevant to the situation at the time of the choice are connected with one or more countries in the EU and/or the EEA, prejudice the application of the mandatory rules provided by the EU which would be applicable without the choice of law.

On the other hand, if the chosen law has a relationship to the contract, the courts will uphold the choice of law, even though the parties thereby avoid the mandatory rules of the law, which would be applicable in the absence of the choice of law. Belgium has, for instance, provided mandatory rules to protect the distributor.[6] The manufacturer must, for instance, observe a term of notice of a certain length if he wants to dismiss the distributor and must then pay an indemnity to the distributor for the latter's loss of customers. If an English manufacturer appoints a distributor in Belgium to be the only person in that country who can buy the manufacturer's products in order to resell them there, and the parties choose English law to govern their contract, an English court would probably uphold their choice, and the Belgian rules would not apply.

III. The public policy (ordre public)

Another exception to the rule that the proper law of the contract governs its validity is the public policy. Art. 16 of the RC lays down that the application of a rule of the law of any country specified by this Convention may be refused if such application is manifestly incompatible with the public policy (*ordre public*) of the forum.

The *ordre public* comes into operation when foreign law is applicable. The application of the foreign rule is then refused because the *result* of its application is *manifestly* incompatible with "fundamental principles of justice, some prevalent conception of good morals, some deep-rooted tradition of the common weal"[7] in the law of the forum. In the Official Comment to art 16 it is said that the provision includes the public policy of the European Community (now the Union) which has become an integral part of the Member States. The public policy however, will only come into operation when the application of a foreign rule of law is so repugnant to the court that it must deny its application: The so-called "surrogacy contract" whereby a woman for a fee agrees to conceive a child and after birth surrender it to the family which paid her, violates the public policy of some countries.

IV. The directly applicable rules of the forum country

In some situations mandatory rules of the forum country may be applied, although the law of the forum is not the law governing the contract. Under art 7 (2) of the RC this will happen where the rules of the forum claim to be applied irrespective of the law otherwise applicable to the contract.

These are the *lois de police.* Rules which prohibit the import of narcotics or the export of cultural goods belong to this category. The Official Comment to art 7 mentions rules on consumer protection and certain rules concerning carriage as examples of directly applicable rules covered by art. 7 (2). It also

[6] Belgian Law on Unilateral Termination of Sole Distributorship Contracts of 27 July 1961 as amended by law of 13 April 1971 arts 2 and 3.

[7] See Dicey and Morris (-Collins) p 81 who quotes the New York case *Loucks v. Standard Oil Co.*, 129 N.E. 198, 202 (1918).

mentions rules on cartels, competition and restrictive trade practices, see however on the EC competition rules section 6 below.

Whether to apply the directly applicable rules referred to in art 7(2) or the *ordre public* of art 16 is a matter of approach. The court applies the directly applicable rules when they claim application to the issue before it asks itself which law is applicable to the contract. The *ordre public* comes into operation when foreign law is applicable, but the application of the foreign rule is refused because the *result* of its application is manifestly incompatible with fundamental principles in the law of the forum.

V. The scope of the directly applicable EU laws. Is it covered by the RC?

The EC directive of 1986 on the Co-ordination of the Law of the Member States relating to the Self Employed Commercial Agent provides a number of mandatory rules most of which protect the agent in his relationship with the principal. One such rule is art 17 of the Directive .Under this article the Member States must either provide that after the termination of the agency contract the agent has a claim for indemnirty for the good-will he has brought the principal, see art 17 (2), or they must give the agent a claim for compensation for the damage which he has suffered due to the termination of relations with the principal, see art 17 (3).

Under art 8 and 10 of the RC such mandatory rules of the law of a State will apply both when the parties have chosen the law of the State which has enacted the statute to govern their contract and when in the absence of a choice of law by the parties the law applicable to the contract is the law of that State. In the case of a claim for compensation the rule in art 17 of the Directive will generally apply when the agent is established in a Member State. The rule in art 17 will generally not apply if the agent is established in a Non-Member State.

Can the parties choose the law of a Non-Member State when the agent is established in a Member State?

The question of the territorial scope of the Directive arose in a dispute between the self-employed commercial agent, *Ingmar GB Limited (Ingmar*) a company established in the United Kingdom and its principal *Eaton Leonard Technologies Inc.* (*Eaton),* which was established in California (USA). *Ingmar* had been appointed as *Eaton*'s commercial agent in the United Kingdom. A clause in the contract stipulated that the law of California governed the agency contract. *Eaton* terminated the contract in 1996. *Ingmar* then brought an action against *Eaton* before the Queens' Bench Division of the High Court in England seeking payment of commission, and, pursuant to the UK Commercial Agents (Council Directive) Regulations 1993 section 17, which reproduces article 17 of the Directive, indemnity or compensation.

The English High Court held that the Regulations did not apply. The Regulations applied only where both parties to a contract were nationals of a Member State, which was not the case here. There was nothing in the Regulations or the Directive, which led it to conclude that they were to have extra-territorial effect. The law of California, which had been selected by the parties, governed the contract. The law of California had no rule granting an agent indemnity or compensation. So the High Court could not award *Ingmar* any compensation.

Ingmar then appealed this decision to the Court of Appeal which decided to refer the following question to the Court of Justice of the European Communities (CJEC) for a preliminary ruling:

"Under English law, effect will be given to the applicable law as chosen by the parties, unless there is a public policy reason, such as an overriding provision, for not doing so. In such circumstances, are the provisions of the Council Directive as implemented in the laws of the Member States, and in particular those provisions relating to the payment of compensation to agents on termination of their agreements with their principals applicable when:

(a) a principal appoints an exclusive agent in the United Kingdom and the Republic of Ireland for the sale of its products therein; and
(b) in so far as sales of the products in the United Kingdom are concerned, the agent carries out its activities in the United Kingdom; and
(c) the principal is a company incorporated in a non-EU State, and in particular in the State of California, USA and situated there; and
(d) the express applicable law of the contract between the parties is that of the State of California?".

In its judgment of 9 November 2000[8] the CJEC held that articles 17 and 18 of the Directive which guaranteed certain rights to commercial agents after termination of the agency contracts must be applied where the commercial agent carries on its activity in a Member State although the principal is established in a non-member country and a clause of the contract stipulates that the contract is governed by the law of that country.

For this ruling the CJEC gave the following reasons.

The Directive is designed to protect the commercial agent, and the purpose of articles 17 and 18 is to provide the agent with indemnity or compensation after termination of the contract. It gives Member States a precise framework within which they may choose their methods for calculating the indemnity or compensation to be granted after the termination of the contract. It follows from article 19 of the Directive that the rules are mandatory, and from article 22 that they are immediately applicable. From the second recital in the preamble of the Directive it can be seen that the harmonising measures laid down in the Directive are intended, *inter alia,* to eliminate restrictions on the carrying out of the activity of the commercial agent, to make the conditions of competition within the Community uniform and to increase the security of commercial transactions. The purpose of the regime established in articles 17 to 19 of the Directive is to protect the commercial agents' freedom of establishment and the operation of undistorted competition in the internal market. Those provisions must therefore be observed throughout the

[8] Case C-381/98: ECR 2000, I-09305.

Community if those Treaty objectives are to be attained. The Community legal order requires that a principal established in a non-member country, whose agent carries on its activity within the Community, cannot evade those provisions by the simple expedient of a choice of law clause. The purpose of the provisions in question requires that they be applied where the situation is closely connected with the Community, in particular where the agent carries on its activity in the territory of a Member State, irrespective of the law by which the parties intended the contract to be governed.

The CJEC made no mention of the RC. The result of the ruling is not incompatible with the rules of art 7 (2) of the RC. However, the reasons given by the Court indicates that the Directive provides its own rules on its territorial application.

The CJEC said that articles 17 and 18 of the Directive "must be observed throughout the Community" (no 24). They must apply "where the agent carried out its activity in a Member State although the principal is established in a non-member State, and a clause of the contract stipulates that the contract is to be governed by the law of that State" (no 26). It appears to follow from that statement that any court in the Member States will have to apply articles 17 and 18 of the Directive to any agent carrying out its activity in any Member State. This language indicates that the Directive pre-empts the rules of the RC.

This, so it seems, is also the policy of the Agency Directive. Its preamble points to the difference in national laws concerning commercial representation which substantially affect the conditions of competition and the carrying out of that activity within the Community. They are detrimental both to the protection of the commercial agents vis-vis their principals and to the security of commercial transactions. Competition should be carried out under conditions which are similar to those of a single market, and this necessitates approximation of the legal systems of the Member states to the extent required for the proper functioning of the common market.

In Åhlström and Others v. the Commission (Wood pulp I)[9] the CJEC held that certain essential competition rules laid down by the EC Treaty were applicable to agreements which had been implemented and had produced their effects on the territory of the Community. The case confirmed the rule that the mandatory EC legislation applies where economic operators have such a link with the territory of the EC that their activity will affect the interests of the Community[10]. It appears that the application in space of the mandatory rules of the EC legislation is a matter of EC law not governed by the rules of RC.

VI. Directly applicable foreign laws

Art 7 (1) on foreign directly applicable laws or *lois de police* provides:

[9] Joined cases 89/85 and others [1988] ECR 5193.

[10] See Advocate general Léger's Opinion of 11 May 2000 in Case C 381/98 *Ingmar GB Ltd v Eaton Leonard Technologies* sec. 32 and 33.

'When applying under this Convention the laws of a country, effect may be given to the mandatory rules of the law of another country with which the situation has a close connection, if and in so far as, under the law of the latter country those rules must be applied whatever the law applicable to the contract. In considering whether to give effect to these mandatory rules, regard shall be had to their nature and purpose and to the consequences of their application or non-application'.

Formerly European courts were mostly only concerned with the *lois de police* of their own country. In general they did not give effect to those of other countries. Foreign directly applicable rules were only applied when they formed part of the law governing the contract due to a choice of law by the parties or to the closest connection of the contract. Even in these cases foreign rules of a public law character were mostly denied application.

However, the observance of rules which are dictated by a strong governmental interest may be of such an importance for a country that the courts of other countries should take account of them. This holds true of antitrust rules despite of their public law character. The growing trade and traffic between nations have rendered the latter interdependent and made solidarity between them necessary. A court should be authorised to give effect to mandatory rules other than those applicable to the contract when provided by a foreign country with which the situation has a close connection.

To take an example.

A company which is established in Switzerland has promised a company in Germany to abide by resale prices fixed by the German company when selling its products in Switzerland. Resale price maintenance clauses are illegal in Switzerland, but they are, as far as this product is concerned, legal in Germany. We assume that both German and Swiss courts would in general consider the German law of the seller as the law governing the contract. However, the resale price maintenance clause violates the *lois de police* of Switzerland.

Should a German court refuse to enforce the resale price maintenance clause against the Swiss company? The conditions for giving effect to foreign law laid down in art 7 (1) is, first, that the situation has a close connection with the foreign law. Second, the foreign law must claim application to the issue, whatever be the law applicable to the contract. These two conditions are probably fulfilled in the example. Third, in considering whether to give effect to the mandatory rules, regard shall be had to their nature and purpose and to the consequences of their application or non-application. Behind this condition is the idea that the court should not give effect to foreign rules which are usurpatory or unreasonable in their claim to application. In the example this does not appear to be the case. The prohibition of resale price maintenance clauses is not foreign to German legal thinking. Therefore under art 7(1) the German court should give effect to the Swiss competition rule.

However, Germany, Austria, Luxembourg, England and Ireland, have made use of the option provided in the RC art 22 (1) not to apply art 7 (1) The

United Kingdom delegation to the Working Group that drafted the Rome Convention regarded the wording of the provision to be obscure. The word *close connection* and *the situation* provided in article 7 (1) were "a recipe for confusion... for uncertainty etc...for expense...and for delay "[11]. Commercial safety was to be given priority.

It should be noted that since art 7 (1) came into force I have not seen or heard of a single reported case in which a European court has applied art 7 (1) to give effect to a mandatory rule of a foreign country. However, even before the RC was implemented an English case hade established the principles that under English law a contractual obligation may be discharged by supervening illegality when "performance includes the doing in a foreign country of an act which the laws of that country make it illegal to do".[12] In Germany the courts have treated foreign *lois de police* as impediments which under the applicable German law relieves a party from performing an obligation[13] The question is whether the English and German rules are so different from art 7(1) that the Governments of UK and Germany were justified in making use of the option provided in article 22 of the Convention not to apply article 7 (1).[14]

C. The arbitrator facing mandatory rules

I. The arbitrator and the applicable rules of law

The question whether mandatory rules have to be observed is not only a question for the courts. Arbitrators also face it.

When deciding the substance of an international dispute the arbitrator has often a greater freedom to select the rules of law which he deems appropriate than the court[15]. It has been the policy of most legislators to establish guarantees for a fair trial by unbiased arbitrators within the framework of the submission, but to interfere as little as possible with the arbitrator's decision of the substance of the dispute. Most modern arbitration laws provide for a review neither of the conflict of laws rules nor of the substantive rules of law applied by the arbitrators to the merits of the dispute[16]. In many countries a

[11] See *Dicey & Morris -(Collins)* p 1246 (sec. 32-140).

[12] *Ralli Bros. V. Compania Naviera Sota y Aznar* [1920] 2 K.B. 287 (C.A.). In that case an English contract for the carriage of jute by sea from Calcutta to Barcelona provided for the payment of freight by the defendant charterer to the ship owner at the rate of £ 50 per ton on delivery of the cargo in Barcelona. After the date of the contract but before the arrival of the ship, a Spanish decree fixed the maximum freight on jute at £ 10 a ton and made it illegal to pay more. The ship owner's action to recover the difference between £ 10 and £ 50 was dismissed, see also Dicey-Morris 32-141ff.

[13] See STAUDINGER -Magnus Art 34 EGBGB Rz 110 ff.

[14] See STAUDINGER- Magnus Art 34 EGBGB Rz 115-118 and 138.

[15] Se the survey of national laws given in Thomas E. Carbonneau, *Cases and Material on the Law and Practice of Arbitration,* New Orleans 2000 937ff.

[16] See e.g. *Danish* Arbitration Act 1972 and Hjejle, *Voldgift* 3 ed. 1987 88 and 130, *French* Code of Civil Procedure arts 1496 and 1502, *Italian* Code of Civil Procedure art 834, *Netherlands* Arbitration Act (Code of Civil Procedure)1986 arts 1054 and 1065, and *Swiss* Private

dispute may be submitted to arbitration even if it involves the application of mandatory rules, including *public interest* rules such as rules on competition.[17] However, courts will set aside an award only if the award violates the public policy *(ordre public)* – including the directly applicable rules- of the forum country. In most countries a court cannot set aside an award which is claimed to be based on the law but which in stead is based upon the arbitrator's opinion on how the law is or should be. Such awards are probably more frequent than many arbitrators like to admit[18].

Under art 28 (1) of the UNCITRAL Model Law on International Commercial Arbitration the arbitral tribunals shall decide the dispute in accordance with such rules of law, which are chosen be the parties as applicable to the substance of the dispute. In line with this provision the laws of several countries provide that the parties may choose other substantive rules than those of a national legal system as the law. They may agree that the dispute is to be governed by the *lex mercatoria*[19]. Art 28(2) of the Model Law and several National Statutes provide that when the parties have not agreed on the law applicable to the substance of the dispute the arbitrator shall apply the law determined by the conflict of laws rules which he considers applicable. He is not bound by the choice of law rules of the Rome Convention or another law. In some of the EU Countries the arbitrator may even in the absence of a choice of rules of law by the parties decide the dispute according to the rules which he deems appropriate; see for instance the French Code of Civil Procedure art 1496. This means that the arbitrator may choose to apply the *lex mercatoria* even when the parties have not agreed upon it. However, also in these cases a court will generally set aside an award which has failed to observe the directly applicable mandatory rules of the forum country which claim application to the issue or the forum's public policy.

II. The mandatory rules of the EU

In the EU the *lois de police* of the EU are part of the law of the forum. This was laid down by the EU Court of Justice in the *WECO Swiss* case[20] where

International Law Act 1987 art 190.

[17] See for instance the decision of the US Supreme Court in *Mitsubishi Motors Corp. v. Soler Chrysler-Plymouth, Inc.* 473 U.S. 614 (1985).

[18] In 1971 and 1972 I took part in a sociological investigation on how arbitrators in Sweden and Denmark conducted themselves. We interviewed lawyers and judges, which in Sweden and Denmark could act as arbitrators, about how issues on points of law were treated. I remember that prominent Danish jurists told me that as arbitrators they always applied the strict rules of law. Later I had the opportunity of seeing how two of these jurists, one of which was a Supreme Court Justice and the other a lawyer, handled the merits of references which were to be decided by the rules of law. I discovered that they let their sense of equity and not the rules of law dictate their awards which, in my view, profited from that approach, see *Arbitration as means of solving conflicts, New Social Science Monographs* E6, Copenhagen 1973 by Britt Mari Blegvad, P.O. Bolding and Ole Lando in co-operation with Kirsten Gamst Nielsen.

[19] See also art 17 of the 1998 Rules of Arbitration of the International Chamber of Commerce.

[20] Decision of 1 June 1999 in C 126/97, ECR 1999 Page I-03055.

the Court ruled that a national court to which application is made for annulment of an arbitral award must grant that application if it considers that the award in question is in fact contrary to Article 81 of the EC Treaty (ex Article 85), where its domestic rules of procedure require it to grant an application or annulment founded on failure to observe national rules of public policy. This applies also in a case like the one before the court where neither the parties nor the arbitral tribunal had considered whether the parties' distributorship agreement was prohibited under art 81 of the EC Treaty.

These rules imply that an arbitrator in the EU or EEA who is faced with such rules will generally have to consider them even if the issue is not put before him by the parties. An arbitrator may be in doubt as to whether a rule of the EC law is directly applicable to the dispute. However, in the *Nordsee* Case[21] the CJEC decided that an arbitrator cannot submit questions to the CJEC. It is therefore left to the national courts to decide whether an agreement violates the directly applicable rules of the EC. In most of the EC countries the arbitrator cannot ask the national court either. The question may only be tried in proceedings for the annulment of the award or for its enforcement. Under these proceedings a court in the EU may then under art 234 of the EC Treaty submit the question whether the award violates the competition rules or other directly applicable rules of the EC.

III. Mandatory rules which are not EU rules

An arbitrator deciding an international dispute may face mandatory rules which are not EU rules .If they are part of the applicable law governing the contract he will generally have to give effect to such rules. This holds true both of the ordinary mandatory rules and the directly applicable rules. It is, however, doubtful whether a court will set aside or refuse enforcement of an award which has not given effect to public law rules of the applicable law of the contract.

However, the arbitrator risks to have the award set aside if it violates the directly applicable rules of the country where the award is rendered, and the award may be denied enforcement if it has violated such rules of the country where it is to be enforced[22]. In these cases the arbitrator will generally be advised to give effect to the *lois de police* even in cases where the arbitrator applies the *lex mercatoria.*

But what shall he do in cases where the foreign *lois de police* form part neither of the applicable law, nor of the law of the forum or the law of the country where the award is to be enforced?

It is submitted that the principle laid down in art 7(1) of the Rome Convention should be a guide for the arbitrator. Even in such a case a country may have a strong governmental interest in the observance of its mandatory rules. The arbitrator should give effect to the mandatory rules of the law of a

[21] Decision of 23 March 1982 in 192/81 ECR 1982 1095.

[22] This risk is diminished in case the award creditor may seek enforcement in more than one country, and the award will not violate the *lois de police* of one of these countries.

country with which the situation has a close connection, if and in so far as, under the law of that country those rules must be applied whatever the law applicable to the contract. He should not always give effect to such mandatory rules. He should consider their nature and purpose and the consequences of their application or non-application. He should give effect to mandatory rules which express the same legal values or the same or similar governmental interests as are found in his part of the world [23], but not to rules which reflect ideas which are incompatible with the legal values of the Communities.

The above remarks are only an appeal to the arbitrator who is conscious of the needs of the international community. For it is highly doubtful whether the award will be set aside or refused enforcement if the arbitrator disregards the *lois de police* mentioned above. The considerations which lie behind the principle laid down in art 7(1) of the RC are not unanimously accepted, and the rule is criticized for being too vague. The arbitrator who disregards foreign *lois de police* may at most risk the esteem of some of his equals, but he may also win the respect of those lawyers and businessmen who oppose government interventions.

[23] STAUDINGER-Magnus Art 34 EGBGB Rz 117 and 144 mentions "Interessen – und Wertegleichklang" i.e. harmony of values and interests.

The Rome Convention: Experience to date before the courts of Contracting States

MICHAEL WILDERSPIN[1]

A. Introduction

The Convention on the Law Applicable to Contractual Obligations was signed on June 19th 1980[2]. Under its Article 20 it required 7 ratifications before it could come into force. Since the seventh ratification was forthcoming only on January 20th 1991, the Convention did not come into force until April 1st 1991. The Convention has no retrospective effect (Article 17) and cannot therefore apply to contracts concluded before that date.

Nevertheless, before the date of entry into force the Convention had already been enacted into national law in Denmark, Luxembourg, Germany and Belgium. It was also frequently applied by anticipation in certain other Contracting States once it had been ratified by them.

To date there are several hundred decisions in which the Convention is cited. Admittedly, in some cases it is cited but not applied and in some others it is merely applied by anticipation. However, there is a fairly large corpus of case-law (mainly from Germany and the Netherlands) in which the Convention is applied as such to contracts made after the date of its entry into force.

The purpose of this paper is to analyze some of the case-law and to attempt to identify some of the emerging trends[3].

[1] Member of the Legal Service of the European Commission. The views contained in this paper are those of the author and do not necessarily reflect those of the European Commission.

[2] On the Convention generally, see in particular, Plender, *The European Contracts Convention,* (Sweet and Maxwell, Second edition, 2001), by Richard Plender and Michael Wilderspin, hereafter, "Plender". The work contains analysis of cases decided up to early 2001.

[3] The author gave a similar paper at the seminar entitled "The Europeanisation of Private International Law" organized by the Europäische Rechtsakademie in November 1993, which is reproduced in the documents of that seminar (1996, ed. Von Hoffmann/Lagarde). Some of the material from that paper, cited hereinafter as "Wilderspin" is reproduced in this paper. However, this paper focusses primarily on developments from 1994 onwards. This paper was delivered in 1999, but was updated shortly before publication to take account of some developments up to April 2003.

B. Review of the case-law

I. Article 3

Article 3 (1) provides that a "contract shall be governed by the law chosen by the parties. The choice must be express or demonstrated with reasonable certainty by the terms of the contract or the circumstances of the case". The expression used in the French version, namely "de façon certaine", appears to require a greater degree of certainty than the English expression "with reasonable certainty" or the German expression "mit hinreichender Sicherheit".

Implied choice of law

One of the perenially difficult problems in this area is the extent to which a jurisdiction or arbitration agreement inserted in a contract can be interpreted as constituting an implied choice of the law of the country in which the litigation or arbitration is to take place. The Giuliano-Lagarde report states that "the choice of a particular forum may show in no uncertain manner that the parties intended their contract to be governed by the law of the forum, but this must be subject to the other terms of the contract and the circumstances of the case" [4].

It is thus hardly surprising that there is some divergence on this point in the national case-law. In *Winters Arnhem BV v. SA Céodeux*[5], an early case from Luxembourg, the Tribunal d'arrondissement de Luxembourg refused to interpret a clause conferring jurisdiction on the Luxembourg courts as constituting an implied choice of Luxembourg law. It conceded that such a clause could be a pointer towards the law of the forum as applicable law but could not be relied on exclusively, in the absence of any other indicator, to infer the intention of the parties.

This approach can be contrasted with that of the courts in England. In *Egon Oldendorff v. Liberia Corporation*[6] the facts were that a contract between a German and a Japanese firm contained a clause submitting disputes to arbitration in London but no express choice of law clause. The judge held, referring to pre-Convention case-law, that there is a strong inference that the parties intended that the applicable law should be that of the country in which the arbitration is to be held. In the instant case there were no circumstances to displace this inference and the parties were therefore taken to have made an implicit choice of English law.

This approach is consistent with that taken by the English courts immediately prior to the Convention's coming into force as regards not only arbitration

[4] Cf Lagarde in Revue critique de droit international privé 1991 p. 288 "….le sens de la règle [article 3] est …d'éliminer un choix qui serait implicite, par exemple celui qui résulterait d'une clause attributive de juridiction[…]sans indice supplémentaire.".

[5] Rivista di Diritto Internazionale Privato e Processuale 1991 p. 1092.

[6] [1995] 2 Lloyds Law Reports 64, [1996] 1 Lloyds Law Reports 380.

agreements but also jurisdiction clauses. In the *Komninos* S[7] the Court of Appeal held that a contract made in Greece between Greek shippers and Greek managers for the carriage of Greek steel between Greece and Italy was governed by English law because the bill of lading stipulated "all disputes to be referred to British courts"[8].

This was also the approach traditionally taken in Germany where the Bundesgerichtshof held that a jurisdiction agreement was a "significant indicator"[9] that the parties wished the applicable law to be that of the country where the court was situated.

One can be reasonably certain that not only English but also German courts will continue to follow this approach now that the Convention is in force. The examples cited show a danger of divergence when courts are faced with a choice of forum or arbitration clause but no other indication of a choice by the parties.

An implied choice of law may also be inferred when the parties have drawn up their contract referring to the legislation of a particular country or using technical terms which derive their meaning from a particular legal system. In *Hames v Spaarkrediet*[10] the appellants, resident in Luxembourg, had taken out a personal loan from the Belgian company Spaarkrediet. The rate of interest exceeded the maximum permitted under Luxembourg law and Mr and Mrs Hames brought proceedings in Luxembourg for a declaration that the contract was void.

The Cour d'appel de Luxembourg, confirming the judgment of the Tribunal d'arrondissement de Luxembourg, held that the fact that the agreement was a standard form contract drawn up with reference to Belgian legislation, which would have to be applied to ensure the correct interpretation and operation of the contract, indicated an implicit but unambiguous choice of Belgian law by the parties.

The approach taken in this case mirrors that taken by and large by the courts in Germany. In a decision of 14 January 1999[11] the Bundesgerichtshof held in circumstances where the parties had in a building contract made specific references to German building regulations and DIN standards and had appeared to "orientate" the contract towards German law that there was sufficient evidence to conclude that the parties had intended to make a tacit ("stillschweigend") choice of that law.

The extent to which the parties, by referring in a contract to technical norms, can reasonably be taken to have impliedly selected as applicable law the system from which those norms derive, rather than simply using them as technical reference points without any thought as to a selection of the

[7] [1991]Lloyds Law Reports 370.

[8] Reversing the court of first instance which had held the jurisdiction clause to be meaningless.

[9] Judgment of 13.6.96, IPRax 1998 p 108-"gewichtiges Indiz".

[10] Cour d'appel de Luxembourg, Judgment of 15 July 1992.

[11] VII 19/98 Recht der internationalen Wirtschaft (RIW) [1999] p.537.

applicable law, is obviously a matter of degree. Indeed, the above-mentioned decision of 14 January 1999 can be contrasted with a virtually contemporaneous decision of the Bundesgerichtshof of 25 February 1999,[12] on appeal from the Oberlandesgericht Rostock which had, in very similar circumstances to those forming the subject matter of the earlier case, declined to imply a tacit choice of law by the parties and had instead characterised the references to substantially the same provisions of German law as *objective* factors which were relevant to determining the applicable law pursuant to Article 4.

In the light of these examples, one can see that Article 3 has already given rise to divergent interpretation. In view of the general wording of the article it is unlikely that the Court of Justice will be able to be of much assistance. It is probably more likely to take the view that it is national courts which are better placed to decide the essentially factual questions arising and will therefore be reluctant to rule on a case by case basis whether "a choice demonstrated with reasonable certainty" can be inferred from all the circumstances.

II. Article 4

The structure of Article 4 and the rôle of the presumptions

The provision which has given rise to most litigation so far is Article 4. This article applies (subject to Articles 5 and 6, *infra*) if the parties have not validly chosen the applicable law within the meaning of Article 3. The choice of law rule of,Article 4 is set out in paragraph 1 which provides that the "contract shall be governed by the law of the country with which it is most closely connected". Article 4(2) states that the contract is presumed to be most closely connected with the country where the party effecting the "characteristic performance[13]" is habitually resident. Paragraphs 3 and 4 set out special presumptions for the determination of the closest connection in the cases of rights in immovable property and contracts of carriage of goods respectively. Finally, paragraph 5 requires paragraph 2 to be disapplied automatically if the characteristic performance cannot be determined and it also requires the presumptions in paragraphs 2, 3 and 4 to be disregarded "if it appears from the circumstances as a whole that the contract is more closely connected with another country".

The precise relationship between paragraphs 2, 3 and 4, on the one hand, and paragraph 5 on the other, and in particular the issue of the strength of the presumptions set out in paragraphs 2, 3 and 4 is a matter of some controversy. Concentrating on paragraph 2, which is by far the most

[12] VII ZR 408/97.

[13] On the problems of identifying the characteristic performance, see Plender, op. cit, pp. 116 et seq. In a simple contract, where goods or services are paid for by money, this is a simple enough process, but may be more difficult or impossible in th ecase of more complex contracts.

important of the presumption-containing provisions, it is clear that paragraph 5 may be invoked in two entirely separate contexts.

First, if the characteristic performance cannot be determined, paragraph 2 does not apply at all and the court must apply the rule in paragraph 1 without the aid of any presumption. This may be the case where complex contracts, such as exchange of goods or services, multi-party contracts, joint ventures and so on are involved. A good example is provided by the facts of *Governor and Company of the Bank of Scotland of the Mound v. Butcher*[14] which concerned a personal guarantee signed by two guarantors, one resident in England and the other in Scotland. Since the guarantee was expressed to be „conjunct and severable", and the contract was not severable so as to permit the application of different laws to each guarantor's obligation, this was not a case wher paragraph 2 was capable of being applied[15].

In the second type of situation, where the characteristic performance can be determined but it is claimed that the contract nevertheless has a closer connection with a country other than that indicated by paragraph 2, both common sense and the wording and structure of the article suggest that in a case where it presumptively applies (ie where the characteristic performance can be determined and where neither paragraph 3 nor paragraph 4 applies) the court must provisionally determine the applicable law pursuant to paragraph 2 and discard the result thereby reached only if it gives a result which is clearly inappropriate because the other connecting factors taken as a whole point strongly towards the law of another country.

It is clear however that paragraph 5 should not be used as a means of discarding the presumptions in limine and reaching a result which the court simply finds preferable, and which may have been inspires by the forum's pre-Convention rules of private international law.

Displacing the presumptions

Regrettably, an analysis of the decisions reveals that there are a number of cases where precisely this appears to have been done. The first case is the notorious *Bloch v. Lima* judgment[16] of the Cour d'appel de Versailles, in which the national court held that Italian law was applicable to a guarantee, despite the facts that the guarantor, undoubtedly the party effecting the characteristic performance, was habitually resident in France (as was the party whose debts were being guaranteed) and that the debt was expressed in French francs, purportedly because other factors, namely the place of signature, the language and the residence of the party for whose benefit the guarantee was given, pointed to Italian law.

[14] Court of Appeal, 28 July 1998, unreported.

[15] The Court of Appeal used a classic weighing of factors approach and hence applied Scottish law, since the legal language used was Scottish and the debtor and the bank (as well as one guarantor) were resident in Scotland.

[16] 6 February 1991, discussed in detail in Wilderspin op. cit. and references cited therein.

It is extremely difficult to regard this as a proper application of paragraph 5 since the factors pointing towards Italian law were insufficiently strong to displace the presumption in favour of French law, which was in any event buttressed by other factors. By a strange coincidence the pre-Convention rule of French private international law provided that in the absence of choice the law applicable to a guarantee was that of the obligation guaranteed, in casu Italian law. It is thus difficult to avoid the conclusion that the court was simply succumbing to the temptation to apply its pre-Convention rule, while ostensibly complying with provisions of the Convention.[17]

Two cases displaying similar defects come from Portugal and Denmark respectively. The Portuguese case[18] concerned a sale by a foreign seller to a Portuguese buyer. The Portuguese court applied Portuguese law purportedly as the law of the country having the closest connection with the situation. The factor on which the court appeared to have placed the most weight was that the contract was made in Portugal, which would have been the decisive factor under the pre-Convention conflict rules of Portuguese law. The court did not explain why it deemed it appropriate to discard the presumptions of paragraph 2 in what appears to have been a perfectly straightforward case of international sale.

A similarly unsatisfactory result was reached in a Danish case[19] in which, for reasons which are not at all analyzed in the judgment, the Supreme Court applied Danish law to a contract, in the teeth of both a choice of law clause in favour of English law and Article 4(2) which also pointed towards English law.

All of these cases show in varying degrees a tendency by the courts concerned to apply pre-Convention choice of law rules and/or to select the *lex fori* as applicable law.

However, the majority of the reported judgments seem to have been much more orthodox and in line with the approach advocated *supra.* In the Netherlands the tone was set in the case of *Nouvelles des Papeteries de l'Aa v BV Machinenfabriek BOA*[20] in which the Hoge Raad stated that when the characteristic performance could be ascertained, paragraph 2 contained the *main* rule and the *exception* to that rule contained in paragraph 5 should therefore be interpreted restrictively. In other words, paragraph 2 should be disapplied only if, in the light of special factors, the country of habitual residence of the party carrying out the characteristic performance had no "real value as a connecting factor"[21].

[17] Which is somewhat ironic since the court was applying the Convention by anticipation, the relevant facts having taken place before itsentry into force.

[18] Relaçao de Lisboa, 5 Dec 1995, commented on in IPrax 1996, p. 377.

[19] Judgment of the Danish Supreme Court of 25 March 1996, Ugeskrift for Retsvaesen 1996 p. 786.

[20] Judgment of the Hoge Raad of 25 September 1992, Nederlandse Jurisprudentie 1992 p. 750.

[21] "De uitzondering moet restrictief worden gehanteerd, in dier voege dat eerst dan van de hoofdregel behoort te worden afgeweken indien...geordeeld moet worden dat de plaats van vestiging van de partij die de kenmerkende prestatie moet verrichten, geen reële

In subsequent cases the Dutch courts have taken their cue from the Hoge Raad and have applied Article 4(2) routinely without seeking to rely on the displacement clause of Article 4(5).

For example, in *C. v De Vleeschmeesters BV*[22] the courts were faced with two contracts, one a contract of sale between a Netherlands company (buyer) and a Netherlands national resident in France (C), the seller. The court applied French law by virtue of Article 4(2). The second contract was a guarantee contract whereby a Belgian resident guaranteed a debt owed by C to a French bank. In this case, the court applied Belgian law as the law of the country of habitual residence of the party furnishing the characteristic performance, namely the guarantor.

The court did not appear to acknowledge any temptation to apply a weighing of factors test which could have led to a displacement of Article 4(2), for example, in the first contract by virtue of the parties' common nationality and in the second the fact that both creditor and debtor were resident in France and the debt guaranteed was governed by French law.

Along similar lines, in *Caravan Centrum Zundert v Kreuznacher Volksbank*[23] the Hoge Raad routinely applied German law to a contract of sale of caravans by a German seller to a Netherlands buyer, despite the fact that the contract was concluded, in the Netherlands, by the seller's agent for that country who, apparently, acted in his own name.

The approach taken by the courts in the Netherlands[24] may perhaps be criticised as being somewhat inflexible and it may also risk leading to somewhat artificial results, but on the other hand it undoubtedly has the advantage of certainty and predictability and, it is submitted, is certainly to be preferred to the *Bloch* line of cases discussed supra.

In the United Kingdom the methodology of analyzing the situation in the light of the pre-Convention case-law and then examining whether the case-law is still good law after the coming into force of the Convention has already been noted with respect to Article 3 and it is therefore no surprise to note that it has also been in evidence as regards Article 4.

Even before the coming into force of the Convention, English courts had applied the test of closest connection. However, in order to ascertain what was the country having the closest connection they tended to apply a weighing of factors tests and were reluctant to set down rigid rules or even presumptions[25]. It was therefore to be expected that English courts would be reluctant to be fettered by the presumptions in paragraphs 2-4 of Article 4.

aanknopingswaarde heeft".

[22] Judgment of the Hoge Raad of 31 May 1996, Nederlandse Internationaal Privaatrecht (NIP)1997 No 116.

[23] Judgment of the Hoge Raad of 13 September 1996, NIP 1996 No 395.

[24] See also Elinga BV v. British Wool International Ltd., Hoge Raad, 29 May 1998, NIP 1998, No 288 and Gustaafsen v. Mosk Kraanverhuur, Hoge Raad, 24 October 1997, NIP 1998 No 114.

[25] Although some factors, such as place of performance, would carry more weight than others. See The Assunzione,1954 P for a classic example of the approach.

Indeed, in *Crédit Lyonnais v New Hampshire Insurance Co*[26] Hobhouse LJ went so far as to state that, formally at least, the presumption in paragraph 2 is "very weak".

In *Sierra Leone Telecommunications v Barclays Bank*[27] the question of what law governed the contract between a bank and an account holder was in issue. Cresswell J. examined a number of English authorities and concluded that "as a general rule the contract between a bank and its customer is governed by the law of the place where the account is kept". He then reconsidered this case-law in the light of the Convention and concluded that, as regards bank accounts, the principle established in the case-law was substantially unchanged.

In that case, the result was unexceptionable. However, the approach described, especially if allied to the view that the presumption in paragraph 2 is very weak, could easily lead a court into the temptation of too easily discarding the presumption contained in that paragraph if it should give an answer at variance with the national pre-Convention case-law. Indeed, recent judgments in England and Scotland have indeed shown a tendency to weigh factors and hence discard the presumption more readily than courts in, for example, the Netherlands or Germany. For example, in *Ferguson Shipbuilders Ltd. v. Voith Hydro CmbH & Co KG*[28], a German company manufactured and sold to a Scottish company a propeller system which was to be incorporated into ships being built in Scotland. The propeller systems could not function except as components of the vessels for which they were designed. A rigid application of Article 4 (2) would have led to the application of German law, but the court held that the applicable law was Scottish because the contract had a real connection only with that country. This judgment goes to the limit of what is an acceptable interpretation of Article 4[29].

In fact, that case may be seen as part of a trend developing, not only in the United Kingdom, of discarding the presumption of paragraph 2 in particular if the place of performance (*ex hypothesi* a country different from that indicated by the presumption) assumes unusual importance in the context of the contract. An interesting example can be found in the facts of *Mayer v. Deshoulières*[30] which concerned a contract for the services of an architect resident in Germany, but relating to a building project in France. Since the immovable property was situated in France, the architect had to collaborate with French architects with whom he had to share his fee (calculated in

[26] Court of Appeal (Eng), [1997] 2 CMLR 610.

[27] QBD, (Eng), [1998] 2 AER 821.

[28] [2000] S.L.T. 229.

[29] For a further recent example of a judgment in which an English court displaced the presumption contained in Article 4(2), see in particular *Definitely Maybe v. Lieberberg* [2001] WLR 1 745.

[30] Tribunal de grande instance de Poitiers, 22 December 1999, 2001 Revue critique de droit international privé, p. 670.

French francs), it was held that the prsumption was to be discarded and French law applied[31].

The majority of the national case-law on Article 4 concerns paragraph 2, as one might expect. However, there is also a certain amount of jurisprudence on the other provisions[32].

III. Article 5

The scope of Article 5

Article 5 constitutes a *lex specialis* in favour of consumers[33]. The purpose of the article is clearly to protect the consumer since, when it applies, it ensures the consumer at least the "protection afforded to him by the mandatory rules of the law of the country in which he has his habitual residence".

The conditions which must be satisfied before the article applies are quite strict. First, the subject matter of the contract must be "the supply of goods or services ... or a contract for the provision of credit for that object". Secondly, the purchaser must be a consumer, ie acting outside the context of his trade or profession[34] and, thirdly, there must be a strong connection with the consumer's country, in that **either** the conclusion of the contract was preceded in the buyer's country by a specific invitation or by advertising and the consumer took in that country the steps necessary to conclude the contract, **or** the seller or his agent received the consumer's order in that country **or,** if the contract is for the sale of goods and the consumer travelled from his country to another country to give his order, the journey was arranged by the seller in order to induce him to buy.

Where Article 5 applies, if the parties have not chosen the applicable law, paragraph 3 provides that the contract will automatically be governed by the law of the country of the consumer's habitual residence. If the parties have chosen a different law as applicable law, that choice is not invalidated but paragraph 2 nevertheless stipulates that that choice may not deprive the consumer of the protection of the mandatory rules of the country in which he is habitually resident.

It can be seen that Article 5 is complementary to Articles 13 et seq. of the Brussels Convention on jurisdiction and the enforcement of judgments in civil and commercial matters[35], although the situations to which the

[31] See also *Definitely Maybe v. Marek Lieberberg, supra.*

[32] See generally Plender, op. cit. pp. 126 to 133, and in particular, SA Assurances Utrecht v. J., Annales de Droit de Liège 1988, 100, discussed in Wilderspin op. Cit.

[33] See Plender, op. cit. Chapter 7.

[34] See the case-law of the Court of Justice on the definition of a consumer for the purpose of Article 13 of the Brussels Convention, dicussed infra.

[35] Now Articles 15 to 17 of Regulation 44/2001 on jurisdiction, recognition and the enforcement of judgments in civil and commercial matters, OJ L 12, p. 1, which applies to actions commenced after 1 March 2002.

respective provisions apply are not identical. In very many situations in which there is an arguable case that Article 5 applies, the issue of jurisdiction will therefore be governed by Articles 13 and 14 of the Brussels Convention and, if the parties are domiciled in Member States of the Community, litigation of consumer contracts will be taking place in the state where the consumer is domiciled.

There is a large amount of case-law, mostly from Germany, on the interpretation of Article 5, including the relationship of that article to Article 7(2). In the early 1990's the material was provided by the first wave of Gran Canaria cases. More recently the German courts have been busy again. Two groups of cases can be identified, namely the stock exchange futures contracts cases and the Time Share cases.

The relationship with Article 8 - The futures cases

A typical case is illustrated by the judgment of 14 January 1994 of the OLG Düsseldorf.[36] The plaintiff, resident in Germany, was persuaded by the first defendant to sign a contract whereby she authorised the second defendant to carry out stock exchange futures transactions on her behalf. The contract contained a clause selecting English law as applicable law. The transactions having proved to be less than entirely profitable (the plaintiff lost nearly 250 000 DM), she sought reimbursement of the lost money from the defendants. At first instance she succeeded against both defendants. The second defendant (the foreign principal) appealed. The OLG Düsseldorf dismissed the appeal. Whilst the result is perfectly acceptable, the reasoning is at times a little hard to follow.

The court first stated that, by virtue of Articles 3 and 8, the parties had not made a valid choice of the applicable law. It then went on to say that Article 8(2) was supplemented, as regards consumer contracts, by Article 5 which precludes a choice of law by the parties that deprives the consumer of the protection of the mandatory rules of the law of his habitual residence and which also, in the opinion of the court, related to the question of the choice of law itself.

The court then analysed Article 5 of the Convention.It held that the subject matter of the contract was "services". The plaintiff, who worked for an insurance company, was not acting in a professional capacity. The offer had been made and accepted in Germany. This was thus a classic case for invoking Article 5(2) and applying the mandatory rules of German law. The court went on to say that the plaintiff could not be expected in the circumstances to anticipate the insertion of a choice of law clause selecting a foreign law and that Paragraph 3 of the AGBG, which provides that provisions in general business conditions which are so unusual in the circumstances that the co-contractor cannot be expected to take account of them (and which, according to the court constituted a mandatory rule within

[36] OLG Düsseldorf, RIW 1994, 420.

the meaning of Article 5) are deemed not to be incorporated into the contract, was therefore applicable.

The choice of law clause was therefore wholly displaced and German law applied, by virtue of Article 5(3), as *lex causae*. Under German law the defendants were under an obligation to make good the plaintiff's loss because they had not satisfied their (pre-contractual) obligation to give the plaintiff comprehensive written information about the risks attached to the type of transactions envisaged, whereas they would not have been liable had English law applied.

The reasoning is open to a number of criticisms[37]. From a methodological point of view the OLG appears both to muddle the scope of Article 8(2) with that of Article 5 and to confuse the respective scope of paragraph 2 and paragraph 3 of Article 5 in a way which allows them to "cherry pick" selected aspects of both provisions in order to guarantee the consumer better protection. On the one hand, Article 8(2), which is the appropriate provision to invoke in order to displace a choice of law clause, does not simply permit the party invoking it to rely on his own law; he must go further and demonstrate that it was not reasonable in the circumstances to determine the question of consent by reference to the putative applicable law (in casu English). On the other hand, Article 5, which was undoubtedly applicable in the instant case, can be used to furnish the applicable law only when the parties have not chosen that law themselves. When the parties have selected the applicable law that choice remains valid and Article can be used only to guarantee the consumer the protection of the mandatory rules of his country of habitual residence (which may of course have the effect of overriding the selected law *pro tanto*) but which will not displace the choice of law clause entirely.

Effectively what the court does in this case, although it does not acknowledge the process, is to attack and strike down the choice of law clause through paragraph 2 and then to furnish a different applicable law through the application of paragraph 3.

It is not entirely clear why the court did not either use Article 8(2) to displace the choice of law clause, in which case German law would have been applicable or, in the alternative, simply characterise the obligation to give proper advice as a mandatory rule of German law, which would have enabled it to reach the same result without the necessity for any creative interpretation of the Convention. One explanation may be that it was simply not possible as a matter of German law to characterise that type of obligation as a mandatory rule. Another may be that the liability in question was actually pre-contractual (*culpa in contrahendo*). Although the liability of the agent, who was not a party to the contract concluded, could more easily be severed from the contractual context and thus governed by a law other than that which was applicable to the contract, it would have been more difficult to apply German rules on pre-contractual liability in respect of pre-contractual negotiations

[37] See in particular Mankowski's comments on this case in RIW 1994, 421.

which had ultimately resulted in the conclusion of a contract which was governed by English law. If this explanation is the correct one, it is easier to understand the temptation to "clear the decks" of English law completely to which the court succumbed.

Whatever the merits or demerits of the reasoning, the result is certainly within the spirit of Article 5 and the decision of the OLG Düsseldorf has been followed in a number of cases[38].

The relationship with Article 7(2): The Time Share cases

The second group of cases on the interpretation of Article 5 is more problematic. It concerns another generation of Gran Canaria cases. Whereas the first generation of Gran Canaria cases merely concerned imprudent purchases of household goods, the facts in the second were far more serious for the parties. In essence the "plot" was that German residents on holiday in Spain were inveigled or pressurised into signing extremely onerous Time Share agreements relating to immoveable property in Spain. Whereas under both Spanish and German law the purchaser would have had a period in which he could cancel the contract (thanks to the national provisions transposing Directive 85/577/EEC (the "Doorstep Selling Directive"), in Germany the national law being popularly known as the Haustürwiderrufungsgesetz or "HTWiG"), the contracts contained a clause selecting the law of the Isle of Man as applicable law. Apparently the law of that territory did not contain any provision allowing the consumer to cancel the contract in the circumstances of the cases.

Although the German courts in the first generation of Gran Canaria cases had flirted with the idea of extending the application *ratione loci* of Article 5 by analogy, this possibility was dismissed *in limine* in the Time-Share cases. In the first place,the German courts held that the Time–Share contracts, since they concerned an interest in real property, were not contracts for the "supply of goods or services" within the meaning of Article 5. This conclusion is in fact dubious in the light of the later Travel-Vac decision of the Court of Justice.[39] However, the finding that the condition ratione loci for the application of Article 5 were not satisfied in the cases in question is undoubtedly correct. Article 5 could not therefore be invoked to afford the protection of German law to the consumers involved.

The LG Stuttgart[40]applied the provisions of the HTWiG thanks to Article 8(2), holding that that provision could be invoked not merely to challenge whether consent had in fact been given (existence of consent) but also to demonstrate that the consent given was legally ineffective (validity of

[38] See in particular, OLG Düsseldorf, 26 May 1995, 17 U 240/95, RIW 1995, 769 and OLG Düsseldorf, 8 March 1996, 17 U 179/95, RIW 1996,681, commented on by Mankowski at RIW 1996, 1001, "IPR Aspekte bei Börsentermingeschäften".

[39] Judgment of 22 April 1999, Travel-Vac v. Sanchis, Case-423/97, discussed infra.

[40] Judgment of 13 July 1995, RIW 1996, 425.

consent). As the consumer's law (German law) allowed the consumer to withdraw his consent he could therefore avoid the contract.

The LOG Celle[41] applied the HTWiG as an "internationally mandatory rule" (international zwingende Vorschrift) by virtue of Article 7(2) on the ground that this law had been adopted in an international context (in order to transpose an EC Directive) and in order to deal with an international problem. It would lose much of its effectiveness if it were interpreted as applying only to contracts the applicable law of which was German law.

These particular escape routes were firmly barred by the Bundesgerichtshof, in an important judgment of 19 March 1997[42], which is a piquant mixture of extreme orthodoxy and highly creative interpretation.

In the first place, the BGH, impliedly disapproving the solution reached by the LG Stuttgart, held that Article 8(2) could not be invoked to permit the application of the HTWiG. Article 8(2) merely gave an opportunity to challenge the *existence* of consensus and did not address the question of the *effect* of consent in a particular case. By contrast, the HTWiG affected only the effect of consensus, in that it permitted the consumer to withdraw his consent to being bound by the contract or, to formulate the proposition differently, suspended the operation of the contract for the duration of the period allowed for withdrawal. It did not however affect the question of whether consensus ad idem existed. It is submitted that this part of the judgment is entirely correct.

In the second part of the judgment, the BGH held that recourse to Article 7(2) was excluded in the circumstances even if the HTWiG did constitute an "international zwingende Norm". The BGH's reasoning may be resumed as follows:

"When a consumer contract falls rationae materiae within Article 5,but that article is not applicable because the contract has not been concluded in any of the circumstances listed therein, recourse to Article 7(2) is also excluded since Article 5 is a *lex specialis* which exhaustively defines the circumstances in which mandatory rules can be invoked in relation to a consumer contract within the meaning of that article. Furthermore, even if, as in the instant case, a consumer contract does *not* fall *ratione materiae* within Article 5, recourse to Article 7(2) is nevertheless restricted. In order to avoid the risk of a consumer having greater protection when the contract does not fall *ratione materiae* under Article 5 than he would do when it does so fall, (which risk would exist if there were no restriction on the use of Article 7(2) where the consumer contract did not fall *ratione materiae* under Article 5), mandatory rules of the forum may be invoked only if the contract has been concluded in one of the circumstances listed in Article 5. The result is that irrespective of whether a consumer contract falls *ratione materiae* under Article 5, mandatory rules of the consumer's country of habitual residence may be

[41] Judgment of 13 February 1996, RIW 1996, 963.

[42] VIII ZR 316/96, RIW 1997, 875, noted Lagarde, Revue critique de droit international privé, 1998, p. 619.

invoked only if the contract is concluded in one of the circumstances listed in Article 5."

This reasoning raises a number of questions. Most importantly, is it correct to assert that Article 5 is a *lex specialis* ousting the potential application of Article 7(2)? The Giuliano-Lagarde report contains nothing specific on the point but, in listing examples of rules of the forum which may fall under Article 7(2), it mentions inter alia rules of consumer protection, which of course are clearly capable of falling under Article 5. This at least implies *a contrario* that there is no objection to such rules being invoked potentially under either provision.

On the other hand, it is true that Professor Lagarde himself appears to take a different view[43].

With respect this view overlooks the fact that Articles 5 and 7(2) operate on two different bases. Article 5(2) *requires* the judge to apply mandatory rules of consumer protection of the law which in the absence of the choice made by the parties would by virtue of Article 5(3) be the *lex causae*. The fact that this law may incidentally also be the *lex fori* is, so far as the operation of Article 5 is concerned, irrelevant. By contrast, Article 7(2) *permits* the judge to apply rules of his *own law* (the *lex fori*) if, under that law they are required to be irrespective of the lex causae. Despite the fact that both articles use the expression "mandatory rules", it is clear that two different types of rule are in issue, namely rules which cannot be contracted out of in a domestic situation and "overriding rules" respectively[44].

There would therefore seem to be no objection in principle to the consumer invoking the protection of the *lex fori's* consumer protection rules when Article 5 does not permit him to invoke the protection of the law of his home country, even when these two laws happen to coincide. This indeed is the view expressed in Dicey and Morris[45] and is inherent in the reasoning of the Cour d'appel de Luxembourg in the case of *Hames v Spaarkrediet,* cited supra, in which the court, having held that Article 5 did not apply because the contract had not been made in Luxembourg, proceeded to examine whether the relevant rules of Luxembourg law limiting the maximum rate of interest at which consumer loans were repayable applied as a "loi de police", concluding as a matter of interpretation of those rules that the Luxembourg legislature did not intend them to apply to contracts concluded outside the territory of the Grand Duchy.

The second limb of the reasoning of the BGH, to the effect that the application of Article 7(2) is restricted even when the consumer contract in question does *not* fall under Article 5, is quite extraordinary and only serves

[43] cf . Lagarde 1991, Rev. crit. de droit international privé, "En limitant les cas dans lesquels le consommateur peut se prévaloir des règles impératives protectrices de l'Etat de sa résidence habituelle, l'art. 5 paraît avoir exclu en dehors de ces cas leur application au titre de l'art. 7(2) lorsque l'Etat de la résidence habituelle du consommateur est aussi l'Etat du for...".

[44] See generally Plender op cit. Chapter 9.

[45] 12th edition 1993 "Article 7(2) should be regarded as a general exception to all the choice of law rules contained in the Convention.".

to underline the unconvincing nature of the reasoning underlying the first limb.

The Gran Canaria cases certainly indicate that there are certain lacunae in the protection which the Rome Convention offers to consumers. The specific problem in issue in the second generation of cases is dealt with by the Time Share Directive[46] which was not in force at the material time. The Directive grants the consumer rights of retraction and avoids the danger of this right being negatived by the choice of a third country's law by stipulating that the protection afforded by the Directive shall apply when the property is situated in a Member State, whatever the law applicable to the contract (Article 9). In this respect, the Time Share Directive offers consumers better protection than Directive 85/577[47].

These cases also indicate that it might be prudent, either by interpretation or if need be by an amendment of the Convention, to extend the scope of Article 3(3) of the Convention which provides that, when all the other relevant elements are connected with one country only, the choice by the parties of a foreign law does not prejudice the application of the mandatory rules of the first country. If interpreted strictly, Article 3(3) would be of no avail in the type of situation with which the BGH was confronted since the contract was objectively connected to *two* countries, namely Spain and Germany. However, the *ratio legis* of the provision, namely that the parties should not be permitted to evade the mandatory rules applicable in a purely domestic context by the simple expedient of selecting a foreign law, should require it to be applied *mutatis mutandis* to exclude the possibility of evading the application of a mandatory provision of European Community law by the expedient of choosing the law of a third country[48].

[46] Directive 94/47/EC on the protection of purchasers in respect of certain aspects of contracts relating to the purchase of the right to use immoveable properties on a timeshare basis, (OJ 1994, L 280, p.83).

[47] See the judgment of the European Court in *Ingmar v. Eaton Leonard,* Case C-381/98, [2000] ECR, p.9305, in which the court held that a protective provision in Directive 86/653/EEC on the coordination of the laws of the Member States relating to self-employed commercial agents (OJ 1986 L 382, p. 17), was to be applied even when the law applicable to the contract was that of a third country, despite the fact that no explicit wording in the Directive required this resullt. The judgment opens the possibility that other provision may tacitly have the status of overriding rules.

[48] This might of course entail the creation of yet another category of mandatory rule, namely a "Community mandatory" rule namely a rule which courts in Member States are obliged to apply in an "intra-Community" context, ie a context situated purely within the Community. It could also be argued that the type of rule to be found in Article 9 of the Time Share Directive is also a new creature. At first sight it appears to be simply an "overriding" or internationally mandatory rule. The only feature distinguishing it from the classic type of mandatory rule aimed at by Article 7(2) is that it is of Community rather than national origin, ie an instruction to the judge from the Community rather than the national legislature. If the Dicey and Morris view on the application of Article 7(2) is correct, the Community origin of this type of rule would have no practical significance. However, if the Bundesgerichtshof is correct in its view that the potential application of Article 5 automatically ousts the application of Article 7, this factor may have practical significance since the application of a rule such as that featuring in Article 9 of the Time Share Directive would would undoubtedly not be ousted by the potential applicability of Article 5. The adoption of this type of rule also presents other advantages in that it solves the

Finally, the uncertainty as to the relationship between Article 5 and Article 7(2) serves to underline how important it is for the Court of Justice to acquire jurisdiction to interpret the Convention.

IV. Article 6

The scope of Article 6

Article 6, which deals with individual employment contracts, also constitutes a lex specialis, albeit a more flexible one than Article 5. By virtue of Article 6(2) a contract is governed, in the absence of choice by the parties, either by the law of the country where the employee habitually carries out his work or, if he does not habitually carry out his work in one country, by the law of the country of the place of business where he was engaged, unless it appears from the circumstances as a whole that the contract is more closely connected with another country. By virtue of paragraph 1, a choice of law made by the parties shall not have the effect of depriving the employee of the protection of the mandatory rules of the law which would be applicable in the absence of choice.

Article 6 is quite capable of providing an employee with appropriate protection in straightforward cases. For example, in *Del Rosario v Republiek Kenia*[49] the plaintiff worked as a cleaner in the Kenyan Embassy in Den Haag. The contract contained a clause selecting Kenyan law as the governing law. The plaintiff was bitten by the Ambassador's dog and shortly thereafter, while still on sick leave, she was dismissed, which was permitted by Kenyan law but not by Dutch law.

It was comparatively simple to hold that the mandatory provisions of Dutch law, including a prohibition on dismissing employees during illness, applied to the case by virtue of Article 6.

The situation is more problematic either if an employee is recruited in one country with a view to working long term in one other or several other different countries, or if he normally works in one country and is then seconded for some time to another country. Temporary secondments are dealt with specifically by the wording of Article 6 but longer-term secondments are not. This factor may provide the employee with problems in particular if he is recruited in one country with a view to working in another country whose laws are less protective than those of the country where the recruitment took place[50].

problem of overriding application not only if the lex causae is the law of a third country, but also if it is that of a Community state which has not properly transposed it.(This was the essence of the problem in the first generation of Gran Canaria cases, in which the lex causae was the law of Spain, which had not transposed the Doorstep Selling Directive). The *Ingmar* judgment, supra, indicates that a number of provisions in directives, including possibly the Doorstep Selling Directive, may tacitly have the status of overriding rules.

[49] Kantongerecht 's Gravenhage, 6 October 1998, NIP 1999 No 73.

[50] See generally Déprez, "Loi applicable à la rupture du contrat de travail international", Revue

For example, in *Ferwerda v. Banque nationale de Paris*[51] an employee was recruited in 1977 in the Netherlands by the Amsterdam branch of the BNP, a French company. The contract was drafted in the Dutch language and almost certainly governed by Dutch law. The employee later worked in Singapore and New York for several years and was finally transferred, against his will, to Japan. The question arose of the law which was applicable to the contract during the period of employment in New York. The employee argued that French law governed the contract for the entire period of employment and that no fresh contracts had come into existence when he had accepted the postings to Singapore and New York. However, the court held that the contract was governed by New York law.

The employee might have had more success if he had argued that the contract was governed by Dutch law. Had the original contract, signed in 1977, been governed by Dutch law it would be difficult to understand logically how that law could have been changed simply by virtue of the employee being posted overseas unless the parties' conduct amounted to the conclusion of a fresh contract or at least an agreement to vary the applicable law by subjecting it to the law of the new country of employment. It is doubtful whether the mere fact of accepting a posting to a different country which the employee may in any event be contractually obliged to do) could constitute such an agreement.

The rôle of the rider to Article 6(2)

It should also be stressed that despite its avowed intention of protecting the weaker party, Article 6 provides a less rigid rule than that contained in Article 5 in that the rules laid down in Article 6(2) are effectively only presumptions, as indicated by the fact that the rider at the end of the paragraph allows them to be displaced ("unless it appears from the circumstances as a whole that the contract is more closely connected with another country, in which case the contract shall be governed by the law of that country").

For the employee, the possibility of displacement opened by this rider may be a double-edged sword in that it may open the way to applying a law less favourable to the employee than that of the country where the employee habitually carries out his work. For example, in a German decision[52]the LAG Köln was called upon to determine the law which was applicable to contracts of employment between American pilots and an American airline. Pursuant to their contracts the pilots flew "inner-German routes", primarily between West Germany and Berlin. They were paid in a mixture of US dollars and Deutsche Mark, they paid income tax in Berlin and they possessed German work and residence permits. A dispute arose subsequent to the reunification of Germany and the consequent ending of the special status of Berlin, in the context of which the majority of the American firm's business in Germany

de jurisprudence sociale 1997, p.235.

[51] Cour d'appel de Paris, 8 October 1996.

[52] LAG Köln, RIW 1992, 933.

was to be transferred to a German company. The American pilots claimed the benefit of the provisions of German law which would protect their employment in those circumstances.

The court held that the parties had made an express choice of New York law. As to the question whether the employment protection provisions of German law applied to the contract as mandatory provisions within the meaning of Article 6, the court held that despite the fact that the pilots had worked at all material times in Germany the circumstances as a whole, in particular the nationality of the parties and the fact of the aeroplanes being registered in the United States pointed to that country, and in particular New York State.

On the other hand there are several cases of courts applying the law of the country where the employee has been engaged when this law is more favourable to the employee than that of the country where he carries out his work. However, the courts have been reluctant to reach this result using the rider to Article 6. For example, in *Piriou v. CIEC*[53] the plaintiff, of French nationality, was recruited in France by a French company to work in Pakistan. The remuneration was expressed in French francs and the contract took effect before the plaintiff's departure to Pakistan. In these circumstances the Cour de cassation held that the cour d'appel was entitled to come to the conclusion that the parties had made an implied choice of French law by virtue of Article 3. This reasoning is dubious[54]. Apart from the choice by the parties of French francs as the money of account, the other factors pointing towards France were all objective rather than subjective. It is submitted that they were insufficient to allow a court to infer a choice of law "de façon certaine". However, they could have been invoked to demonstrate that the contract had a closer connection with France than with Pakistan, despite the fact that the employee habitually carried out his work in that country, and that French law was therefore the objective applicable law, by virtue of Article 6.

Along similar lines is the decision of the Pretura di Milano in *Giannantonio v. SII*[55] which concerned an employment contract between an Italian firm and an Italian employee regarding work to be carried out in Libya. The court held that despite the absence of a choice of law clause the parties had made an implied choice of Italian law by virtue of the terms of their contract which were drawn up by reference to concepts of Italian law.The reasoning is perhaps less dubious than that of the Cour de cassation in Piriou but it is nonetheless at the limit of what can acceptably be regarded as a legitimate interpretation of the concept of an implied selection of the applicable law. It is submitted that the same result could have been reached by means of applying the rider to Article 6.

[53] Cour de cassation (F), 28 October 1997, La semaine juridique, entreprise et affaires 1998 p.1039.

[54] See comments by Coursier op. cit. Pp. 1039 and 1040.

[55] Pretura di Milano, 5 January 1995, RIDI 1996 p. 503.

The relationship with Article 7(2)

Finally, it is necessary to give consideration to the relationship between Article 6 and Article 7(2). Employment protection laws, in particular those defining the circumstances in which an employee may be dismissed, are customarily "mandatory rules". If the logic applied by the Bundesgerichtshof in interpreting Article 5[56], namely that the presence of a lex specialis protecting a weaker category of party excludes recourse to the general provision permitting the application of mandatory rules of the lex fori is correct, there is no a priori ground for not applying the same reasoning to the relationship between Articles 6 and 7(2).

However, the practice so far suggests that courts have little compunction in applying their employment protection laws via Article 7(2) even if the law designated by Article 6 were that of another country.

For example, in *Giannantonio* cited supra the Pretore opined (entirely *obiter*) that even if the parties had chosen Libyan law or if Libyan law had been applicable by virtue of Article 6 the provisions of Italian law protecting the employee from unfair dismissal would nevertheless have been applicable as an "imperative rule" (norme imperative), presumably within the meaning of Article 7(2), although this is not spelt out explicitly. Similarly, in the American pilots case, discussed supra, the LAG Köln examined the question whether the German rules relating to unfair dismissal constituted an "international zwingende Norm" (concluding in the event that it did not). It thus saw no objection in principle to applying German law via Article 7(2) although New York law was applicable under Article 6. These two cases are perhaps not very strong authority since the willingness in principle to invoke Article 7(2) in fact made no difference to the final result.

By contrast, in *Branczyk v Gramegna and Grand Duché de Luxembourg*[57] it appears to have been crucial. The case concerned an employee, who had joint French and American nationality and who at the material time had never been resident in Luxembourg, who was engaged in San Francisco to work at the Luxembourg Consulate-General in California. The Cour d'appel, quashing the decision of the Tribunal de travail de Luxembourg, held that the Luxembourg rules on un fair dismissal applied to these facts as a "loi de police", irrespective of the applicable law. What is especially interesting about the case is, first, that the Cour d'appel, far from regarding the potential application of Article 6 as ousting reliance on Article 7(2), treated Article 6 simply as constituting a particular application of the more general principle of the legitimacy of the application of national mandatory rules enshrined in Article 7 and, second, that despite the prevailing view in Luxembourg that rules concerning employment contracts were "dispositions impératives, non de police" (mandatory but not internationally mandatory rules) the court stressed that the Luxembourg legislature had taken care to specify in the

[56] Discussed supra.

[57] Cour d'appel de Luxembourg, 24 September 1998.

relevant legislation that all the provisions concerning employment contracts were "dispositions de police relevant de l'ordre public national".

It is also worth drawing attention to two other factors. First, the court does not simply seem to have overridden the provisions of Californian law which were inconsistent with the Luxembourg loi de police-it appears rather to have disapplied Californian law entirely, which is not correct in principle. Secondly, the Court did not specify whether it would have applied Luxembourg law in all cases irrespective of the circumstances. Presumably, despite being a „loi de police" the application of the relevant national law required *some* connection with Luxembourg other than the fact that it was the forum State. In the instant case, the connection was in any event easy to satisfy since the Luxembourg State was the employer.

V. Article 7

Article 7 concerns the application of mandatory rules and has already been discussed in connection with Articles 5 and 6. The distinction between the various meanings of the expression "mandatory rules" used in the Convention, according to whether it appears in Article 3(3), 5 or 6 is explained in detail in other works.[58] Basically, as the wording of Article 7 makes clear, that article concerns what would in English be called "overriding rules", in other words rules which the judge must apply, irrespective of the applicable law and which therefore oust the application of the rules of that law to the extent that there is an incompatibility.

Mandatory rules of the forum

Article 7(2) merely enunciates a normal principle of private international law, namely that the judge is not precluded from applying overriding rules of the *lex fori* in preference to those of the *lex causae* in circumstances when the *lex fori* requires him to apply them. The cases analyzed above indicate that the courts in the Contracting States appear to have applied this provision circumspectly and have not been overenthusiastic in characterising rules of the *lex fori* as "overriding" or "internationally mandatory" rules. The main problemsarising in connection with the provision have, as analysed in the previous sections,been in defining its relationship with Articles 5 and 6 of the Convention and in particular the question whether the fact that a contract falls rationae materiae within either of these provisions automatically precludes recourse in the alternative to Article 7(2). As analyzed above, this question has received very different answers in the various Contracting States and this is clearly an area where clarification from the Court of Justice would be extremely welcome.

[58] See Plender op. cit., Chapter 9 and works cited therein.

Mandatory rules of another country

Article 7(1) permits the judge applying the Rome Convention to give effect to the mandatory rules of the law of any other country (*ex hypothesi* not those of the *lex causae*) with which the situation has a "close connection." This provision is regarded, at least by most commentators in the UK, with extreme suspicion or hostility[59], and is considered to be productive of uncertainty. The UK and Germany in fact availed themselves of the possibility offered by Article 22 of the Convention to reserve the right not to apply the provisions of Article 7(1).

Even in those States, which have not made such a declaration Article 7(1) has been invoked only on rare occasions. One example from the Netherlands is *Malaysia Dairy Industries v. Dairex Holland.*[60] The buyer in Singapore had purchased quantities of milk from the Dutch seller pursuant to a number of contracts, all of which were governed by Dutch law. One of the points, which arose in litigation between the parties was whether the contract was void because it allegedly breached Singapore law in that the maximum radiation level allowed under the contract exceeded that permitted by Singapore law. The court held that the alleged breaches of Singapore law were not sufficiently serious to avoid the contract as being contrary to "good morals and public policy" (goede zeden en openbare orde). It then went on to consider whether Article 7(1) applied. In the event it came to the conclusion that even under Singapore law the rule in question merely prohibited the importation of "contaminated" foodstuffs and did not have the effect of avoiding the contracts between the parties.

VI. Article 8

The scope of Article 8

Article 8(1) provides that the existence and validity of a contract or any term of a contract shall be determined by the law, which would govern it if the contract or term were valid. It is clear from Article 3(4) that the expression "term of the contract" covers a choice of law clause.

Article 8(2) permits a party disputing that he gave consent to "rely upon the law of the country in which he has his habitual residence to establish that he did not consent if it appears from all the circumstances that it would not be reasonable to determine the effect of his conduct in accordance with the law specified in the preceding paragraph".

The Giuliano-Lagarde report makes clear that this solution is designed, inter alia, to deal with the problem of whether and in what circumstances consent may be implied by silence.

[59] Dicey and Morris "Article 7(1) is the widest of the provisions on mandatory rules and …the least clear…[leading] to uncertainty in the law." Plender "It is scarcely necessary to draw attention to the uncertainty created by the phrase "close connection" in Article 7(1).".

[60] Arrondissementsrechtbank 's Gravenhage, 2 October 1998, NIP 1999 p. 70.

Establishing consensus

The provisions of this article, in particular its paragraph 2, have been considered in a number of cases. For example, in *Egon v. Liberia,* examined *supra*, the Japanese defendants sought to rely on Japanese law to show that there was no arbitration clause incorporated in the contract (and indeed no contract at all between the parties) because Japanese law required agreed details to be recapitulated and confirmed in writing. The High Court held that under Article 8(2) the onus was on the defendant to negative consent and that in the circumstances of an international agreement which had been negotiated on the clear understanding that arbitration would take place in England it was unreasonable to determine the parties' consent by reference to Japanese law. This conclusion seems entirely proper.

Along similar lines is the judgment of the OLG Köln of 15 May 1996.[61] The case concerned a dispute between a Belgian seller and a German buyer relating to unpaid deliveries of textiles. The *lex causae* was Belgian law. The point of dispute was whether the goods in question, which had undoubtedly been delivered to the buyers, had ever been ordered by them, as the sellers claimed. Under Belgian law, the fact that the defendant had accepted the goods and the bill and had even paid some of the money due would constitute acceptance of the offer to sell which had been made when the goods were sent, even if they had not been ordered. The defendants could not rely on Article 8(2) in these circumstances. The case is not particularly strong authority since German law would have reached the same conclusion, albeit for slightly different reasons, but the approach adopted by the OLG Köln is undoubtedly correct.

This case can be contrasted with a virtually contemporaneous decision of the LG Duisburg[62], which concerned a dispute between an Italian seller and a German buyer of goods. The orders had been made on printed forms on which were reproduced the purchaser's standard business terms, which included a choice of law clause selecting German law. It appears that under German law the clause would have been incorporated into the contract whereas under Italian law it would not because it had not been signed by the other party (the seller). The court held that Italian law governed the question whether the standard terms were incorporated into the contract and that German law would have determined that question only if it was the applicable law. It took the view that under Article 8(2) the law determining whether standard terms had been incorporated or not should be determined by the law of the party to whom the standard terms were sent.

This is patently an incorrect approach since Article 8, construed in conjunction with Article 3(4), clearly refers the question whether a choice of law clause has been incorporated into a contract to the law which would govern the contract if the incorporation had been effective. It places the onus on the party objecting to the application of that law to this question to show

[61] 27 U 99/95, RIW 1996 p.778.

[62] 17 April 1996, 45(19) 080/94, RIW 1996 p.775.

good grounds why it would be unreasonable to invoke that law against him. It is doubtful whether the same result would have been reached in this case if the correct approach had been followed.

In addition to the above examples, where the potential application of Article 8(2) to commercial contracts was in issue, the question of its possible application to consumer contracts is also important. In principle, it will be easier for a consumer than for a business person to demonstrate that it is unreasonable to measure the existence of his alleged consent by the yardstick of his "own" law. Despite the fact that Article 5 already offers the consumer a certain level of protection there are lacunae and there may be circumstances where it is advantageous for the consumer to be able to invoke Article 8 either to avoid the contract completely or to displace a choice of law clause, as the Börsentermingeschäfte and Time-Sharing cases from Germany indicated.

As regards the Time-Sharing cases, the attempts by lower German courts to allow a consumer to rely on a right of revocation provided for by his own law, but not by the *lex causae*, by relying on Article 8(2) was firmly squashed by the Bundesgerichtshof in its judgment of 19 March 1997, examined above.

As discussed above, the approach of the BGH on this point at least is clearly correct[63] and may have been influenced by academic criticism of the earlier cases going the other way.[64]

The other area where Article 8 may be of special interest to consumers, namely in order to displace a choice of law clause, has already been discussed in connection with the Börsentermingeschäfte cases.

VII. Article 12

The last article to have given rise to much significant case-law is Article 12, which governs voluntary assignment. Article 12(1) provides that the mutual obligations of assignor and assignee shall be governed by the law applicable to the contract between those parties, whereas paragraph 2 provides that questions of assignability, relations between assignor and debtor, the conditions under which an assignment can be invoked against the debtor and the question whether the debtor's obligations have been discharged are governed by the law applicable to the right assigned.

The wording of Article 12 is deceptively simple and masks a host of extremely difficult problems, linked in particular to the complexity of the question of assignment and to the extent to which Article 12 purports to deal not only with the "obligational" aspects but also the *property* questions associated with an assignment.[65]

[63] See inter alia the Giuliano-Lagarde report on this point-"paragraph 2 ...relates only to the existence and not the validity of consent".

[64] See eg. Mankowski, "Widerrufsrecht und Art. 31 Abs. 2 EGBGB" , RIW 1996 p. 382.

[65] See Steffens "Overgang van vorderingen en schulden in het Nederlandse internationaal

A number of cases, largely from Germany and the Netherlands,illustrate the difficulties of interpretation of this provision.

The OLG Koblenz, in a decision of 19 October 1995[66] had to deal with the question of the validity of an assignment made by two Belgian firms to a third Belgian firm (the plaintiff) of claims against a German representative, the defendant, which had arisen in connection with a contract (governed by German law) between the defendant and all three Belgian firms.The question arose as to whether the assignors (the two associated firms) had made a valid assignment of their claims to the plaintiff. The court held in fact that the claims had not been validly assigned. It transpired that an agent entitled to act for all three firms had effected the assignments. Under Belgian law, the agent was not entitled to act for two firms in circumstances where there was a danger of a conflict of interests, which there clearly had been. However, under Belgian law, such a transaction would not be "void" but "voidable" in the sense that it could be challenged only by the agent's principal, which in the instant case had not been done. Consequently, in the event, Belgian law would have regarded the assignment of the claims as effective. However the court then referred the question of the **effect** of the unauthorised conduct of the agent to German law, which would regard the transaction as "provisionally ineffective"[67]unless both principals ratified the agent's conduct, which did not appear to have been done. Consequently, the assignee (the plaintiff) had not validly acquired the claim and could not therefore assert it against the defendant.

The thought process of the court is not entirely clear from the judgment. It appears that the court assumed that the question of whether an effective assignment had been made was governed not by Article 12(1) but by Article 12(2)[68], despite the fact that the defect flowed purely from a matter was personal to the assignors and the assignee[69]. The question whether the agent had authority to act was, by virtue of Article 1 (2) (f) excluded from the scope of the Rome Convention and was therefore determined by the (unharmonised) rules of German private international law, which referred this question to Belgian law. However, the question of the effect of the lack of authority on the assignment did fall under the scope of the Convention and henceArticle 12.It was therefore referred back to German law as the "Geschäftsstatut".

privaatrecht", Kluwer 1997, and Moshinsky "The assignment of debts in the conflict of laws", (1992) LQR 109.

[66] 6 U 1441/92, RIW 1996, p. 151.

[67] "schwebend unwirksam".

[68] "Das auf den Handelsvertretungsvertrag anzuwendende deutsche Recht (Geschäftsstatut) regelt...das Abtretungstatut...Die Folgen eines Vertretungsmangels und die Möglichkeit ihrer Behebung richten sich nach dem Geschäftsstatut bestimmenden deutschen Recht".

[69] Under German law the property aspects of the assignment of a right are governed by the "Geschäftsstatut", ie the law governing the right assigned, under Art 12(2), (Art 32(2) EGBGB and only the purely contractual aspects as between assignor and assignee are referred to the contract between those parties-see inter alia Schröder & Wenner, "Internationales Vertragsrecht",1998.

It is debateable whether the undoubtedly correct exclusion from the scope of the Convention of the question whether an agent is able to bind a principal should have been interpreted so narrowly as not to cover the effects,as between the two principals, of an agent acting without authority. Although Article 1(2)(f) is worded "the question whether an agent is able to bind a principal", the Giuliano-Lagarde report states that the "exclusion affects ...the question whether the principal is bound vis à vis third parties by the acts of the agent...". In other words, the report does not appear to make any distinction between questions relating the existence of the authority and those relating to the effect of the authority or its absence. In any event, the severing of the intimately connected question of the scope and existence of the authority from that of its effects can lead to artificial situations and false conflicts.

In the Netherlands there are a number of important judgments.[70]In *Caravan Centrum Zundert v.Kreuznacher Volksbank*[71] ,already discussed in connection with Article 4, the lower courts made the elementary mistake of referring the question of the assignability of the claim against the debtor (the Dutch purchaser of the caravans) to the law governing the relationship between assignor and assignee, which was undoubtedly German law. This decision was quashed on appeal to the Hoge Raad, which held, quite correctly, that the question whether the particular claim was assignable was governed, pursuant to Article 12(2), by the law governing the claim, ie the contract of sale between the German seller and the Dutch buyer (which, as will be recalled, turned out in any event to be German law). The approch taken by the Hoge Raad was undoubtedly right and it is surprising that the lower courts fell into the trap of confusing the two provisions in such an elementary way.

Of more importance-and also considerably more controversial-is the decision of the Hoge Raad in *Brandsma v. Hansa Chemie AG*[72]. In 1994 Hansa, a German company, sold products to Bechem, a Dutch company. Hansa's general conditions contained a reservation of title clause and a security assignment of the rights, which the buyer would obtain against subsequent buyers of the products. After the products had been sold on to Senzora, a Dutch company, but before that company had made payment of the purchase price, Bechem was declared insolvent. Being uncertain as to which company was entitled to receive the purchase price, Senzora paid the money into a special bank account and the proceedings effectively took place between Hansa and the receiver in Bechem's insolvency proceedings.

[70] The matter assumes considerable importance in Dutch private international law because of the restrictive approach which Dutch domestic law adopts towards assignments-see Steffens, op. cit. Chapter 1.

[71] Cited supra at footnote 18.

[72] Judgment of 16 May 1997, NIPR 1997 No 209,Netherlands International Law Review 1998 p.129 (in English) noted Pellis, Advocatenblad 6 February 1998, Rijpman "Tussen Duisburg en Apeldoorn; internationale cessie" WPNR 1998 p. 21.

If German law governed the question of the security assignment, as Hansa maintained, it was valid, but if Dutch law governed, it was not. The Rechtbank Zutphen found for Hansa and the Hoge Raad dismissed Bechem's "leap-frog" appeal ("sprongcassatie").

The Rechtbank held that Article 12(2) governed the question whether the claim was assignable and answered the question in the affirmative. That part of the judgment was not appealed against.

Application of Article 12 to the property aspects of an assignment

As to the question of which law governed the validity of the **property** aspects of the assignment, in other words whether the claim had been effectively transferred to Hansa's assets before Bechem was declared insolvent, the Rb Zutphen held that the law, which by virtue of Article 12(1) governed the obligations between assignor and assignee applied. In this case that law was German law (the law governing the contract of sale between Hansa and Bechem), which allowed security assignments of future claims without any limitation.

In reaching this conclusion, the Hoge Raad examined closely the question whether Article 12 governed the property aspects of an assignment, in particular the requirements, which needed to be satisfied to effect the transfer of property in the claim from the assignor's to the assignee's assets. It came to the conclusion that the article determined not merely the law governing the agreement whereby assignor and assignee agree to transfer the property in the claim (the *pactum de cedendo* or "overeenkomst tot cessie") but also that governing the transaction whereby the claim is transferred (the *pactum cessionis* or "overeenkomst van cessie"), and therefore governed the property aspects of the transaction. Since paragraph 2 defined its own scope exclusively, it followed that all other aspects, including both the requirements for the validity of the transfer of the claim from the assignor's to the assignee's assets and the effect of this transfer vis à vis third parties was governed by the law applicable to the agreement between the assignor and the assignee.

This comparison between the Dutch and the German case-law indicates a real divergence of view as to what law governs the property aspects of the assignment. The German approach appears to hold paragraph 2 to be applicable[73], whereas the Dutch approach opts for paragraph 1. A third approach advocated by some commentators is that Article 12 does not govern the property aspects of the assignment at all and that these questions are therefore simply referred to the conflict rules of the forum[74].

All of these approaches have pros and contras. The third approach is consistent in that it entails the complete exclusion of the property aspects of

[73] This is also the approach of the courts in England. See *Raiffeisen Zentralbank* Österreich *v. Five Star,* [2000] Lloyds Law Reports, 284, upheld by judgment of the Court of Appeal of 26 January 2001.

[74] See Moshinsky, op. cit..

the transaction from the Rome Convention. It is however productive of uncertainty. The German approach has the merit of referring all questions to the law governing the right assigned, with the obvious exception of the agreement between the assignor and the assignee, but has the disadvantage of splitting up the (intimately connected) contractual and property aspects of the relationship between those two parties. The Dutch approach has three advantages, all mentioned by the Hoge Raad in its judgment. First, if Article 12(1) merely addressed the contractual issues between assignor and assignee, it would be merely stating the obvious and would hence be quite superfluous. Secondly, it would be inconvenient to submit the relationship between assignor and assignee to two different laws. Thirdly, it would be contrary to the principle of party autonomy to subject the effects of the agreement between assignor and assignee to the law governing the right assigned.

One crucial point which did not need to be addressed in the case was that of the protection of the debtor, since the latter had covered itself by paying the money into a special account. Since paragraph 2 clearly refers to the law governing the claim the relationship between assignee and debtor, the invocability of the assignment against the creditor and the discharge of the debtor's obligations, it is clear that if the question of the transfer of property is indeed to be governed by paragraph 1, the solution, which it produces in a given case must be without prejudice to the protection afforded to the debtor by paragraph 2. In fact, virtually all systems of law require that the debtor be informed or at least that he be aware of the assignment as a condition of its being invoked against him. Under some systems, including Dutch law, notice to the debtor is actually a component part of the property transfer itself, whereas under many others, including German law, it is not necessary as a condition of a valid transfer that the debtor be made aware of the assignment, but it must nevertheless be brought to his notice before it can be invoked against him. Until this is done he can obtain a good discharge by paying the assignor. The difference is likely to be most relevant precisely in cases such as *Hansa* where the assignor has become insolvent after purporting to have made the assignment but before the debtor has been notified and where the dispute is essentially between the assignee and the the assignor's other creditors. The crucial question in such a case is whether the transaction has been effective to operate the transfer of the claim from the assignor's to the assignee's assets before the insolvency status "bites".

Once again, it is clear that an authoritative interpretation of this question by the Court of Justice is absolutely necessary in order to remove the uncertainties surrounding this provision.

C. Interpretation by the Court of Justice of analogous provisions of the Brussels Convention

Any attempt to predict the likely interpretation of the Rome Convention by the Court of Justice can only be tentative. One cannot be sure that the approach which it has taken in interpreting a convention on jurisdiction and enforcement can be transposed holus-bolus to a convention on choice-of-law.

On the one hand, the Preamble to the Rome Convention does make an indirect but unmistakeable reference to the Brussels Convention and, furthermore, the Court has, in interpreting the Brussels Convention, made frequent references to the Rome Convention. One can therefore be reasonably confident in assuming that in appropriate cases the Court will at the very least be influenced by its existing jurisprudence on the interpretation of the Brussels Convention.

Article 1 of the Brussels Convention defines the scope *ratione materiae* of that Convention. It provides that the "Convention shall apply in civil and commercial matters..."(paragraph 1). Paragraph 2 then provides for certain exclusions from the scope of the Convention. In its interpretation of both paragraphs of Article 1, the Court has, primarily in order to ensure the uniform application of the Convention in all Contracting States, unambiguously opted for an "independent" or uniform interpretation of the concepts featuring therein in preference to a "national" interpretation according to which the national courts would have been free to apply their own characterisation to a concept and hence to determine unilaterally whether a matter fell ratione materiae within the Convention.[75] It is of course a corollary of this approach that the Court itself will decide on the interpretation of the relevant concepts on a case by case basis.

In ruling upon other provisions of the Convention, the Court has tended to opt for a uniform interpretation, but has when appropriate, left matters to national law. The most relevant provision in this context is Article 5(1), which provides that "a person domiciled in a Contracting State may, in another Contracting State, be sued, in matters relating to a contract, in the Courts for the place of performance of the obligation in question".

It is clear that the expression "matters relating to a contract" is also to be given an independent interpretation, largely for the same reasons, which prompted the Court to favour independent meanings in the case of the provisions relating to the scope *ratione materiae* of th Convention in Article 1,namely in order inter alia to ensure the uniform interpretation of the Convention in the Contracting States. In *Peters v. ZNAV*[76] the Court held that obligations concerning the payment of a sum of money having their basis in the relationship existing between an association and its members constituted a "matter relating to a contract". More recently in *Handte*[77]the Court held that an action for damages brought by a sub-buyer against the manufacturer of a machine, which was unfit for its purpose (but not necessarily dangerous) was, where there was no direct contractual nexus between the parties, not a matter relating to a contract, despite the fact that in the legal systems allowing such actions they were characterised as contractual, stress being laid on the notion of an unbroken chain of contracts linking the parties. The Court held that the national characterisation was irrelevant and that "contractual matters" within

[75] See eg LTU v. Eurocontrol, [1976] ECR p. 1541 and Rich v. Impianti, [1991] ECR p.3855.

[76] [1983] ECR p. 987.

[77] [1992] I-ECR p. 3967.

the scheme of the Brussels Convention embraced only situations where the parties involved had freely undertaken an obligation or obligations towards the other.

Finally, the Court has in recent years given a number of judgments on the consumer protective provisions contained in Articles 13-15 of the Brussels Convention. In general terms it has regarded these provisions as constituting a derogation from the basic scheme of the Convention and has consequently taken a fairly restrictive view of their scope. In particular, it has tended to interpret the concept of "consumer" narrowly.[78]

One case is of particular interest, namely *Shearson Lehmann Hutton v. TVB Treuhandgesellschaft.*[79] The background to the case was that X, a German judge, having instructed brokers to carry out currency, security and commodity futures transactions on his behalf under an agency contract, lost nearly all of his investments in the transactions. He assigned his claim to TVB Treuhandgesellschaft für Vermögensverwaltung und Beteiligungen. The Bundesgerichtshof referred a number of interesting questions to the Court of Justice on Article 13 of the Brussels Convention. In fact the Court refused to answer the specific questions put by the BGH, since it was apparent that the action was being brought by a party (the assignee of the claim) which was not itself a consumer. The Court held that the protective provisions were a privilege which was personal to the consumer and which was therefore lost if a claim arising from a consumer contract was assigned to a party other than a consumer.

However, in his Opinion, Advocate-General Darmon did address some of these questions. He took the view that once the conditions of Article 13 (3) (b) were satisfied (namely that the contract had been preceded by advertising in the consumer's state and that the consumer had taken the steps necessary for the conclusion of the contract in that country), it was not necessary for the consumer to demonstrate that he had been affected by that publicity. As to the question whether pre-contractual liability (*culpa in contrahendo*) based on a breach of a duty to give proper advice during pre-contractual negotiations constituted a matter relating to a contract, the Advocate-General gave a more qualified answer. He took the view that once an action based on pre-contractual liability arising in the course of pre-contractual negotiations is joined to an action based on the contract concluded on the basis of those negotiations the two actions become "inseparable"[80]. Precisely what these

[78] See in particular Brenner & Noller v. Reynolds, Case C-318/93, [1994] ECR p. I-4275 and Benincasa v. Dentalkit,Case C-269/95, [1997] ECR p. I-3767.

[79] Case C-89/91, [1993] ECR p.I-139.

[80] For the case where pre-contractual negotiations do not result in the conclusion of a contract, the Court of Justice has since decided that, for the purposes of Article 5 Of the Brussels Convention, an action based on pre-contractual liability is torious or delictual and not contractual (*Tacconi,* Case C-334/00, [2002] ECR p. I-7357).

On precontractual liability generally, see Mankowski, *Die Qualifikation der culpa in contrahendo-Nagelprobe für den Vertragsbegriff des europäischen IZPR und IPR,* IPrax 2003, p. 127.

implies for the operation of the Brussels Convention is not entirely clear but its implications for the interpretation of the Rome Convention are explored below.

D. Possible implications of the Court's case-law on the Brussels Convention on the interpretation of the Rome Convention

As discussed above, it is by no means axiomatic that the case-law on a jurisdiction and enforcement convention can be transposed without more to a choice of law convention, but the indications are that the Court of Justice is likely, in interpreting the Rome Convention, to be heavily influenced by its interpretation of relevant provisions of the Brussels Convention.

Article 1:the scope of the Convention

The first issue where this is likely to be relevant concerns the scope of the Rome Convention as defined in Article 1(1) -"contractual obligations in any situation involving a choice of law between the laws of different countries" - and the various areas excluded (Article 1(2)). In both cases the Court is likely to be influenced by its case-law relating to Article 1 of the Brussels Convention and hence opt for an "independent" interpretation of each concept in order to ensure uniform interpretation of the Convention in all the Contracting States.

As to the precise scope, which the Court is likely to attribute to the concept of "contractual obligations", the Court is likely to be influenced by its case-law on Article 5(1) of the Brussels Convention, and in particular on the interpretation of the concept of "matters relating to a contract". However, as regards actions which are on the boundary of tort and contract, where the problem is likely to be most acute, the case-law on Article 5 is insufficiently developed to give much guidance on the point. Particularly problematic are likely to be the questions of whether gratuitous agreements [81] and issues relating to pre-contractual liability[82] are to be regarded as tortious or contractual. The fact that the question of the consequences of the nullity of a contract (including restitutionary obligations) is dealt with by Article 10 (1) (e) indicates that this particular matter clearly does fall within the scope of the Convention and case-law is therefore not necessary to clarify the point.[83]

Article 5:consumer contracts

Finally, it is likely that the case-law on Article 13 of the Brussels Convention will be relevant to the interpretation of Article 5 of the Rome Convention, at least to the extent that the two provisions are identically worded.[84]In the first

[81] See more detailed discussion in Wilderspin op. cit p. 59.

[82] See discussion of Opinion of A_G Darmon in Shearson Lehman Hutton, supra.

[83] The fact that under Article 22 Contracting States may reserve the right not to apply, inter alia, Article 22 does not alter this fact.

[84] Cf the different scope of the two provisions. Broadly speaking, both provisions concern

place, the cases cited above on the interpretation of the *concept* of consumer are likely to be transposable to the Rome Convention.

Unfortunately, most of the interesting and important questions asked in *Shearson Lehmann & Hutton* were not answered by the Court and therefore still remain open. What the Court did decide in that judgment, namely that the jurisdictional privilege conferred on the consumer by Article 13 was personal to the consumer and hence lost when the cause of action was transferred to a third party, is probably not entirely transposable to the Rome Convention. The applicable law has to be fixed at the time that the contract is made, subject to the parties' power to vary it at a later stage. If the contract is entered into in the circumstances described in Article 5(2) but the parties have not chosen the applicable law, Article 5(3) applies and the lex causae will be the law of the consumer's habitual residence. If the consumer were later to assign any claim arising under the contract to a third party (not himself a consumer), it would be contrary to normal principles to allow such an assignment to affect the debtor's position inter alia by having the effect of altering the applicable law, a fortiori since such a change might not even be to the debtor's advantage if the law applicable by virtue of Article 5 is actually less favourable to the consumer than that applicable by virtue of Article 4.

However, if thecontract fell under Article 5, but the parties had selected, as applicable law, a law other than that of the country in which the consumer was habitually resident, for example that of the seller's country, Article 5(2) would apply. The choice of law would be valid, but would operate without prejudice to the operation of the mandatory rules of the country of habitual residence of the consumer. In these circumstances it is at least plausible to argue that the guaranteed protection of those mandatory rules (which in practical terms will apply only insofar as they are more favourable to the consumer than those of the applicable law) is a personal privilege for the benefit of the consumer, which should be forfeited if he assigns his rights under the contract to another party. This solution would not change the applicable law as such and, furthermore, could not possibly work to the detriment of the debtor. There may therefore be a tentative case for applying the *Shearson* solution to Article 5 of the Rome Convention in the case of the assignment of a right of action, but only if the parties have made a choice of the applicable law.

consumer contracts for the purchase of goods, services or the provision of credit for that purpose. As regards contracts for the sale of goods on instalment credit terms or contracts for loans to finance the sale of goods, the Brussels Convention is more protective, since all such arrangements made by consumers fall under Article 13, irrespective of the circumstances in which they were made. As regards contracts for goods or services, the Rome Convention goes further than the Brussels Convention, in that Article 5 also covers "package tours", and applies in a wider variety of circumstances.

E. Conclusion

Examination of the national case-law on the interpretation of the Convention, twelve years after its entry into force, induces a sense of frustration. The case-law has permitted a number of problems to be identified and solutions to be found at national level. However, the fact that the Court of Justice has, as yet, no jurisdiction, means on the one hand that there is a real danger of diverging interpretation and, even when the solutions reached in the various Contracting States are not contradictory, there is still no guaranteethat the solutions reached are the correct ones.

It is therefore to be hoped that Belgium, the only one of the original Contracting States not to have ratified the Second Protocol on Interpretation does so rapidly, Alternatively, the Commission may put forward a proposal, under Article 61 of the Amsterdam Treaty, to "reformat" the Convention as a regulation, (possibly in conjunction with proposals to revise the Convention substantively where this is necessary) which would automatically trigger the jurisdiction of the Court of Justice to accept references for a preliminary ruling pursuant to Article 68 of the EC Treaty. Somewhat ironically, the jurisdiction conferred by that article is more restrictive than that provided for by the protocols, since only national courts of last instance may avail themselves of it.

In 2003, the Commission presented a Green Paper on revision of the Rome Convention. It is therefore conceivable that there may be some legislative action in this area in the foreseeable future. However, this possibility should not be seen as a substitute for early ratification and entry into force of the Second Protocol.

Europäisierung des Haftungsrechts

PROF. DR. ULRICH MAGNUS*

A. Einführung

I. Gemeinsame Grundlagen

Wer sich in der Europäischen Rechtsakademie im zweitausendjährigen Trier über die „Europäisierung des Haftungsrechts“ äussert, kann das nicht tun, ohne zu Beginn wenigstens kurz den Blick auf Gemeinsamkeiten der europäischen Rechtsgeschichte und Rechtstradition zu lenken. Nur an wenigen Orten Europas tritt das gemeinsame römische Erbe noch so lebendig vor Augen. Zu diesem Erbe gehört auch das römische Recht, das an Europas erster Rechtsakademie in Bologna wiederentdeckt und neu belebt wurde. In einer ähnlichen Aufbruchphase wie in der Renaissancezeit, in der Altes neu belebt und den zukünftigen Aufgaben angepasst wurde, befindet sich Europa heute wieder. Die „formative era of the European Union“ verlangt die Besinnung auf europäische Gemeinsamkeiten, mögen sie auch durch die Epoche der Nationalstaaten lange verschüttet gewesen sein.

II. Begriff des europäischen Haftungsrechts

Unter Haftungsrecht wird hier das Deliktsrecht verstanden, also das Recht der ausservertraglichen Haftung für Schäden, das auch die Gefährdungshaftung einschliesst. Die Verwendung des Begriffs europäisch im Zusammenhang des Haftungsrechts ist freilich mehrdeutig. Europäisch schliesst einerseits das von der EU geschaffene Recht - z.B. die Produkthaftungsrichtlinie - ein. Andererseits bezeichnet es die Gesamtheit der nationalen Privatrechte Europas. Hier wird im wesentlichen eine Kombination aus beiden Bedeutungen verwendet, die unter dem Stichwort Europäisierung auch eine gewisse Dynamik und bestimmte Entwicklungsrichtung bezeichnet - nämlich in Richtung auf ein einheitliches Haftungsrecht für die EU-Staaten.

B. Rechtsvereinheitlichung in Europa

Versteht man, wie dargelegt, unter Europäisierung des Haftungsrechts - oder welchen Rechtsbereiches immer - die Schaffung einheitlichen Rechts in der EU, dann wirft das an sich zunächst die generelle Frage auf, ob für die Zukunft Europas denn Rechtseinheit oder Rechtsvielfalt der wünschenswerte rechtliche Aggregatzustand ist. Eine generelle Antwort auf diese Frage mag

* Professor an der Universität Hamburg, Richter am Hanseatischen Oberlandesgericht

es möglicherweise nicht geben und sie soll hier auch nicht versucht werden. Es genügt hier, wenn sich ein Bedarf für ein einheitliches europäisches Haftungsrecht nachweisen lässt.

Zu Gunsten einer weitreichenden Rechtsvereinheitlichung oder -angleichung in Europa kann man aber immerhin darauf verweisen, dass es etwa in der gesamten Welt des Common Law stets als nützlich empfunden wurde, ein einheitliches Common Law zu besitzen und zu pflegen, das autoritativ vom englischen House of Lords ausgelegt wurde und wird.[1] Da ferner alles Recht der - wohl unteilbaren - Gerechtigkeitsidee verpflichtet ist, erscheint es im europäischen Zusammenhang auch als geradezu absurd, wollte man von deutscher, französischer oder europäischer Gerechtigkeit sprechen. Für grundlegende Gerechtigkeitspostulate - etwa den Gleichheitssatz - kann es keine Rechtsvielfalt geben. Um schliesslich die Veränderungsfähigkeit einer Rechtsordnung zu erhalten, bedarf es ebenfalls nicht zwingend der Rechtsvielfalt, sondern lediglich hinreichender Erneuerungsmechanismen, wie sie z. B. institutionalisierte Reformkommissionen oder ähnliche Einrichtungen darstellen.

C. Bedarf für ein einheitliches Haftungsrecht

Dass jede Rechtsordnung eines ausservertraglichen Haftungsrechts bedarf, steht ausser Frage, wenn nicht allein das Recht des Stärkeren herrschen soll. Auch Europa braucht also ein Deliktsrecht. Eine ganz andere Frage ist es aber, ob auch Bedarf für ein einheitliches Deliktsrecht besteht oder ob es bei den zahlreichen Deliktsrechtsordnungen Europas auch künftig sein Bewenden haben sollte - Deliktsrechtsordnungen, die wie unten noch zu zeigen ist, in vielen Punkten erheblich von einander abweichen und deren Zahl sich in der EU mit jeder Beitrittsrunde noch weiter vermehrt. Doch gibt es gerade im Deliktsrecht gute Gründe, für ein einheitliches Haftungsrecht zu plädieren.

Einige dieser Gründe folgen aus dem europäischen Gemeinschaftsrecht. Ganz allgemein gilt hier zunächst, dass ein „Raum ohne Binnengrenzen“ (Art.14 Abs. 2 EGV), aber mit unterschiedlichen Haftpflichtgrenzen ein Widerspruch in sich ist. So lange der EU-Bürger bei jedem innergemeinschaftlichen Grenzübertritt zwar längst nicht mehr das Transportmittel, aber immer noch das Haftungsregime vollständig wechselt, liegt darin ein Hemmnis für die freie Mobilität der Bürger in Europa.

Die Unterschiede der Haftpflichtordnungen bedeuten aber auch ein Hemmnis für den freien Verkehr von Waren und Dienstleistungen. Denn das Risiko, ausserhalb von Verträgen haftpflichtig zu werden, ist je nach Land ebenso unterschiedlich geregelt wie die Möglichkeit, als Geschädigter seinen Schaden ersetzt zu erhalten. Das internationale Privatrecht der EU-Staaten

[1] Das gilt auch für heute längst von England unabhängige Staaten wie Australien, Indien oder Kanada, deren Gerichte nach wie vor die englischen Entscheidungen für „persuasive authorities“ halten.

sorgt mit seiner grundsätzlichen Anknüpfung an den Tatort[2] zudem dafür, dass sich diese Unterschiede im konkreten Fall regelmässig in vollem Umfang auswirken. Warum aber etwa ein Autofahrer, der auf der kurzen Fahrt von Trier nach Metz ganz unterschiedlich entschädigt werden muss, je nachdem, ob er in Deutschland, Luxemburg oder Frankreich angefahren wurde, lässt sich kaum begründen und erinnert an die deutsche Kleinstaaterei des 19. Jahrhunderts, als Reisende durch Deutschland bei jedem Pferdewechsel ihrer Postkutsche zugleich das massgebende Recht wechselten.

Ein Bedarf für einheitliche Haftpflichtregeln folgt aber auch aus tatsächlichen Gründen, nämlich vor allem aus der gewachsenen Mobilität der Bürger Europas sowie der Zunahme des Güter- und Dienstleistungsaustauschs über die alten Landesgrenzen hinweg. Wer sich regelmässig in einem bestimmten Lebensraum bewegt, möchte dort aber nicht - schon gar nicht im Bereich des gegenüber jedermann wirkenden Haftungsrechts - mit jeweils unterschiedlichen und zum Teil unbekannten Rechtsregeln konfrontiert werden. Und Europa ist inzwischen zum einheitlichen Lebensraum seiner Bürger geworden. Man braucht nur auf die jährlichen Touristenströme, auf die Entsendung von Arbeitnehmern, auf Studienaufenthalte und Schüleraustausch innerhalb Europas zu verweisen. Ein Bedarf für einheitliche Haftpflichtregeln zeigt sich auch daran, dass das Risiko unterschiedlicher Haftung oder Entschädigung in Europa bei derartigen Reisen, Arbeitsaufenthalten etc. immer noch vielfach durch zusätzliche Versicherungen abgedeckt wird, um sich vor den Risiken unterschiedlichen Rechts zu schützen. Schließlich hindert unterschiedliches Haftungsrecht auch in erheblichem Maß das Entstehen eines einheitlichen EU-Versicherungsmarktes.[3]

D. Zuständigkeit der EG für das ausservertragliche Haftungsrecht

Eine allgemeine und umfassende Kompetenz, Zivilrecht zu erlassen, besitzt die Gemeinschaft bisher nicht. Sie darf im Privatrecht zum einen nur in speziellen Bereichen sektoriell rechtssetzend tätig werden; zum andern darf sie nur solche allgemeinen, „horizontalen" Rechtsakte erlassen, die aus Binnenmarktgründen die Rechtsangleichung befördern.[4]

I. Sektorielle Kompetenzen im ausservertraglichen Haftungsrecht

Unter dem Aspekt des ausservertraglichen Haftungsrechts sind die sektoriellen Kompetenzen im Gesundheitswesen (Art. 152 EGV), im

[2] Vgl. für Deutschland: Art. 40 EGBGB; für Frankreich: Audit, Droit international privé (2. Aufl. 1997) Rz. 777; für Grossbritannien: Dicey/Morris, The Conflict of Laws (13. Aufl. 2000) 1543 ff.; für Italien: art. 62 IPR-Gesetz von 1995; für Österreich: § 48 IPR-Gesetz von 1978 i.d.F. von 1999.

[3] S. hierzu Wagner, Grundstrukturen des Europäischen Deliktsrechts, in: Zimmermann (Hg.), Grundstrukturen des Europäischen Deliktsrechts (2003) 189 ff. (193 ff.).

[4] Reich, Bürgerrechte in der Europäischen Union (1999) 76 ff.

Umweltbereich (Art. 174 ff. EGV) und für den Verbraucherschutz (Art. 153 EGV) von besonderem Interesse; in Betracht zu ziehen sind aber auch die Kompetenzen im Verkehrsbereich (Art. 70 ff. EGV) und für transeuropäische Netze (Art. 154 ff. EGV). Schliesslich verfügt die Gemeinschaft im Bereich der Arbeitsbedingungen über eine Zuständigkeit,[5] die auch Angleichungsmassnahmen hinsichtlich des Haftungsrechts im Arbeitsverhältnis einschliessen dürfte (Art. 136, 137 EGV).

Die Kompetenz im Gesundheitswesen erlaubt allerdings keinerlei Rechtsangleichung, wie Art. 152 Abs. 4 lit. c EGV ausdrücklich festlegt. Die Angleichung des Haftungsrechts zum Zweck besseren Gesundheitsschutzes, etwa von Personen, die Körperschäden erlitten haben, kann deshalb nur auf andere Kompetenzgrundlagen gestützt werden. Das wird durch Art. 152 Abs. 4 lit. c EGV indessen auch nicht ausgeschlossen.[6]

Die Kompetenz für Umwelt und Verbraucherschutz erlaubt andererseits zwar einheitliche ausservertragliche Haftungsregeln zu schaffen, jedoch nur für diese speziellen Bereiche. Denn sowohl Art. 153 Abs. 3 als auch Art. 175 Abs. 2 EGV verweisen auf Art. 95 und gestatten damit, Richtlinien zur Rechtsangleichung zu erlassen, die gemäss den Zielen des Verbraucher- und Umweltrechts den Schutz der menschlichen Gesundheit einschliessen.[7] Zum Gesundheitsschutz gehört aber auch ein Haftungsrecht, das für den angemessenen Ausgleich eingetretener Personenschäden sorgt und Geschädigten zu Kompensation und Rehabilitation verhilft.

Ob eine sektorielle Kompetenz zur Schaffung einer einheitlichen Deliktshaftung auch im Bereich des Verkehrs besteht, erscheint dagegen zweifelhaft. In Betracht kommen nur Art. 71 Abs. 1 lit. c und d EGV als Ermächtigungsgrundlage: Ob Haftungsregeln der „Verbesserung der Verkehrssicherheit" dienen oder im übrigen für Ziele der Verkehrspolitik „zweckdienlich" sind, ist problematisch. Denn der Titel „Verkehr" will vor allem für gleiche Wettbewerbsbedingungen gewerblicher Verkehrsbetreiber, damit für einen freien Verkehrsmarkt sorgen.[8] Eine einheitliche Haftungsordnung für alle Verkehrsteilnehmer ginge über diese Zweckbindung wohl hinaus und würde primär andere Zwecke verfolgen. Ferner lässt sich fragen, ob die Verkehrssicherheit durch Haftungsregeln erhöht werden kann. Eine gewisse Steuerungswirkung des Haftungsrechts, Schäden für andere oder sich selbst zu vermeiden und damit zur Sicherheit beizutragen, wird dem Haftungsrecht aber selbst im Verkehrsbereich nicht ganz abzusprechen sein. Bei weiter Auslegung des Art. 71 EGV kommt deshalb wohl auch im Verkehrssektor eine gemeinschaftsrechtliche Kompetenz zum Erlass von Haftungsregeln in Betracht.

[5] Anders als Art. 117 aF spricht Art. 136 nF EGV jetzt auch die Gemeinschaft und nicht nur die Mitgliedstaaten an.

[6] Vgl. Grabitz/Hilf (-Schmidt am Busch), Kommentar zur Europäischen Union (Stand August 2002) Art. 129 EGV Rn. 9.

[7] Art. 153 Abs. 1, Art. 174 Abs. 1 EGV.

[8] Vgl. Grabitz/Hilf (-Frohnmeyer) Art. 74 EGV Rn. 2, 3; Bleckmann, Europarecht (6. Aufl. 1997) Rn. 2409.

II. Allgemeine (horizontale) Kompetenzen

Neben den sektoriellen Kompetenzen, die als Spezialregelungen grundsätzlich die vorrangigen Ermächtigungsgrundlagen sind, können die horizontalen[9] Ermächtigungen des EGV Grundlage für eine Angleichung des Haftungsrechts sein. Die horizontalen Ermächtigungen (Art. 94, 95 EGV) unterliegen ihrerseits allerdings einer recht ernst genommenen Zweckbindung. Denn sie gestatten nur Massnahmen, die für „die Errichtung oder das Funktionieren des gemeinsamen Marktes" (Art. 94 EGV) erforderlich sind[10] oder „die Errichtung und das Funktionieren des Binnenmarktes zum Gegenstand haben" (Art. 95 Abs. 1 EGV). Beide Zweckbindungen - dem Gemeinsamen Markt bzw. dem Binnenmarkt zu dienen - haben einen strikten Marktbezug. Beide Marktbegriffe werden zudem zum Teil als fast identisch betrachtet.[11] Jedenfalls muss sich eine Angleichungsmassnahme nach Art. 94 oder 95 EGV auf ein Marktgeschehen beziehen und damit nach wohl herrschendem Verständnis „sozio-ökonomische Auswirkungen" haben.[12] Mittelbar ergibt sich dieses Verständnis auch aus Art. 95 Abs. 10 EGV, der eine Schutzklausel für vorläufige Massnahmen eines Mitgliedstaates aus „nichtwirtschaftlichen Gründen" enthält, also die Angleichung grundsätzlich dem wirtschaftlichen Bereich zuordnet. Mangels Marktbezuges besteht daher von vornherein keine horizontale Regelungskompetenz für Verhältnisse zwischen Privaten, z.B. Nachbarverhältnisse, Haftung zwischen Schülern etc. Ist ein Marktbezug gegeben, dann unterscheiden sich Art. 94 und Art. 95 allerdings insoweit, als im Rahmen des Art. 94 die Angleichungsmassnahme erforderlich sein muss, während für Art. 95 ihre Nützlichkeit genügt.

Nun lässt sich durchaus vertreten, dass unterschiedliche Haftungsregeln und damit ein unterschiedliches Haftungsniveau das Funktionieren des Gemeinsamen Marktes beeinträchtigen können.[13] Zum einen bildet sich kein echter gemeinsamer Markt oder gar Binnenmarkt, wenn auf räumlichen Teilmärkten nach wie vor unterschiedliche Rechtsbedingungen herrschen. Reicht die Haftung für Unternehmen beispielsweise in Frankreich weiter als

[9] Dazu Reich 80 ff.

[10] Vgl. auch Art. 3 Abs. 1 lit. h EGV.

[11] Vgl. Grabitz/Hilf (-Langeheine) Art. 100a Rn. 23; Bleckmann (-Eiden) Rn. 2112 ff.; anders Schweitzer/Hummer, Europarecht (5. Aufl. 1996) Rn. 1066 ff.; ferner Müller-Graff, Die Rechtsangleichung zur Verwirklichung des Binnenmarktes, EuR 1989, 107.

[12] Vgl. etwa Grabitz/Hilf (-Langeheine) Art. 100 a EGV Rn. 43: für den Binnenmarkt sind Massnahmen zulässig, die eine „hinreichende Homogenität der sozio-ökonomischen Bedingungen" schaffen.

[13] So etwa Basedow, Das BGB im künftigen europäischen Privatrecht, AcP 200 (2000) 424 f.; Tilmann/van Gerven, Die Kompetenzen der EU zur Schaffung eines einheitlichen Europäischen Schuld- und Sachenrechts und die mögliche Rechtsgrundlagen, in: von Bar u.a., Vergleichende Untersuchung der Privatrechtsordnungen der Mitgliedstaaten der EU im Hinblick auf Diskriminierungen aus Gründen der Staatsangehörigkeit sowie zur Möglichkeit und Notwednigkeit der Schaffung eines Europäischen Zivilgesetzbuches. Europäisches Parlament - Generaldirektion Wissenschaft, Projekt Nr. IV/98/44 (o.J., 1999) S. 205, 219 ff.; für das Vertragsrecht ebenso Lando, Why codify the European law of contract? ERPL 5 (1997) 525 (526).

in Deutschland, dann gelten damit in beiden Ländern unterschiedliche Wettbewerbsbedingungen für die betroffenen Unternehmen, die im einen Land höheren Haftungsrisiken und damit höheren, von der eigentlichen Leistung unabhängigen Kosten ausgesetzt sind als im anderen Land; ein Leistungsvergleich ist für Abnehmer der Leistungen schwierig und ein echter Wettbewerb zwischen deutschen und französischen Anbietern auf einem europäischen Markt durch diese Disparitäten verzerrt.

Rechtsunterschiede stören das Funktionieren eines gemeinsamen Marktes aber auch deshalb, weil sie Marktteilnehmer zu Verhaltensstrategien veranlassen, die ihre Ursache allein in diesen Rechtsunterschieden haben, so etwa wenn Anbieter Exporte oder Dienstleistungsangebote in Mitgliedstaaten mit hohem Entschädigungsniveau oder sehr langen Verjährungsfristen ganz vermeiden.

Die Legislativorgane der EG gehen - wie die Erwägungsgründe der Produkthaftungsrichtlinie zeigen - auch von einer wettbewerbsverzerrenden Wirkung unterschiedlichen Haftungsrechts aus. Die Produkthaftungsrichtlinie ist deshalb mit dem Hinweis auf derartige Verzerrungen auf den früheren Art. 100 und jetzigen Art. 94 gestützt worden. In ihren Erwägungsgründen heisst es: „Eine Angleichung der einzelstaatlichen Rechtsvorschriften über die Haftung des Herstellers für Schäden, die durch die Fehlerhaftigkeit seiner Produkte verursacht worden sind, ist erforderlich, weil deren Unterschiedlichkeit den Wettbewerb verfälschen, den freien Warenverkehr innerhalb des Gemeinsamen Marktes beeinträchtigen und zu einem unterschiedlichen Schutz des Verbrauchers vor Schädigungen seiner Gesundheit und seines Eigentums durch ein fehlerhaftes Produkt führen kann." Diese Begründung trifft nicht nur für die Produkthaftung zu, sondern für jede schädigende Aktivität am Markt tätiger Rechtssubjekte. Darüberhinaus zeigt die Ingmar-Entscheidung des EuGH, dass auch der Europäische Gerichtshof ein unterschiedliches Entschädigungsniveau für wettbewerbsverzerrend hält.[14]

Da das Deliktsrecht ferner alle Tätigkeiten wirtschaftender Unternehmen berühren kann, führen Unterschiede des Haftungsrechts auch dazu, dass sich Unternehmen bereits eher dort ansiedeln, wo sie unter geringeren Haftungsrisiken produzieren oder sonst arbeiten können. Ferner belastet ein unterschiedliches Haftungsrecht Wettbewerber auf einem einheitlichen Markt dann noch zusätzlich mit unterschiedlichen Folgen, wenn es nach internationalem Deliktsrecht nicht auf den Deliktsort, sondern allein auf den Sitz des Unternehmens ankommt. Das ist nach deutschem IPR etwa der Fall, wenn Schädiger und Geschädigter ihren gewöhnlichen Aufenthalt oder Sitz im selben Land haben (Art. 40 Abs. 2 EGBGB). Schädigt ein deutsches

[14] EuGH, RiW 2001, 133 (Ingmar GB Ltd. ./. Eaton Leonard Technologies Inc., Rs. C-381/98) ; s. zu der Entscheidung insbes. Freitag/Leible RiW 2001, 287 ff.; Kindler BB 2001, 11 ff.; Martiny ZEuP 2001, 330 f.; Michaels/Kamann EWS 2001, 301 ff.; Reich EuZW 2001, 51 ff.; Schwarz ZvglRWiss 101 (2002) 45 ff.; Staudinger NJW 2001, 1974 ff.; ausführlich, Bitterich, Die Neuregelung des Internationalen Verbrauchervertragsrechts in Art. 29a EGBGB (2003) 463 ff.

Unternehmen z.B. deutsche Urlauber in Portugal oder Spanien, dann gilt deutsches Deliktsrecht; verursacht ein dortiges Unternehmen denselben Schaden, dann gilt für dieses Unternehmen portugiesisches oder spanisches Recht mit teilweise erheblich geringeren Haftungslasten. All diese Disparitäten führen zu Verzerrungen der Wettbewerbssituation allein aus Rechtsgründen und beeinträchtigen deshalb einen funktionierenden gemeinsamen und Binnenmarkt. Das gilt im Gebiet des Deliktsrechts noch stärker als im Vertragsrecht. Denn im Deliktsrecht können die Beteiligten Haftungsunterschiede regelmässig nicht durch vorherige vertragliche Absprachen selbst ausgleichen oder mildern.

Damit ist eine Zuständigkeit der Gemeinschaft zu bejahen, jedenfalls im gewerblichen Bereich und gegenüber Verbrauchern das ausservertragliche Haftungsrecht in der EU anzugleichen.

Allerdings erstreckt sich diese Zuständigkeit in ihrem originären Anwendungsbereich nicht darauf, ein Haftungsrecht auch für jene Fälle zu schaffen, in denen eine Marktkomponente fehlt, also für unerlaubte Handlungen zwischen Privatpersonen oder auch privater Schädiger gegenüber beruflich oder professionell Tätigen. In diesen Bereichen lässt sich eine Zuständigkeit nur aus den oben genannten speziellen Zuständigkeitsbereichen wie Verkehr, Arbeitsbedingungen und Umwelt herleiten. Schon der Verbraucherschutz des Art. 153 EGV kann hier aber nicht als Kompetenzgrundlage herangezogen werden. Denn er setzt die Verbrauchereigenschaft eines Beteiligten und eine professionelle Marktgegenseite voraus, vor deren Übergewicht der Verbraucher geschützt werden soll. Zur Regelung der Verhältnisse zwischen Privaten kann der Verbraucherschutz als Ermächtigung deshalb kaum dienen.

Damit besteht im Haftungsrecht eine Regelungszuständigkeit der Gemeinschaft an sich nur, soweit es um die ausservertragliche Haftung gewerblich Tätiger geht, ferner soweit sektorielle Bereiche wie Umwelt, Verkehr, Arbeitsleben betroffen wird. Aus der Sicht der Zuständigkeitsregeln des EGV kommt der EG-Bürger also nur in seiner jeweiligen Funktion - als Gewerbetreibender, Verkehrtreibender, Arbeitnehmer etc. - in den Blick. Es ist allerdings deutlich, dass bei einer solchen Sicht ein Flickenteppich von teils horizontalen, teils sektoriellen Haftungsrechten entstehen muss, wenn die jeweilige Gemeinschaftskompetenz ausgeschöpft würde. Da der EGV inzwischen aber fast alle Lebensbereiche anspricht, da ein Nebeneinander von horizontalen und sektoriellen Haftungsregelungen als unsinnig und unnötig kompliziert erscheint, da seit Maastricht ferner der Unionsbürger als einheitliche Person, nicht mehr nur in den Einzelfacetten seiner jeweiligen (primär Markt-)Betätigung die Zielperson des EGV ist (Art. 17-22),[15] müssen daraus auch Folgerungen für die Kompetenzregelungen des EGV gezogen werden. Wo, wie für das ausservertragliche Haftungsrecht, nur noch geringe Kompetenzlücken verbleiben, die eine Gesamtregelungszuständigkeit der Gemeinschaft ausschliessen, muss angesichts des inzwischen erreichten

[15] Dazu auch Grabitz/Hilf (-Hilf) Art 8 EGV Rn. 2 ff.

Integrationsstandes eine immanente Annexkompetenz angenommen werden, die es erlaubt, diese Lücken zu schliessen.[16]

Der EuGH hat frühzeitig anerkannt, dass Vorschriften des Vertrages auch solche Befugnisse einschliessen, „bei deren Fehlen sie (sc. die Vertragsvorschriften) sinnlos wären oder nicht in vernünftiger und zweckmässiger Weise zur Anwendung gelangen könnten“.[17]

Ein konsistentes binnenmarkttaugliches Haftungsrecht kann nur über eine Gesamtregelung geschaffen werden. Eine Vielzahl nebeneinander bestehender bereichsspezifischer Einzelregelungen, die in vielen Grundfragen wie Kausalität, Rechtswidrigkeit, Verschulden, Schaden, Mitverschulden etc. doch übereinstimmende Regeln enthalten müssten, wäre weder vernünftig noch zweckmässig. Es ist deshalb die Kompetenz der Gemeinschaft für eine Gesamtregelung des ausservertraglichen Haftungsrechts aus der Gesamtheit der sektoriellen und horizontalen Kompetenzen zur Regelung haftungs-rechtlicher Fragen herzuleiten.

E. Das ausservertragliche Haftungsrecht in der Rechtsprechung des EuGH

Der Europäische Gerichtshof hat in unterschiedlichen Zusammenhängen schon recht häufig zu Fragen des ausservertraglichen Haftungsrechts Stellung genommen - insbesondere im Rahmen des Art. 288 Abs. 2 EGV (Art. 215 Abs. 2 a.F.). Einzelne Kernelemente des Deliktsrechts hat er dabei näher umschrieben: so etwa die erforderliche Kausalität,[18] den ersatzfähigen Schaden,[19] anzurechnendes Mitverschulden[20] etc. Diese Rechtsprechung des EuGH hat sich zwar noch nicht zu einem eigenständigen und geschlossenen Haftungssystem entwickelt; sie enthält aber doch den common core wichtiger Grundelemente eines ausservertraglichen Haftungsrechts. Diese Elemente gilt es, in die weitere europäische Entwicklung einzubauen. Im vorliegenden Zusammenhang lässt sich freilich nur ihre Existenz konstatieren. Eine genaue Aufarbeitung der EuGH-Rechtsprechung kann hier nicht geleistet werden.[21]

F. Entwicklung allgemeiner Haftungsgrundsätze

Hält man einen Bedarf für ein einheitliches Haftungsrecht in Europa für gegeben und anerkennt man auch eine grundsätzliche Rechtssetzungs-

[16] Zu Annexkompetenzen Reich 370; Bleckmann Rn. 800.

[17] EuGH Slg. 1956, 2975, 312 [Rn. 15] (Fédération Charbonnière de Belgique./.Hohe Behörde der Europäischen Gemeinschaft für Kohle und Stahl, Rs. 8/55); ferner Grabitz/Hilf (-Wenig) Art. 173 EWGV Rn. 26.

[18] EuGH Slg. 1979, 30.91 (Dumortier Frères, verb. Rs. 64, 113/76; 176, 239/78; 27, 29, 45/79).

[19] EuGH Slg. 1976, 1 (Produits Bertrand, RS. 40/75); EuGH Slg. 1994 I 341 (Grifóni II, Rs. 308/87).

[20] EuGH Slg. 1985, 3539 (Adams, Rs. 145/83).

[21] Vgl. dazu Magnus/Wurmnest, Casebook Europäisches Haftungs- und Schadensrecht (2002) und Wurmnest, Grundzüge eines europäischen Haftungsrechts (2003).

zuständigkeit der EG für das ausservertragliche Haftungsrecht, dann stellt sich die weitere Frage, wie eine solche Rechtssetzung erfolgen sollte.

Dabei lässt sich zunächst das Ziel formulieren. Am Ende des Angleichungsprozesses sollte ein gemeinsamer verbindlicher Text stehen, der die wesentlichen kodifizierbaren Grundsätze des Haftungsrechts in klarer und systematischer Form wiedergibt, ohne all und jede Einzelheit zu regeln. Ein gemeinsamer und verbindlicher Text in den Sprachen der Gemeinschaft ist aus Gründen der Rechtsklarheit, der Publizität und Transparenz des Rechts notwendig. Recht allein durch Überlieferung zu übermitteln, ist seit dem auf die Marktsäule gemeisselten Codex Hammurabi nicht mehr für ausreichend erachtet worden. Auch das Common Law fusst auf den geschriebenen law reports, die die in Entscheidungen gefundenen Rechtssätze wiedergeben. Ein in Gesetzesform formulierter Rechtsakt, der, sei es als Staatsvertrag, sei es als Richtlinie oder Verordnung, das Haftungsrecht zusammenfasst, muss deshalb das endgültige Ziel der Angleichung sein.

Stimmt man diesem Ziel zu, dann ist zunächst klar, dass die bisherige punktuelle Rechtssetzung der EG - wie etwa mit der Produkthaftungsrichtlinie - nicht zielführend ist. Vielmehr ist eine systematische Zusammenstellung und Erarbeitung des gesamten ausservertraglichen Haftungsrechts notwendig. Sie könnte übrigens auch nicht von der Rechtsprechung des EuGH geleistet werden, die mit Fragen des allgemeinen Haftungsrechts ebenfalls immer nur punktuell befasst wird.

Die skizzierte Aufgabe muss allerdings nicht zwingend in einem einzigen Schritt bewältigt werden. Sinnvoll erscheint auch im Bereich des Deliktsrechts das „Lando-Modell", bei dem zunächst eine oder auch mehrere unabhängige Wissenschaftlergruppen allgemeine Prinzipien aus dem Vergleich der europäischen Rechtsordnungen entwickelen - ähnlich einem European Restatement, das freilich auch die Suche nach der besten Lösung einschliesst.[22] Dann kann in einem zweiten Schritt der europäische Diskurs über die Angemessenheit der principles eröffnet und in einem dritten Schritt die politische Auseinandersetzung und Umsetzung in Angriff genommen werden. Für das Deliktsrecht hat insbesondere die European Group on Tort Law (die frühere Tilburg Gruppe) die Entwicklung europäischer General Principles of Tort Law seit einiger Zeit aufgenommen.[23] Der Gruppe gehören Deliktsrechtler aus fast jedem EU-Staat an.[24] Die beitrittswilligen osteuropäischen Länder sind durch Gastteilnehmer repräsentiert. Ferner sind die USA, Südafrika und Israel durch hochrangige Wissenschaftler vertreten, die wertvolle Erfahrungen ihrer Länder mit der Angleichung unterschiedlicher Teilrechte beisteuern. Einige Ergebnisse der Arbeit dieser Gruppe sind bereits veröffentlicht.[25] Eine Gesamtzusammenstellung der

[22] Die Lando-Gruppe hat diese Aufgabe für das Vertragsrecht zum grossen Teil bereits geleistet; vgl. Lando/Beale, Principles of European Contract Law (Parts I and II, 2000; Part III, 2003).

[23] Vgl. zur Arbeit dieser Gruppe Spier/Haazen, ZEuP 1999, 469 ff.

[24] Für Deutschland ist es der Autor dieses Beitrags.

[25] Vgl. Spier (Hrsg.), The Limits of Liability: Keeping the Floodgates Shut (1996); Spier (Hrsg.);

European Principles of Tort Law wird die Gruppe in den nächsten Jahren unterbreiten.

Eine weitere europäische Wissenschaftsgruppe, die sich - auch - der Deliktsrechtsvereinigung widmet, ist die „Study Group on a European Civil Code“ unter der Führung Christian von Bar. Auch diese Gruppe arbeitet in ähnlicher Weise nach dem „lando-Modell“[26] und wird ebenfalls in den nächsten Jahren ihre Vorschläge vorlegen. Eine gemeinsame Vorstellung der Kernkonzepte beider Gruppen im November 2002 an der Europäischen Rechtsakademie in Trier hat gezeigt, dass diese Konzepte nicht zu weit auseinanderliegen.[27]

G. Einzelelemente und Prinzipien des Haftungsrechts

I. Allgemeines

Eine beachtliche Reihe einzelner Elemente des Haftungsrechts kehrt in allen europäischen (und aussereuropäischen) Rechtsordnungen wieder. Auch wenn diese Elemente keineswegs überall die gleiche Bedeutung angenommen haben, bilden sie den Fundus, aus dem sich ein gemeinsames Haftungsrecht entwickeln lässt.

II. Ziele des Deliktsrechts

Formal betrachtet legt das Deliktsrecht in allen Rechtsordnungen die Bedingungen fest, unter denen jemand im Zivilrecht einen Schaden, den er erlitten hat, von einem anderen ersetzt verlangen kann, ohne dass zwischen beiden Parteien eine vertragliche oder sonstige Sonderbeziehung bestehen muss, die ihr Rechtsverhältnis gestaltet. Definiert wird damit die Grenzlinie zwischen eigener Schadenstragung und Abwälzung des Schadens auf andere, die dann wirtschaftlich den Schaden zu tragen haben. Diese Grenzlinie hat allerdings keinen vorgegebenen, natürlichen Verlauf. Ihre Festlegung erfolgt vielmehr auf Grund von Wertungen, die nicht grundsätzlich, aber doch graduell in den einzelnen Rechtsordnungen durchaus unterschiedlich ausfallen. Einerseits sind es die Interessen des Geschädigten an Schutz und Ausgleich, andererseits die Interessen des Schädigers an haftungsfreier Betätigung und Entfaltungsmöglichkeit, die diese Wertungen bestimmen. Als Ziel verfolgt das Haftungsrecht in Europa vor allem einen angemessenen Schutz und Schadensausgleich für Geschädigte, ohne den Handlungs- und Verhaltensspielraum des Schadensverursachers aber zu sehr einzuengen.

The Limits of Expanding Liability: Eight Fundamental Cases in a Comparative Perspective (1998); Koziol (Hrsg.), Unification of Tort Law: Wrongfulness (1998); Spier (Hrsg.), Unification of Tort Law: Causation (2000); Magnus (Hrsg.), Unification of Tort Law: Damages (2001); Koch/Koziol (Hrsg.), Unification of Tort Law: Strict Liability (2002).

[26] Vgl. von Bar, Konturen des Deliktsrechts der Study Group on a European Civil Code, ZEuP 2001, 515 ff.

[27] so auch Wagner in seinem Tagungsbereicht, ZEuP 2003, 451 ff.

Zugleich dient das Deliktsrecht mit der drohenden Sanktion des Schadensersatzes sowie dem Mitverschuldenseinwand in gewissem Umfang der Prävention von Schäden und der Verhaltenssteuerung. Das Ziel der Prävention und Sanktion wird in den europäischen Rechten allerdings unterschiedlich stark verfolgt. Während etwa das englische Recht durchaus betont, dass das law of torts teilweise auch strafende, häufiger präventive Funktionen erfüllt und erfüllen soll,[28] steht beispielsweise das deutsche Recht diesen Funktionen deutlich reservierter gegenüber.[29]

Insgesamt lässt sich sagen, dass das Deliktsrecht nicht nur ein einziges Ziel verfolgt; vielmehr dient es einer Reihe von Ordnungszwecken, als deren wichtigster übereinstimmend der Schadensausgleich angesehen wird.

III. Gründe für die deliktsrechtliche Verantwortlichkeit

Es ist Gemeingut der europäischen Rechtsordnungen, dass es ohne einen besonderen Haftungsgrund keine deliktsrechtliche Verantwortlichkeit für einen Schaden gibt, den ein anderer erlitten hat. Gemeingut ist ebenfalls, dass es nicht ein einziges Prinzip ist, auf das sich die deliktsrechtliche Verantwortlichkeit gründet. Gemeinsames Erbe, das in der Aufklärung und im beginnenden Industriezeitalter der zentrale Haftungsgrund war, ist das Verschuldensprinzip, das nach wie vor - allerdings nirgends mehr ausschliesslich - zur Rechtfertigung einer Schadensverantwortlichkeit dient. Wer sein willentliches Verhalten nicht an dem Standard ausrichtet, der vom Durchschnittsteilnehmer in der konkreten Situation zu erwarten ist, muss für Folgen dieser Fehlsteuerung einstehen.[30]

Weiterer und immer stärkerer Tragpfeiler deliktischer Haftung ist daneben aber auch die Einstandspflicht für Schäden aus besonders risikoreichen Tätigkeiten und Gefahrquellen, ohne dass es auf ein Verschulden ankommt.[31] Wer ein erhöhtes Risikopotential schafft oder unter Kontrolle hat, soll allein deshalb für die Schäden aufkommen, die auf diese Gefahrquelle zurückzuführen sind. Die europäischen Rechtsordnungen zeigen allerdings erhebliche Unterschiede in der Beurteilung der Umstände, die als besondere Gefahr gelten. Während etwa die meisten EU-Staaten im Betrieb eines Kfz eine erhöhte Gefahr sehen,[32] die den Halter ohne Rücksicht auf Verschulden für mit dem Kfz verursachte Schäden haften lässt, kennen beispielsweise Grossbritannien und Irland keine strikte Kfz-Halterhaftung. Hier gilt nach wie vor eine reine Verschuldenshaftung, auch wenn sie z.T. ausserordentlich

[28] Vgl. Winfield/Jolowicz on Tort (-Rogers) (16. Aufl. 2003) 2.

[29] Vgl. Lange, Schadensersatz (2. Aufl. 1990) 9 ff.; Larenz, Schuldrecht I (1987) § 27 I: Prävention ist „erwünschtes Nebenprodukt"; Münchener Kommentar zum Bürgerlichen Gesetzbuch (-Mertens) (3. Aufl. 1997) vor §§ 823-853 Rn. 29 ff.: „Sekundärfunktionen".

[30] Vgl. schon Domat, Les loix civiles dans leur ordre naturel (1689), liv. II, tit. VIII, s. IV §§ 1, 3: Haftung für „imprudence, légereté, ignorance de ce qu'on doit savoir, ou autres fautes semblables".

[31] Eingehend hierzu jüngst Wagner (oben Fn. 3) 270 ff.

[32] Ausser Deutschland etwa Frankreich (hier gilt Art. 1384 Cc für die Halterhaftung), Österreich: EKHG.

scharf ist.[33] Auch ob eine Analogie zu anerkannten Gefährdungshaftungen zulässig ist, beurteilt man in Europa unterschiedlich. Während etwa die deutsche Rechtsprechung sie strikt ablehnt,[34] lässt der österreichische Oberste Gerichtshof sie durchaus zu[35] und anerkennt beispielsweise der italienische Codice civile ausdrücklich eine Haftung für gefährliche Tätigkeit („attività pericolosa"), sofern der Schädiger nicht die Einhaltung jeder Sorgfalt nachweisen kann.[36]

Schliesslich wird als Haftungsgrund in gewissem Umfang auch die Verantwortlichkeit für den eigenen Lebensbereich anerkannt. Wer - an sich ungefährliche - Sachen in seiner Obhut oder Einflusssphäre hat, muss etwa nach englischem und insbesondere nach französischem Recht vielfach auch ohne Schuld für Schäden haften, die diese Sachen bei Dritten verursachen.[37] Zusammengenommen muss neben der Verursachung eines Schadens also ein besonderer Verantwortungsgrund gegeben sein, um eine Haftung zu rechtfertigen. Als derartiger Zurechnungsgrund zählt stets Verschulden, ferner die Schaffung einer besonderen Gefahrensituation und in Grenzen die Verantwortung für den eigenen Lebensbereich.

IV. Geschützte Interessen

Dass nicht alle europäischen Rechte einen festen Katalog der absolut geschützten Rechte kennen, ist eine Binsenweisheit. So enthält das französische Recht die berühmte Generalklausel des Art. 1382 Cc, die zum Ersatz jeden Schadens („un dommage") verpflichtet. Das Common Law wiederum schützt die unterschiedlichen Interessen Geschädigter, indem es jeweils spezielle Deliktstatbestände formuliert. Das BGB folgt mit der beispielhaften Aufzählung der wichtigsten Rechtsgüter in § 823 Abs. 1 BGB einer Mittellinie. Es waren allerdings nicht nur Sachgründe, sondern auch Motive nationalstaatlicher Abgrenzung, die den BGB-Gesetzgeber dazu veranlassten, nicht eine Generalklausel wie Art. 1382 Code civil zu übernehmen, sondern ihr bewusst die enumerative Aufzählung des § 823 Abs. 1 BGB entgegenzusetzen.[38]

[33] Vgl. Nettleship v. Weston [1971] 2 Q.B. 691 (Fahrschüler als fahrlässig angesehen, weil er nicht die Sorgfalt eines ordentlichen - erfahrenen - Autofahrers aufgebracht hatte).

[34] BGHZ 55, 229; BGH VersR 1972, 1047.

[35] OGH SZ 21/46; 48/131; ÖJZ 1992, 584.

[36] Art. 2050 ital. Cc.

[37] Vgl. für Frankreich: Art. 1384 Code Civil (strikte Haftung des „gardien" der Sache) und ganz ähnlich für Italien Art. 2051 Cc; für England: Rylands v. Fletcher (1868) L.R. J3 H.L. 330 (strikte Haftung für Gefahren, die von eigenem Grund und Boden entweichen („escape") und anderswo Schaden stiften).

[38] Vgl. z.B. Motive II 22 zur Ersatzfähigkeit immaterieller Schäden im BGB: „Durch allgemeine Anerkennung eines Entschädigungsanspruches wegen Verletzung eines nicht vermögensrechtlichen Interesses würde dem Richter jene dem deutschen Rechte fremde Souveränität seiner Stellung gegenüber dem Streitverhältnisse beigelegt, welche erst bei der Berathung der C.P.O. nach reiflicher Prüfung als bedenklich erfunden und deshalb verworfen wurde." Mit der „dem deutschen Rechte fremde(n) Souveränität" war vor allem das französische Recht gemeint, von dem man sich hier abgrenzen wollte; vgl. zur Entstehungsgeschichte des §

Doch sind diese Unterschiede eher äusserlicher Art. Denn in allen europäischen Rechtsordnungen ist auch klar, dass das Deliktsrecht nicht gegen all und jede Einbusse schützt. Vielmehr besteht weite Übereinstimmung, dass nur die Beeinträchtigung solcher Rechtspositionen deliktsrechtliche Schadenersatzansprüche auslöst, auf deren Erhalt jedes Mitglied einer Gesellschaft soll vertrauen dürfen. Zu diesen Positionen gehört die Integrität der eigenen Person, der eigenen Sachen und absoluten Rechte, die jedermann zu achten hat - wie Sachen- und Immaterialgüterrechte. Schon der Schutz reiner Vermögensinteressen ist problematisch und nur unter besonderen Bedingungen gewährleistet. Allerdings ist diese Grundübereinstimmung keineswegs vollständig; denn im Detail variiert die Reichweite des Güterschutzes durchaus: so wird etwa der Schutz der Persönlichkeit unterschiedlich weit gefasst - einige EU-Länder wie Grossbritannien[39] oder Österreich[40] schützen nur bestimmte Einzelausprägungen des Persönlichkeitsrechts, z.B. den Namen, das Recht am eigenen Bild etc. Andere wie Frankreich[41] oder Deutschland[42] anerkennen dagegen ein umfassendes allgemeines Persönlichkeitsrecht, das für einige Fälle - wie z.B. die wahre Berichterstattung über den Privatbereich - einen weiterreichenden Schutz gewährt.[43] Randunschärfen bei den einzelnen Schutzgütern sind freilich unvermeidlich und auch in begrenztem Umfang notwendig, um Offenheit und Anpassungsfähigkeit gegenüber künftigen Entwicklungen zu erhalten.

V. Kausalität

Eine zentrale Voraussetzung jeder Deliktshaftung ist das Element der Kausalität. Ohne Verursachung des Schadens entsteht gewöhnlich keine Haftung. Im Kern wird die Kausalität in Europa auch nicht sonderlich unterschiedlich gehandhabt, obwohl die dogmatischen Konzepte auseinander gehen: Belgien lässt grundsätzlich die condicio sine qua non-Formel genügen und folgt damit der Äquivalenzlehre.[44] Das Common Law hält das „remoteness"-Konzept für zutreffend.[45] Andere Rechte - etwa das deutsche oder griechische - vertreten die Adäquanzlehre.[46] Teilweise wird auch - etwa

253 BGB auch Magnus, Schaden und Ersatz (1987) 312 ff.

[39] Salmond/Heuston on the Law of Torts (21. Aufl. 1996) 32 ff.; Winfield/Jolowicz (-Rogers) 46 ff.

[40] Vgl. Schilcher/Kleewein, Landesbericht Österreich, in: von Bar (Hrsg.), Deliktsrecht in Europa (1993/94) 34.

[41] Vgl. Gesetz vom 17.7.1970.

[42] BGHZ 13, 334.

[43] Vgl. für Deutschland BVerfG NJW 2000, 2191.

[44] Vgl. Cousy/Vanderspikken, Causation under Belgian Law, in: Spier (Hrsg.), Unification of Tort Law: Causation (2000) 23.

[45] Eingehend dazu Winfield/Jolowicz (-Rogers) 195 ff., 207 ff.

[46] Vgl. für Deutschland BGHZ 7, 198 (204); BGHZ 57, 141; BGH NJW 1995, 127. Für Griechenland: Kerameus, Causation under Greek Law, in: Spier (oben Fn. 44) 75. Der Sache nach auch Österreich, dass im Adäquanztest allerdings keine Kausalfrage, sondern eine

in den Niederlanden - ein offener Ansatz verfolgt, der die Kausalfrage zwar zunächst auf der Basis der condicio-Formel, dann aber letztlich auf Grund multifaktorieller policy-Überlegungen beantwortet.[47] Dieser Ansatz verbirgt sich zu einem Gutteil auch hinter den zu engen Bezeichnungen der Adäquanz und der „remoteness". Er kann deshalb als wahrer gemeinsamer Kern der Kausalitätsdefintion in der europäischen Rechten angesprochen werden.[48]

VI. Rechtswidrigkeit

Die europäischen Deliktsrechtsordnungen setzen für eine Haftung gewöhnlich auch voraus, dass der eingetretene Schaden widerrechtlich verursacht wurde. Widerrechtlichkeit bedeutet, dass die Rechtsordnung etwas als unerlaubt ansieht und regelmässig Mittel zur Abwehr (etwa Notwehr) zulässt. Uneinheitlich wird aber schon die Frage beantwortet, ob die Rechtswidrigkeit ein eigenständiges Element des Deliktsrechts ist.[49] Das französische und das belgische Recht behandeln die Rechtswidrigkeit als Teil des Kernelements „faute". Hier bezeichnet es dessen objektive Komponente.[50] Uneinheitlich wird auch der Bezugspunkt des Rechtswidrigkeitsurteil gesehen: Teilweise ist es das Verhalten, das gegen Gebote des Rechts verstossen haben muss, um eine Haftung auszulösen - so etwa im österreichischen Recht.[51] Teilweise sieht man - etwa überwiegend in Deutschland - im Erfolg schädigenden Tuns den Bezugspunkt des Unrechtsurteils.[52] Teilweise vermag man mit einem abstrakten allgemeinen Element der Rechtswidrigkeit auch recht wenig anzufangen - so im englischen Recht, das jeweils von Delikt zu Delikt festlegt, welche Schädigungen unerlaubt sind.[53]

Problematisch ist die Voraussetzung der Rechtswidrigkeit auch, wenn Gefährdungshaftungen mitberücksichtigt werden. Hier ist das gefährliche Tun erlaubt: Niemand kann etwa seinem Nachbarn mit einer Unterlassungsverfügung das Autofahren untersagen lassen oder bereits Notwehr üben, wenn der Nachbar wegfahren will. Gleichwohl braucht sich niemand überfahren zu lassen, nur weil Autofahren erlaubt ist. Mit der Gefährdung ist also nicht zugleich die Verletzung erlaubt. Seine praktische Relevanz erweist das Problem der Rechtswidrigkeit deshalb vor allem bei den Rechtfertigungsgründen. Sie schliessen die Haftung für verursachten

eigentständige Begrenzung der Zurechnung sieht: vgl. Koziol, Österreichisches Haftpflichtrecht Bd. I (3. Aufl. 1997) 91, 235 ff.

[47] Vgl. Art. 6:98 Nieuw Burgerlijk Wetboek von 1992.

[48] So zu Recht Spier/Haazen, Comparative Conclusions on Causation, in: Spier (oben Fn. 44) 134.

[49] Überaus eingehend hierzu auch Wagner (oben Fn. 3) 213 ff.

[50] Vgl. Viney, Le ‚Wrongfulness' en Droit Français, in: Koziol (Hrsg.), Unification of Tort Law: Wrongfulness (1998) 57; Cousy, Wrongfulness in Belgian Tort Law, in: Koziol aaO 31.

[51] Koziol I 140.

[52] Vgl. BGH NJW 1996, 3205; Palandt (-Thomas), Bürgerliches Gesetzbuch (62. Aufl. 2003) § 823 Rz. 32 ff.

[53] Vgl. Rogers, Wrongfulness under English Tort Law, in: Koziol (oben Fn. 50) 39 ff.

Schaden aus und werden in Europa in den Grundzügen recht einheitlich verstanden. So bilden die wirksame Einwilligung des Geschädigten, Notwehr, Notstand und erlaubte Selbsthilfe auf Seiten des Schädigers weitgehend übereinstimmend anerkannte Rechtfertigungsgründe.[54] Insgesamt wird also ein Merkmal Rechtswidrigkeit, sei es auch in Gestalt von haftungsausschliessenden Verteidigungsgründen, auch in einem gemeinsamen europäischen Recht seinen Platz haben.

Interessant ist in diesem Zusammenhang der Vorschlag von Bars, auf Rechtswidrigkeit und Rechtfertigungsgründe in einem gemeineuropäischen Deliktsrecht ganz zu verzichten und dafür allgemeine Verteidigungsgründe anzuerkennen.[55] Da innerhalb dieser Kategorie dann freilich doch vor allem die oben aufgeführten Rechtfertigungsgründe, allerdings auch Mitverschulden, Haftungsfreizeichnungen und Verjährung auftauchen, fällt es schwer, darin mehr als eine terminologische Änderung zu sehen, die recht Disparates nebeneinander stellt.

VII. Verschulden

Es ist übereinstimmender Ausgangspunkt der europäischen Rechte, dass nicht nur, aber jedenfalls für schuldhafte Schadensverursachung gehaftet werden soll.[56] Wer in vorwerfbarer Weise einen anderen geschädigt hat, soll dafür in der Regel einstehen. Das bestimmen sowohl die Kodifikationen wie etwa Art. 1382 Code civil, § 823 Abs. 1 BGB, § 1295 ABGB, Art. 2043 ital. Codice civile, Art. 6:162 Nieuw Burgerlijk Wetboek als auch das Common Law, das einen allgemeinen Haftungstatbestand „negligence" entwickelt hat, „negligence" als Vorwerfbarkeit aber auch bei vielen Einzeltatbeständen des Deliktsrechts (torts) voraussetzt.[57] Andererseits besteht auch Übereinstimmung, dass nicht schon jede nachlässige Verursachung jedweden Schadens zu Ersatz verpflichtet. Vielmehr begrenzt man die Einstandspflicht, indem - wie z.B. in Deutschland - die Verletzung bestimmter Rechtsgüter oder - wie in England - die Verletzung einer „duty of care"[58] oder - wie in Frankreich[59] - ein unmittelbarer Zusammenhang des Schadens mit dem schädlichen Verhalten gefordert wird.

Schliesslich ist es weitgehend einheitliche Auffassung, dass es für die Frage der Vorwerfbarkeit eines Verhaltens auf einen objektiven Standard ankommt: Schuldhaft handelt, wer den Schaden herbeiführen will; aber auch, wer bei

[54] Vgl. für Deutschland §§ 227 ff. BGB; für Frankreich: Flour/Aubert, Les obligations 2. Le fait juridique (6. Aufl. 1994) 107 ff.; für Grossbritannien: Winfield/Jolowicz (-Rogers) 844 ff. („defences"); Österreich: Koziol I 168 ff.

[55] von Bar, Gemeineuropäisches Deliktsrecht Bd. II (1999) Rn. 490.

[56] Vgl. eingehend Wagner (oben Fn. 3) 249 ff.

[57] Eingehend dazu Winfield/Jolowicz (-Rogers) 90 ff.

[58] In England werden bestimmte Rechtsgüter durch die einzelnen torts geschützt; das Delikt negligence setzt dagegen die Verletzung einer duty of care voraus; Winfield/Jolowicz (-Rogers) 90 ff.

[59] Vgl. Viney, Les obligations. La responsabilité: conditions (1982) Rz. 273.

seinem Verhalten das nicht leistet, was von einem verständigen Menschen in gleicher Situation zu verlangen wäre.[60] Im Einzelnen hängt der einzuhaltende Sorgfaltsstandard von den konkreten Umständen ab. Es gilt ein situationsgebundener objektivierter Fahrlässigkeitsmassstab. So ist etwa - wie an sich auch selbstverständlich ist - bei schlechter Sicht, kurvenreicher Strecke und Nässe eine gänzlich andere Fahrweise als bei trockener, gerader Strasse im hellen Tageslicht geboten. Entsprechend ist ein ganz unterschiedlicher Maßstab an das Verhalten dessen anzulegen, der in der jeweiligen Situation Schaden verursacht hat.

Persönliche Eigenschaften - Einschränkungen ebenso wie Sonderfähigkeiten - spielen nur in Grenzen eine Rolle. So kommt es insbesondere im Rahmen der Deliktsfähigkeit bei Minderjährigen und geistig beeinträchtigten Personen auf subjektive Faktoren wie ihre Einsichtsfähigkeit an.[61]

Die geringen subjektiven Einschläge beim Verschulden und die Objektivierung des Fahrlässigkeitsbegriffs legen die Frage nahe, ob Rechtswidrigkeit und Verschulden als getrennte Kategorien Sinn machen oder als ein Element - etwa der Zurechnung - zusammengefasst werden sollten. Zu einem Teil überschneiden sich beide Elemente, nämlich soweit es bei Fahrlässigkeitsdelikten um die Festlegung der allgemeinen Verhaltenspflicht geht, die ein Schädiger als Gebot der objektiven Rechtsordnung einzuhalten hat. Andererseits geht es um jeweils getrennte Fragen, soweit die oben behandelten Rechtfertigungsgründe, die Frage des Vorsatzes oder die Deliktsfähigkeit im Spiel sind. Entscheidend ist m.E. deshalb, dass bei der zivilrechtlichen Zurechnung einer Tat sowohl die objektiven Komponenten (wie der objektive Verhaltensstandard und besondere Rechtfertigungen) als auch die subjektiven Komponenten (Vorsatz und Deliktsfähigkeit) jeweils für sich geprüft werden, soweit sie im konkreten Fall von Belang sind. Unter welcher Bezeichnung dies geschieht, ist gleichgültig. Klar ist damit aber auch, dass es sich dabei nicht um eine einzige Frage, sondern um mehrere, von einander zu trennende Gesichtspunkte handelt.

VIII. Schaden

Die grössten Unterschiede weist im europäischen Konzert der Deliktsrechtsordnungen wohl das Element des Schadens und seines Ersatzes auf. Zwar ist der Ausgangspunkt weitgehend gleich: Der erlittene Schaden soll möglichst voll ausgeglichen werden (restitutio in integrum).[62] Doch gibt

[60] Vgl. für Deutschland etwa Kötz/Wagner, Deliktsrecht (9. Aufl. 2001) 47 ff.; für Frankreich: Flour/Aubert 93 f.; für Grossbritannien: Winfield/Jolowicz (-Rogers) 171 ff.; teilweise anders aber Österreich: vgl. eingehend Koziol I 203 ff. (eher subjektiver Standard); vergleichend aus jüngerer Zeit insbesondere Brüggemeier, Principien des Haftungsrechts (1999) 62 ff.

[61] Vgl. etwa §§ 827, 828 BGB, Art. 917 griech. Zivilgesetzbuch; Art. 2046 ital. Codice Civile; für Grossbritannien: Winfield/Jolowicz (-Rogers) 832, 839 ff.; anders aber z.B. Art. 489-2 franz. Code civil.

[62] Für Deutschland: § 249 BGB; für Frankreich (réparation intégrale): Viney (oben Fn. 59) Rz. 247; für Grossbritannien: Winfield/Jolowicz (-Rogers) 757.

es schon von diesem Grundsatz Ausnahmen: So stuft etwa das österreichische Recht in vielen Fällen den Ersatzumfang nach dem Verschuldensgrad des Schädigers ab (§§ 1323, 9324 ABGB).[63] Nur im Kern einheitlich, an seinen Rändern aber unterschiedlich wird auch der Begriff des Schadens verstanden. Im Kern stellt jede (zurechenbare) Verschlechterung in der Rechtsgütersphäre des Betroffenen einen Schaden dar. Doch hilft eine solche weite Definition kaum zur Lösung konkreter Schadensfragen.

Unterschiede finden sich deshalb vor allem bei der Frage, ob und wann immaterielle Einbussen Schäden darstellen - so etwa bei der Frage, ob im Tod oder der schweren Verletzung eines nahen Verwandten ein - ersatzfähiger - Schaden liegt oder wann sonstige Gefühlsverletzungen - z.B. Verlust des Haustieres etc. - einen Schaden bedeuten, der ersetzt werden sollte. Auch Fälle auf der Grenzlinie zwischen materiellem und immateriellem Schaden wie Verlust der wirtschaftlich nicht ausgenutzten Arbeitskraft oder Verlust von Freizeit werden nicht einheitlich betrachtet.[64]

Erheblich sind ferner die Unterschiede in der Bemessung des Ersatzumfangs. Das betrifft insbesondere die Methode der Festsetzung entgangener Einkünfte, wenn bleibende Körperschäden verursacht wurden. Hier gilt etwa in England eine stark standardisierte Berechnungsweise, die einerseits das erwartbare Einkommen („multiplicand"), andererseits eine bereinigte Bezugsdauer („multiplier") berücksichtigt, die auf Durchschnittswerten der Lebenserwartung basiert.[65] In anderen EU-Ländern wie etwa Deutschland wird dagegen deutlich stärker auf den individuellen Fall abgestellt.[66]

Ganz erhebliche Unterschiede zeigen sich ferner bei der Bemessung des immateriellen Schadens bei Körperverletzungen. So beträgt etwa das Schmerzensgeld für den Verlust eines Auges in der EU zwischen 3.000 und 30.000 Euro, für Quadriplegie zwischen 10.000 und 500.000 DM.[67] Auch für den Gefühlsschaden, den der Tod oder schweres Leiden eines nahen Angehörigen auslöst, erhält der Betroffene in Europa sehr unterschiedlichen Ausgleich, nämlich z.T. nichts (so in Deutschland), z.T. eine feste Summe (so in England)[68] und z.T. flexible, aber recht erhebliche Beträge (so in Frankreich).[69]

Gerade bei Personenschäden erscheint eine Annäherung des Entschädigungsniveaus in Europa notwendig. Dass die immateriellen Folgen schwerer Verletzungen, die an sich jeder Verletzte etwa gleich stark

[63] Zu Einschränkungen vgl. Koziol I 305 ff.

[64] Vgl. Magnus, Comparative Report on the Law of Damages, in: Magnus (Hrsg.), Unification of Tort Law: Damages (2001) 198 f.

[65] Vgl. die sog. Ogden Tables; ferner Page v. Sheerness Steel [1999] 1 A.C. 345.

[66] Eingehend Staudinger(-Schiemann), Kommentar zum Bürgerlichen Gesetzbuch mit Einführungsgesetz und Nebengesetzen (13. Bearb. 1998) § 252 Rn. 33 ff.

[67] Vgl. die - allerdings von 1990 stammende - Aufstellung bei McIntosh/Holmes (Hrsg.), Personal Injury Awards in EC Countries. An Industry Report (1990) 16 f.

[68] Sec. 1 A Fatal Accidents Act: 7.500 £ (für sog. bereavement).

[69] Etwa um 100.000 Francs bei Tod des Ehegatten.

empfindet, in z.T. krass unterschiedlicher Weise ausgeglichen werden, je nachdem welches Recht anwendbar ist, lässt sich nicht rechtfertigen. Insbesondere kann der Hinweis auf unterschiedliche Lebenshaltungskosten in der EU nicht derart grosse Unterschiede bei der Entschädigung immaterieller Einbussen begründen. Denn diese Kostenunterschiede sind nicht gleich gross. Zum andern soll Schmerzensgeld zum Teil auch andere Funktionen als reine Kompensation erfüllen. So wird ihm teilweise zusätzlich eine gewisse Genugtuungsfunktion, teilweise eine gewisse Präventionsfunktion zugeschrieben.[70]

IX. Mitverschulden

Zum gemeineuropäischen Bestand des Haftpflichtrechts gehört auch die Möglichkeit, den Umfang des Schadensersatzes wegen eines mitwirkenden Verschuldens des Geschädigten herabzusetzen.[71]

Voraussetzung ist in aller Regel, dass der Geschädigte sich nicht so sorgfältig verhalten hat, wie man das von einem verständigen Mitmenschen zum Schutz seiner eigenen Interessen erwarten darf oder - in den Worten des berühmten englischen Richters Lord Denning: „A person is guilty of contributory negligence if he ought reasonably to have foreseen that, if he did not act as a reasonable, prudent man, he might hurt himself".[72] Da der Geschädigte als Opfer immer am Schaden beteiligt ist, spielt das Mitverschulden theoretisch in allen und praktisch in sehr vielen Deliktsrechtsfällen eine erhebliche Rolle. Es ist ferner ein wichtiges Instrument, auch das Verhalten potentieller Geschädigter zu steuern und auch für sie Anreize zur Schadensvermeidung zu setzen.

Als Rechtsfolge kommt gewöhnlich eine Reduktion der Haftung in Betracht, deren Umfang von den Umständen des jeweiligen Falles abhängt. Die recht einheitliche Lösung ist hier, dass Faktoren wie Verursachung, Verschulden, Gefährdung jeder Seite gegen einander abgewogen werden und dann zu einer Haftungsquote führen. Nur noch gelegentlich trifft man auf den Grundsatz der Kulpakompensation - also den vollständigen Haftungsausschluss bei Mitverschulden (so etwa in Portugal bei einem Mitverschulden des Geschädigten gegenüber Gefährdungs- und vermuteter Verschuldenshaftung).[73]

Unterschiede zeigen sich auch bei der Beachtung des Mitverschuldens von Kindern. Teilweise - etwa in Deutschland[74], im wesentlichen auch in

[70] S. dazu ausführlich Rogers, Comparative Report, in Rogers (Hrsg.), Damages for Non-Pecuniary Loss in a Comparative Perspective (2001) 251 ff.

[71] Vgl. für Deutschland: § 254 BGB; für Frankreich: Flour/Aubert 124, 149, 170; für Griechenland: Art. 300 griech. ZG; für Grossbritannien: sec. 1 (1) Law Reform (Contributory Negligence) Act 1945; für Italien: Art. 1227 Codice civile; für die Niederlande: Art. 6:101 Nieuw Burgerlijk Wetboek; für Österreich: § 1304 ABGB; für Portugal: Art. 570 Código civil.

[72] Jones v. Livox Quarries Ltd [1952] 2 Q.B. 608 [615].

[73] Vgl. Art. 505, 570 Abs. 2 Código civil.

[74] Vgl. Staudinger (-Schiemann) § 254 Rn. 39 ff. Allerdings ist seit kurzem das – nicht vorsätzliche – Mitverschulden von Kindern unter 10 Jahren bei Verkehrsunfällen unbeachtlich (§

Österreich[75] - wird bei ihnen wie für ihre Deliktshaftung Deliktsfähigkeit und entsprechende Einsichtsfähigkeit gefordert. Teilweise - etwa in Grossbritannien - kommt es nicht auf strikte Altersgrenzen an. Ein Mitverschulden auch sehr junger Kinder kommt hier in Betracht, wenn sie den altersgemässen Sorgfaltsstandard nicht eingehalten haben.[76] Teilweise wird ein Mitverschulden von Kindern gänzlich unberücksichtigt gelassen - so in Frankreich im Bereich des Strassenverkehrs bei Kindern bis zu 16 Jahren, ferner auch bei alten Menschen ab 70 Jahren und bei Behinderten mit mindestens 80%iger Behinderung.[77]

Zumal im Bereich des Strassenverkehrs erscheinen einheitliche Grundsätze zur Berücksichtigung des Mitverschuldens für Europa notwendig.

X. Haftung für andere

Zu den notwendigen Bestandteilen jedes Haftpflichtrechts gehört auch die Regelung, wann jemand für schädigendes Verhalten von ihm eingesetzter Personen einzustehen hat.[78] Ganz überwiegend folgen die europäischen Rechtsordnungen der Ansicht, dass derjenige für das Verschulden anderer (insbesondere seiner Arbeitnehmer) haftet, der sie für seine Zwecke einsetzt.[79] Ob er sie gut ausgesucht und überwacht hat, ist für die meisten europäischen Rechtsordnungen unerheblich.[80] Teilweise in Österreich[81] und vor allem in Deutschland[82] kann sich der Geschäftsherr aber mit eigener Auswahl- und Kontrollsorgfalt entlasten. Die Auswege der deutschen Rechtsprechung, diese Regel zu umgehen, sind zahlreich[83] und belegen, dass eine Vorschrift wie § 831 BGB für ein europäisches Haftpflichtrecht ungeeignet ist.

Weitgehend einheitlich setzt die deliktische Haftung für andere voraus, dass diese im Rahmen der übertragenen Tätigkeit behandelt haben und ferner nicht selbständige Vertragspartner (independent contractors) waren.

Als weiterer Fall der Haftung für andere kommt ferner die Haftung der Eltern/Vormünder für Kinder und Schutzbefohlene in Betracht. Auch eine Haftung von Krankenhäusern, Anstalten, Gefängnissen etc. für Taten ihrer Patienten, Insassen, Häftlinge gehört hierher. Ob und unter welchen

828 Abs. 2 BGB).

[75] Vgl. Koziol I 371 ff.

[76] Winfield/Jolowicz (-Rogers) 240 f. Gleiches gilt allerdings auch für die Deliktsfähigkeit in Grossbritannien. Auch für sie gibt es keine feste Altersgrenze (vgl. Winfield/Jolowicz (-Rogers) 832).

[77] Vgl. die Loi Badinter: Gesetz Nr. 85-677 vom 5.7.1985.

[78] s. eingehend dazu Wagner (oben Fn. 3) 290 ff.

[79] So etwa Art. 1384 Abs. 5 franz. Code civil; Art. 2049 ital. Codice civile; Art. 6:170 Nieuw Burgerlijk Wetboek. Für Grossbritannien: vgl. Winfield/Jolowicz (-Rogers) 693 ff.

[80] Vgl. die in der vorigen N. zitierten Vorschriften.

[81] Vgl. Art. 1315 ABGB.

[82] § 831 BGB.

[83] Vgl. hierzu Brüggemeier (oben Fn. 60) 111 ff. (123 ff.).

Voraussetzungen der jeweils Sorge- oder Aufsichtspflichtige Dritten haften soll, wird allerdings recht unterschiedlich beurteilt.[84]

XI. Verjährung

Beachtliche praktische Bedeutung hat die Verjährungsfrist für Delikte. Sie variiert in Europa von einem Jahr in Spanien[85] bis zu 30 Jahren in Luxemburg,[86] kennt aber auch dreijährige,[87] fünfjährige,[88] sechsjährige[89] oder zehnjährige Fristen.[90] Die Verjährung beginnt in den meisten Rechtsordnungen mit dem Eintritt des Schadens, teilweise mit der Kenntnis von Schaden und Schädiger. Auch auf dem Feld der Verjährung von Deliktsansprüchen erscheint grössere europäische Einheitlichkeit angezeigt, wenn ein wirklich freier und ungehinderter Binnenmarktverkehr erreicht werden soll.

H. Perspektiven

Die Unterschiede der Deliktsrechte Europas sind, betrachtet man die Details, erheblich und zahlreich. Andererseits hat der Überblick über die Kernelemente einer Haftpflichtordnung auch vor Augen geführt, dass die Grundwertungen, wie eine solche Ordnung aussehen sollte, in Europa recht weitgehend übereinstimmen. Der Bedarf und die rechtliche Kompetenz, einheitliche Haftungsregeln für den europäischen Binnenmarkt zu schaffen, sind gegeben. Etliche der haftungsrechtlichen Detailunterschiede beruhen nicht auf sachlich zwingenden Gründen, die aus örtlichen oder sonstigen Sachgegebenheiten folgen. Sie sind vielmehr zu einem erheblichen Teil Folgen der Epoche nationalstaatlicher Abgrenzung, in der auch die Zivilrechtsordnung als Ausdruck nationaler Souveränität und Andersartigkeit verstanden und gestaltet wurde. Als besonders eklatantes Beispiel dieser Phase sei an die sozialistischen Rechte erinnert; aber auch der BGB-Gesetzgeber hat sich in manchem bewusst vom französischen Code civil absetzen wollen.[91] Für Europa ist die Zeit der nationalstaatlichen Sonderentwicklungen mit dem 20. Jahrhundert zu Ende gegangen. Mit der Aufnahme immer weiterer Staaten - und Rechtsordnungen - in die EU wächst unvermeidlich der Druck, an die Stelle immer unübersichtlicherer Rechtsvielfalt einheitliche Regeln zu setzen.

Für den Bereich des ausservertraglichen Haftungsrechts erscheint es heute auch möglich und erfolgversprechend, einheitliche allgemeine Prinzipien

[84] Vgl. dazu von Bar, Gemeineuropäisches Deliktsrecht Bd. I (1996) 144 ff., 179 f.

[85] Art. 1968 Abs. 2 Código civil als deliktsrechtliche Regelverjährung.

[86] Art. 2262 Code civil.

[87] Etwa § 195 BGB.

[88] z.B. Griechenland: Art. 937 Zivilgesetzbuch.

[89] Grossbritannien: sec. 2 Limitation Act 1980.

[90] Frankreich: Art. 2270-1 Code civil.

[91] Vgl. oben Fn. 38.

eines europäischen Deliktsrechts zu entwickeln. Dabei sollte freilich nicht eine besondere europäische Spezifik im Vordergrund stehen, sondern auch dem Gedanken globaler Verwendbarkeit dieser Prinzipien Rechnung getragen werden. Da die weltweit einflussreichen Rechtsordnungen in der EU im Kern alle vertreten sind, fällt ein solcher Ansatz auch nicht schwer.

Mit den Arbeiten der European Group of Tort Law wird ein wichtiger Schritt zur notwendigen Vereinheitlichung des Haftungsrechts in Europa getan.

Enforcing community rights in national courts: the remedies of compensation, interim relief and restitution

PROF. DR. WALTER VAN GERVEN*

A. Introduction

Community rights are rights which private persons can derive from Community law. Such rights are enforced through remedies (actions at law), which the holders of rights may bring against Community acts before the Community courts (CFI and ECJ), under the restrictive conditions mentioned in Articles 230 and 232 (ex 173 and 175) EC, but more often before a national court in litigation pending before it. For indeed, any national court of a Member State may, or (as the case may be) must, submit a question of validity or interpretation of a Community rule raised before it, to the European Court of Justice (ECJ) to obtain a preliminary ruling under Article 234 (ex 177) EC.

The concepts of "rights" and "remedies" (as opposed to "procedures", strictly speaking) are not defined in Community law but are used in the ECJ's case law, as is illustrated by an excerpt from the ECJ's judgment in *Rewe-Zentralfinanz* which will be quoted later in the text[1]. It is not our intention to focus on those concepts here, and it may suffice to only say that the first concept is more familiar to continental lawyers whilst the second is better known to lawyers from common law countries[2].

As it is sufficiently known, the enforcement of Community rights before national courts – which is the subject we are concerned with here – occurs in the first place through the doctrine of direct effect. Over the years that doctrine was gradually developed by the ECJ in view of giving full effect to Community rules, which private persons seek to rely on before a national court where they want to avoid the application of a national measure, legislative or administrative, which is inconsistent with rules or principles of Community law. The doctrine of direct effect, is the first and foremost, and also the most general, remedy, which private persons may initiate to preserve their Community rights before a national court. That remedy will not be

* Professor at the University of Leuven and of Maastricht, and at King's College. Formerly Advocate-General at the ECJ.

[1] The quotation is found in the text, accompanying n. 46, where the judgment is cited.

[2] For a further discussion of these concepts in a general context of access to court and protection of Community rights, see W. van Gerven, "Of Rights, Remedies and Procedures",, *C.M.L.Rev.* 2000.

discussed in this contribution[3], which will only deal with the more specific remedies of compensation, interim relief and restitution. Of those three, we will first discuss the remedy of compensation - even although it is the most recent one that has developed in the Court's case law - because it illustrates best the general trend towards recognizing full protection of Community rights as a principle of Community law.

In this contribution I do not wish to do anything else than to describe the case law of the ECJ with regard to the three remedies just mentioned. For more basic reflections I would like to refer the reader to another article.[4] Moreover, the remedies are dealt with herein only inso far as they relate to actions against public authorities of the Member States.

B. The Remedy of Compensation

It was in its *Francovich*-judgment that the ECJ stated explicitly that the principle of State liability for breaches of Community constitutes a principle that is "inherent in the system of the [EC] Treaty", and therefore directly binding as a principle of Community law.[5] That principle came to full fruition in the later judgment *Brasserie du Pêcheur*.[6]

The question to be decided in that judgment was whether State liability also arises in the case of damage suffered by individuals for breaches of Community law, which are the result of an act or an omission on the part of the national legislature. The Court gave a positive answer stating that the *principle* of liability 'holds good for any case in which a Member State breaches Community law, whatever be the organ of the State whose act or omission was responsible for the breach'.[7]

The Court then went into greater detail to delineate the *conditions* for (the defendant State's) liability, i.e. for the (plaintiff's) *right* to reparation of loss or damage, to arise. In this respect the Court took an important step by assuming that:

"(...) the conditions under which the State may incur liability for damage caused to individuals by a breach of Community law cannot, in the absence of particular justification, differ from those governing the liability of the Community in like circumstances. The protection of the rights, which individuals derive from Community law cannot vary depending on whether a national authority or a Community authority is responsible for the damage."[8]

On the basis of that principle, the Court acknowledged the need to subject the liability of a Member State, particularly in exercising its legislative power, to

[3] See for a short overview and further references, my article referred to in the preceding note, at 2.

[4] Ibid.

[5] Cases C-6/90 and 9/90, *Francovich and Bonifaci*, [1991] ECR I-5357, at para. 37.

[6] Case C-46/93, *Brasserie du Pêcheur S.A. v. Germany*, [1996] ECR I-1029.

[7] Para 32.

[8] Para 42.

the same conditions as those laid down earlier in its case law relating to Article 215 (now 288), para 2 EC and thus concerning breaches of Community law committed by Community institutions (and not Member States).[9] That in itself is an interesting development. *Firstly,* because it guarantees equal treatment of injured parties irrespective, as the Court indicates, of who is responsible for the violation of Community law. And, *secondly,* because the two Community law systems for non-contractual liability can thus be harmonized and made consistent with one another, which means that the Court of Justice (that is now in the first place, the Court of First Instance) should fully utilize its case law with regard to liability of Community institutions in developing the rules governing the liability of Member States for similar breaches of Community law.[10]

The Court then enumerates the three conditions for the Member State's liability to arise. Those are: (i) a sufficiently serious breach, (ii) of a rule intended to confer rights on individuals, and (iii) a direct causal link between breach and damage[11]. The Court stated that those conditions 'are necessary and sufficient to found a *right* in individuals to obtain redress' (emphasis added).[12] Strangely enough, the Court leaves it to the national courts to determine the existence of the third condition[13] whereas it offers relatively clear guidance as to how to define the first two conditions. Without further comment, the Court then moved on to examine the *content* and, later on, the actual *extent*, of the defendant State's obligation "to make reparation for the consequences of the loss and damage caused"[14], and therefore of the plaintiff's corresponding *remedy* to seek reparation for the loss and damage sustained. It appears therefrom that the Court subscribes to the opinion that, where there is a right to reparation, there must also be a remedy to seek reparation before a court of law (*ubi ius ibi remedium*).[15] In my view, the ultimate justification for that is to be found in the ECJ's case-law relating to the requirement of full access to court, as also enshrined in Articles 6 and 13 ECHR.[16] However, as for the precise content and extent of the remedy of

[9] Article 215 (now 288), para 2, EC, provides: 'In the case of non-contractual liability, the Community shall, in accordance with the general principles common to the laws of the Member States, make good any damage caused by its institutions or by its servants in the performance of their duties'.

[10] See further W. van Gerven, "Taking Article 215 (2) EC seriously" in *New Directions in European Public Law* (ed. J. Beatson, T. Tridimas), Oxford, 1998, at 35-47.

[11] Para 51.

[12] Para 66.

[13] But see the recent judgment in Case C-319/96, *Brinkmann Tabakfabriken GmbH v. Skalteministeriet* [1998] I-5255 where the second chamber of the ECJ decided itself that, in the dispute before it, there was no direct link of causation between the breach and the injury (para 29). See also the Court's *Rechberger* judgment, referred to infra n. 21.

[14] Para 67 ff. and 82 ff. respectively.

[15] Cf. the thorough analysis in Eilmansberger, *Rechtsfolgen und subjektives Recht im Gemeinschaftsrecht*, 1997, at 60 ff.

[16] Case 22/84, *Johnston v. Chief Constable RUC* [1986] ECR 1651, para 18; case 222/86 *UNECTEF v. Heylens* [1987] ECR 4097, para 14. See also case C-97/96, *Borelli* [1992] ECR I-6330. Cf. Article F (now 6), para 2, TEU.

reparation, the Court refers the national courts to their own legal systems, provided that the conditions for, and the actual extent of, reparation must not be less favourable than those relating to similar domestic claims and must not be such as in practice to make it impossible or excessively difficult to obtain reparation.[17] In respect of the 'actual extent' of the reparation, the Court adds, however, that the reparation 'must be commensurate with the loss or damage sustained so as to ensure the effective protection for their rights'.[18]

Unfortunately, whilst one would have expected the Court to mention also, in addition to the three conditions it enumerates, the occurrence of injury as a condition for liability to arise (by analogy with its case-law on Article 215 (now 288), para 2 EC[19]), the Court chose not to do that.[20] Nor did the Court, as one was entitled to expect, try to define, in a uniform way, the content of all of the conditions, including injury, which are necessary in order for liability to arise on the part of a Member State - and, accordingly, in order for the plaintiff's right to reparation, and the corresponding remedy to make good the damage sustained, to exist as a matter of Community law. For example, in relation to causation, the Court, as mentioned, left it entirely to the national courts to deal with that difficult concept[21], although it could have drawn inspiration from its Article 215 (now 288), para 2, EC case-law, and as for injury, the Court chose to deal with it in an ambigious way without giving indications as to the scope or measure of the reparation to be obtained, and by repeating instead its 'classic' formula requiring national rules to treat Community and domestic claims equally and not to make it impossible or excessively difficult to obtain reparation (adding only, as already mentioned, regarding the actual extent of the reparation, that it must be commensurate with the loss or damage sustained[22]). It may be assumed that the Court, in restating its 'classic' formula, had in mind all of the matters referred to in its *Francovich*-judgment[23]: i.e. the designation of competent courts, laying down detailed procedural rules for legal procedures intended fully to safeguard the rights, which individuals derive from Community law' as well as 'substantive and procedural conditions for reparation of loss and damage' (emphasis

[17] Para 67 and, in almost identical terms, para 83.

[18] Para 82.

[19] See for an early example Case 4/69, *Lütticke v. Commission* [1971] ECR 325, para 10, where the actual existence of damage is cited as a condition along with illegal conduct and causal link. See further A.G. Toth, 'The Concepts of Damage and Causality as Elements of Non-contractual Liability' in T. Heukels and A. McDonnell (eds.), *The Action for Damages in Community Law*, 1997, 179 ff.

[20] But the Court does so implicitly where it formulates causation as a direct link between the breach of the obligation resting on the State and "the damage sustained by the injured parties" (para 51).

[21] Para 65. But see the *Brinkmann*-judgment, supra n. 13, and more importantly Case C-140/97, *Rechberger and Greindl v. Austria* [1999] ECR I-3499, para 75-76, where the Court held in the context of Directive 90/314/EEC, that direct causation, as established by a national court, is not broken because of an intervening factor, in that case negligence of the travel organisation or the occurrence of exceptional or unforeseeable events. It may thus appear that the Court tends to take gradually a less distant approach than before.

[22] Para 82.

[23] Supra, n. 5, para 42 and 43.

added)[24]. In its recent *Konle* judgment, the Court made it clear that it is also a matter for national law, subject to the same 'classic' formula, to decide, which public authority of the Member State concerned must fulfill the obligation to make reparation.[25]

I. The Remedy of Interim Relief

The remedy of interim relief has been discussed in the Court's *Factortame I*-judgment[26] in respect of national legislation alleged to be itself in breach of Community law where the Court held that

"the full effectiveness of Community law would be ... impaired if a rule of national law could prevent a court seised of a dispute governed by Community law from granting interim relief in order to ensure the full effectiveness of the [later] judgment to be given on the existence of the rights claimed under Community law. It follows that a court, which in those circumstances would grant interim relief, if it were not for a rule of national law, is suggested to set aside that rule"[27].

In that judgment the Court did not answer the question as to which criteria a national court should apply where it is called upon to grant interim protection. In *Zuckerfabrik Süderdithmarschen*[28] the Court did answer that question, however, in that judgment in relation to national legislation that was not alleged to be illegal in itself, but was founded on a Community regulation that was alleged to be illegal. In its judgment the Court "emphasized that the provisions of the second paragraph of Article 189 (now Article 249) of the Treaty cannot constitute an obstacle to the legal protection, which Community law confers on individuals" and stated that, in cases where national authorities are responsible for the administrative implementation of Community regulations "the legal protection guaranteed by Community law includes the right of individuals to challenge, as a preliminary issue, the legality of such regulations before national courts...".[29] "That right to challenge would be compromised if, pending delivery of a judgment of the Court ... individuals were not in a position, where certain conditions are satisfied, to obtain a decision granting suspension of

[24] It is interesting to note how the Court distinguishes in those paragraphs, "*rights* which individuals derive from Community law", "*legal procedures* ([or remedies]... to safeguard (those) rights", "*detailed procedural rules* for (such) legal procedures" (emphasis added each time), jurisdictional matters (designation of "competent *courts*") and "substantive and procedural *conditions for reparation*" (a most confusing expression referring, it would seem, to the form and the extent of the remedy). See already, long before *Francovich*, the Court's judgment in *Rewe Zentralfinanz* quoted in the text (accompanying n. 46) below, where the distinction is made in a more straightforward way.

[25] Case C-302/97, *K. Konle v. Austria* [1999] ECR I-3099.

[26] Case C-213/89, *R. v. Secretary of State for Transport, ex parte Factortame Ltd. & others*, [1990] ECR I-2433.

[27] Para 21.

[28] Cases C-143/88 and 92/89 [1991] ECR I-415.

[29] Para 16.

enforcement, which would make it possible for the effects of the disputed regulation to be rendered for the time being inoperative as regards them".[30]

Interestingly enough, the Court then drew an analogy (as it did in *Brasserie* for extra-contractual liability: see *supra*) with the situation where private parties ask the Court itself to grant interim relief against a Community act on the basis of Article 185 (now Article 242) EC. It stated that 'the coherence of the system of interim legal protection ... requires that national courts should also be able to order suspension of enforcement of a national administrative measure based on a Community regulation, the legality of which is contested'.[31] To strengthen that position further, the Court referred to its *Factortame I* judgment and concluded that "the interim legal protection, which Community law ensures for individuals before national courts must remain the same, irrespective of whether they contest the compatibility of national legal provisions with Community law [the situation in *Factortame*] or the validity of secondary Community law [the situation in *Zuckerfabrik*], in view of the facts that the dispute in both cases is based on Community law itself".[32]

In its later *Atlanta* judgment[33] the Court confirmed the principle of interim protection before national courts in identical terms.[34] However, in reply to the national court's question whether it could "by making an interim order provisionally settle or regulate the disputed legal positions or relationships...", the Court added that the national court may not only suspend enforcement of a national administrative measure adopted on the basis of a Community regulation but that it may also make "a positive order provisionally disapplying that regulation".[35] In a subsequent judgment, *T. Port I*[36], the Court was more reserved as to the possibility of granting interim relief "in a situation where, by virtue of a Community regulation, the existence and scope of traders' rights must be established by a Commission measure, which the Commission has not yet adopted".[37]

It follows from these judgments that the legal protection which Community law confers on individuals[38], comprises the (procedural) *right* to challenge, as

[30] Para 17.

[31] Para 18.

[32] Para 20.

[33] Case C-465/93 *Atlanta Fruchthandelsgesellschaft mbH and others v. Bundesamt für Ernährung und Forstwirtschaft* [1995] ECR I-3781.

[34] Paras 20-24 to be compared with paras 16-20 of *Zuckerfabrik*.

[35] Paras 12 and 26 respectively, of *Atlanta*.

[36] Case C-68/95, *T. Port GmbH & Co. KG v. Bundesanstalt für Landwirtschaft und Ernährung* [1996] ECR I-6065. Like *Atlanta*, *T. Port* is part of the "bananas saga": see S. Peers, "Taking Supremacy seriously" (1998) 23 *E.L. Rev.*, 146 ff. See also P. Craig and De Burca, EU Law, 2nd. ed. 1998, at 274 ff.

[37] Para. 52.

[38] The Court does not explain what "legal protection (conferred) on individuals" specifically means, probably because of the variety of situations in which interim relief may be sought. In the case of *Factortame I* the legal protection related (as the House of Lords stated under question 1 (i) of its preliminary reference) to "rights (to which the claimants were entitled) under Community law

a preliminary issue, regulations which are alleged to be illegal in themselves or because of the illegal basis on which they are founded. This right is to be safeguarded through a *remedy* consisting in obtaining a judicial decision of suspension rendering the effects of the regulation temporarily inoperative as regards the applicants. Such right and remedy must exist "where certain conditions are satisfied"[39]. Those conditions are that "serious doubt exists as to the validity" of the regulation concerned and that "suspension of enforcement must retain the character of an interim measure" (which implies that the question of validity of the regulation must be brought before the Court).[40]

In the subsequent paragraphs of *Zuckerfabrik* the ECJ then deals with "the other conditions concerning the suspension of enforcement of administrative measures".[41] It distinguishes between, on the one hand, rules relating to "the granting of [interim] relief", which in all Member States must "be subject, at the very least, to conditions, which are uniform" - "[s]uch uniform application (being) a fundamental requirement of the Community legal order" - and, on the other hand, rules "in particular as regards the making and examination of the application [for suspension]", which are "governed by national procedural law".[42] Whilst the latter rules concern procedural matters *stricto sensu*, that is how to proceed before a court of law, the former concern the content and the extent of the remedy: that is when, how and to what extent the right to challenge, as a preliminary issue, the legality of a measure, and the remedy to obtain suspension of enforcement, can be relied on before a court of law. Those conditions are that the grant of relief must be a matter of "urgency ... (that is, necessary) ... to avoid serious and irreparable damage to the party seeking them..."[43], and that in assessing such urgency the interest of the Community "namely that such challenged [Community] regulations should not be set aside without proper guarantees" and "deprived of all effectiveness", must be taken into account.[44]

The Court has made it clear in *Atlanta* that the remedy may not only consist in the suspension of enforcement but also in *injunctive* relief, *i.e.* "by making an interim order to provisionally settle or regulate disputed legal positions..."[45] (in that case by granting importers additional import licenses, under certain conditions, to preserve their rights).

having direct effect in national law". In *Zuckerfabrik*, *Atlanta* and *T. Port I*, the legal protection related to the imposition of charges viz. the refusal of import licenses.

[39] Ibid., para 17.

[40] Paras 23 and 24 from *Zuckerfabrik*; see also paras 36-38 of *Atlanta*.

[41] Para 25.

[42] All quotations, but not in that order, in para 26 of *Zuckerfabrik*.

[43] Para 28, also para 29, of *Zuckerfabrik*; and paras 40 and 41 of *Atlanta*.

[44] Para 30-31 *Zuckerfabrik*; paras 42-43 as well as, in addition thereto, paras 46-50 of *Atlanta*.

[45] Para 38 of *Atlanta*.

II. The Remedy of Restitution (and Specific Performance)

It is with regard to restitution of illegally paid money that the ECJ, in *Rewe-Zentralfinanz*, first enunciated the principle that

"(...) in the absence of Community rules on the subject, it is for the domestic legal system of each Member State to designate the courts having jurisdiction and to determine the *procedural* conditions governing *actions at law* intended to ensure the protection of the *rights*, which citizens have from the direct effect of Community law, it being understood that such conditions cannot be less favourable than those relating to similar actions of a domestic nature..." (emphasis added).[46]

The Court - after adding that such conditions must not make " it impossible in practice (for the individual) to exercise the rights, which the national courts are obliged to protect" - held that the imposition, for reasons of legal certainty, of a reasonable period of limitation does not have such an effect.[47]

In its later judgment, *Rewe-Handelsgesellschaft* the ECJ held, with regard to a rather particular situation, that "the Treaty ... was not intended to create new remedies in the national courts to ensure the observance of Community law other than those already laid down by national law".[48]

It is not the place here to re-open the discussion as to whether the principle (of so-called procedural autonomy) that the Member States must not create new remedies, has been abandoned, or not.[49] Suffice it to say that frequently there is no need to create new remedies under national law but just to broaden the scope of existing ones and that, in practice, the subsequent case-law of the ECJ goes further and further in defining the conditions under which remedies must be made available by national law. That is particularly so in relation to the remedy of restitution on behalf of individuals[50] for which the

[46] Case 33/76, *Rewe-Zentralfinanz eG and Rewe-Zentral AG v. Landwirtschaftskammer für das Saarland* [1976] ECR 1989, para 5. See also Case 45/76, *Comet BV v. Produktschap voor Siergewassen* [1976] ECR 2043, para 13.

[47] *Rewe-Zentralfinanz*, para 5. See also Case 265/78, *Ferwerda v. Produktschap voor Vee en Vlees* [1980] ECR 716 where the Court, in a case relating to recovery sought by the State against a private party, compounded these rulings in one general statement: para 10.

[48] Case 158/80, *Rewe-Handelsgesellschaft Nord mbH v. Hauptzollamt Kiel* [1981] ECR 1805, para 44. In that case the new remedy sought appeared to be a drastic one. It concerned, in the words of the ECJ: "the right of a trader to request the courts to require the authorities of a Member State *to compel a third party* to comply with obligations arising from Community rules in a given legal situation in which that trader *is not involved but is economically adversely affected* by the failure to observe Community law" (para 44; emphasis added).

[49] See further Craig and De Burca, *EU Law*, 2nd. ed. (1998) at 215 ff.

[50] Recovery can also be sought by public authorities against individuals. Thus in *Ferwerda*, supra n. 47. Especially in the area of (illicit) State aid, there is extensive case-law concerning the recovery of sums paid to undertakings in breach of Articles 92-93 (now Articles 87-88) EC. For a recent judgment, summarizing the Court's prevailing case-law, see Case C-24/95, *Land Rheinland-Pfalz v. Alcan Deutschland GmbH* [1997] ECR I-1591. However, that case-law which concerns situations where the illicit state aid gave a competitive advantage to the beneficiary of the aid, may not be transposed to other situations of illicit State aid, as is pointed out by the Court in case C-298/96, *Oelmühle Hamburg AG (et al.) v. Bundesstalt für Landwirtschaft und Ernährung* [1998] ECR I-4767. In the latter type of situations the conditions for restitution are much more similar to those

Court has gradually laid down a growing number of uniform prescriptions. Thus, the Court acknowledged in *Hans Just*[51] that a Member State or public authority may use as a defence against the repayment to an individual of a charge levied in breach of Community law, that the sums unlawfully levied have been passed along to the consumer. In *San Georgio* the Court even accepted that a Member State may make recovery of wrongfully levied charges conditional on the claimant's proving that the charges had not been passed on to third parties, provided that the rule was also applied to similar claims under national law and that the requirements of proof were not such as to make recovery 'virtually impossible or excessively difficult to secure'.[52]

In recent judgments the ECJ has gone even further. Thus, in *Comateb,*[53] which concerned dock dues levied by the State in breach of Community law, the Court clarified the scope of the State's defence that the levies had been passed along to another person by specifying the circumstances under which that is so, i.e. only "where it is established that the charge has been borne in its entirety by another person and that reimbursement of the trader would constitute unjust enrichment".[54] Moreover, it held that unjust enrichment is not excluded, in whole or in part, by damage, which the trader has suffered, where the passing on of the charges has led to a price increase and by that very fact caused a decrease in sales (provided, the Court adds, that such damage can be claimed under the trader's national law)[55].

More importantly, in the later *Fantask* judgment the Court was asked to answer the question whether it is compatible with Community law for a principle of national law to provide that actions for the recovery of charges levied in breach of Council Directive 69/335/EEC concerning indirect taxes on the raising of capital could be dismissed "on the ground that those charges were imposed as a result of an excusable error by the authorities of the Member State in as much as they were levied over a long period without either those authorities or the persons liable to them having been aware that they were unlawful".[56] The Court replied that such a principle is incompatible

applied in the case of recovery from the State.

[51] Case 68/79, *Hans Just v. Danish Ministry for Fiscal Affairs* [1980] ECR 501. See also Case 61/79, *Amministrazione delle Finanze dello Stato v. Denkavit italiana* [1980] 1205.

[52] Case 199/82, *Amministrazione delle Finanze dello Stato v. SpA San Giorgio* [1983] ECR 3595. In Case 104/86, *Commission v. Italy* [1988] ECR 1799, a national rule providing that recovery is only possible if the taxpayer proves by documentary evidence alone, that the taxes were not passed on to others, was regarded to make recovery impossible or excessively difficult. See also Joined cases 331, 376 and 378/85, *Bianco and Girard v. Directeur Général des Douanes et droits indirects* [1988] 1099.

[53] Case C-192/95, *Comateb v. Directeur Général des Douanes et Droits Indirects* [1997] ECR I-165.

[54] Para 27.

[55] Paras 31-33. With regard to the damages point, the Court makes a further reference, in para 34, to its *Brasserie du Pêcheur* judgment in which it seems, in that situation, *not* to regard compensation for damage suffered by the trader to be dependent on his not having passed on the charge of the unduly paid levies. See also Craig and De Burca, at 251.

[56] Case C-188/95, *Fantask A/S and others v. Industriministeriet (Erhvervsministeriet)* [1997] ECR I-6783, para 35.

with Community law. After having recalled that an interpretation given by the Court to a provision of a directive must be applied by the national courts to "legal relationships arising and established before the judgment ruling on the request for interpretation",[57] it stated:

"It is ... settled case-law that entitlement to the recovery of sums levied by a Member State in breach of Community law is a consequence of, and an adjunct to, the rights conferred on individuals by the Community provisions as interpreted by the Court [reference omitted]. The Member State is therefore in principle required to repay charges levied in breach of Community law [reference omitted]".[58]

Then, the Court, after reiterating its traditional reference to national law[59], went on:

"A general principle of national law under the courts of a Member State should dismiss claims for the recovery of charges levied over a long period in breach of Community law without either the authorities of that State or the persons liable to pay the charges having been aware that they were unlawful, does not satisfy the above conditions. Application of such a principle in the circumstances described would make it excessively difficult to obtain recovery of charges, which are contrary to Community law. It would, moreover, have the effect of encouraging infringements of Community law which have been committed over a long period".[60]

It would seem that this recent case law of the Court clearly indicates that the basis for the right to obtain restitution is founded on "the protection of the rights, which citizens have from the direct effect of Community law".[61] It arises, as the ECJ states in *Fantask*, in respect of "sums levied by a Member State in breach of Community law" and "is a consequence of, and an adjunct to, the rights conferred on individuals by ... Community provisions ...".[62] The latter statement shows, once more, that the existence of the *right* (formulated by the Court as: "entitlement to the recovery of sums"[63]) entails the existence of a *remedy* as a matter of Community law, in that "(t)he Member State is therefore in principle required to repay charges levied in breach of

[57] Para 37. The Court referred to its earlier judgments in 61/79, *Denkavit italiana* [1980] ECR 1205, para 16, and C-197/94, *Bautiaa* [1996] ECR I-505, para 47.

[58] Para 38. The Court confirmed therein a principle already stated in *Comateb*, supra n. 53, para 20 (see also *San Giorgio*, supra n. 52, para 12), and restated in case C-242/95, *GT-Link A/S v. De Danske Statsbaner* [1997] I-4453, para 58.

[59] As stated in *Rewe-Zentralfinanz*, quotation and text accompanying n. 80 and 81 supra.

[60] Para 40. In that judgment the Court accepted, however, that the defaulting Member State may rely on a reasonable limitation period (in that case of five years) which runs from the date on which the charges in question became payable: see para 50-51 in particular where the case is distinguished from case C-208/90, *Emmott* [1991] ECR I-4269, para 23.

[61] Ibid. So far the remedy of restitution seems to be linked to the directly effective character of the Community law provision in breach of which the money was paid. See A.G. Tesauro's Opinion in *Comateb*, cited in n. 53, [1997] ECR I-167, at I-172.

[62] *Fantask*, supra n. 56, para 38 quoted above in the text accompanying n. 58.

[63] Ibid.

Community law".[64] Only then does the Court repeat its 'classic' formula: "... [that] the recovery of such charges may, in the absence of Community rules governing the matter, be sought only under the substantive and procedural conditions laid down by the national law of the Member States..." [albeit subject to the provisos of equivalence and minimum effectiveness].[65] In spite of the generality of that statement, which appears to cover substantive (or rather "remedial") and procedural conditions, it is doubtful whether the statement is fully accurate (unless the terms "in the absence of Community rules" refers not only to legislative rules but also to case law of the Court itself) in view of the fact that, as previous case law has made it clear, some of the remedial rules have been laid down by the Court in a uniform way. That is at least the case for the rule that, when sums unlawfully levied have been passed along by the claimant to another person, restitution should not take place insofar as it would unjustly enrich the claimant.[66]

The case-law reviewed above relates to recovery of unduly paid charges. The generality of the terms used by the ECJ from the outset, e.g. in *Rewe-Zentralfinanz*, in referring to "actions at law intended to ensure the protection of the rights, which citizens have from the direct effect of Community law",[67] shows however that the Court's case-law applies also to situations of unduly refused payment of benefits, e.g. social security benefits, that is benefits refused in violation of Community law rules, which citizens must normally be able to *obtain*. This has become abundantly clear in the many Court's judgments, on the consistency with Community law of time limits imposed on claiming benefits.[68] This shows that the remedy of restitution should be understood as also including some aspects of the remedy of *specific performance*.

Recent case law of the Court also indicates that the Court is ready to strike down other limitations of national law as well, such as those limiting the scope of a national court's power to review decisions of national administrations where that is needed to guarantee the effectiveness of Community law, and the protection of rights, which private parties derive therefrom[69]. I have submitted elsewhere that the test of minimal effectiveness (requiring that the application of the Community rule should not be made

[64] Ibid.

[65] *Fantask*, para 39.

[66] See the judgments, referred to supra, in *Just* and *Comateb*. The rule has been severely criticized by A. Biondi and L. Johnson, "The Right to Recovery of Charges Levied in Breach of Community Law: No Small Matter", 4 *European Public Law* (1998), 313-321 who defend the position that the protection of individual rights does not allow for exceptions to the right of repayment since such right is a corrolary of the doctrine of direct effect (at 319).

[67] Supra quotation in the text accompanying n. 46.

[68] See further G.C. Rodriguez-Iglesias and J.P. Keppenne, "L'incidence du droit communautaire sur le droit matériel", *Mélanges en hommage à Michel Waelbroeck*, 1999, at 517 ff., see also my article cited supra n. 2.

[69] G.C. Rodriguez-Iglesias and J.P. Keppenne, referred to supra, at 537 ff.

virtually impossible) should rather be replaced by a test of adequacy of protection.[70]

(completed 2000)

[70] See my article cited supra n. 3.

Das Internationale Haftungsrecht der Schweiz

PROF. DR. KURT SIEHR M.C.L.*

A. Rechtsquellen

Am 1. Januar 1989, also vor mehr als zwölf Jahren, ist das Bundesgesetz vom 18.12.1987 über das Internationale Privatrecht (IPRG), die Loi fédérale sur le droit international privé du 18 décembre 1987 (LDIP) in Kraft getreten.[1] Dieses IPRG enthält in seinem 9. Kapitel (Obligationenrecht) auch Vorschriften über das Recht der unerlaubten Handlungen (Artt. 129-142 IPRG). In Art. 134 IPRG wird für die Haftung aus Strassenverkehrsunfällen auf das Haager Übereinkommen vom 4.5.1971 über das auf Strassenverkehrsunfälle anwendbare Recht hingewiesen.[2] Für die internationale Zuständigkeit der Gerichte und die Anerkennung und Vollstreckung ausländischer Haftungsurteile gilt das Lugano Übereinkommen vom 16.9.1988 über die gerichtliche Zuständigkeit und die Vollstreckung gerichtlicher Entscheidungen in Zivil- und Handelssachen (LugÜ).[3] Die Anerkennung und Vollstreckung von Urteilen aus Nichtvertragsstaaten des LugÜ regeln die Artt. 149, 25 ff. IPRG.

B. Grundlagen

I. Generalklausel und Einzeldelikte

Die meisten neueren Gesetze zum IPR, der Entwurf für die EU-Verordnung zum internationalen Recht der ausservertraglichen Schuldverhältnisse[4] sowie der Vorschlag des Groupe européen de droit international privé (G.E.D.I.P.)[5]

* Professor für Privatrecht, Internationales Privatrecht und Rechtsvergleichung an der Universität Zürich (emeritiert).

[1] Schweizerisches Gesetz über das Internationale Privatrecht (IPRG), Loi fédérale suisse sur le droit international privé (LDIP), Systematische Sammlung des Bundesrechts (SR) Nr. 291; auch abgedruckt bei: *Riering*, IPR-Gesetze in Europa (Bern/München 1997) Nr. 8 (S. 210) und in IPRax 1988, 376 (Switzerland's Federal Code on Private international Law, CPIL).

[2] Abgedruckt in: Conférence de La Haye de droit international privé (Hrsg.), Recueil de Conventions (1951-1996) (Den Haag ca. 1997) Nr. XIX.

[3] Abgedruckt bei: *Jayme/Hausmann*, Internationales Privat- und Verfahrensrecht. Textausgabe (11. Aufl. München 2001) Nr. 152.

[4] Die Verordnung soll das Römische Übereinkommen vom 19.6.1980 über das auf vertragliche Schuldverhältnisse anzuwendende Recht, bei *Jayme/Hausmann* (vorige N.) Nr. 70, ergänzen.

[5] Proposition pour une convention européenne sur la loi applicable aux obligations non contractuelles vom 25./27.9.1998: IPRax 1999, 286 = Rev.crit. 87 (1998) 802 = Rev.dir.int.priv.proc. 35 (1999) 386.

begnügen sich mit einer deliktsrechtlichen Generalklausel[6] und allgemeinen oder speziellen Ausnahmeklauseln für gewisse Situationen oder Delikte.[7] Das schweizerische IPRG enthält auch eine Generalklausel, ergänzt sie aber um spezielle Verweisungsnormen für sechs Einzeldelikte. Die deliktsrechtliche Generalklausel lautet:

1. Art. 133 IPRG: Fehlen einer Rechtswahl

[1] Haben Schädiger und Geschädigter ihren gewöhnlichen Aufenthalt im gleichen Staat, so unterstehen Ansprüche aus unerlaubter Handlung dem Recht dieses Staates.

[2] Haben Schädiger und Geschädigter ihren gewöhnlichen Aufenthalt nicht im gleichen Staat, so ist das Recht des Staates anzuwenden, in dem die unerlaubte Handlung begangen worden ist. Tritt der Erfolg nicht in dem Staat ein, in dem die unerlaubte Handlung begangen worden ist, so ist das Recht des Staates anzuwenden, in dem der Erfolg eintritt, wenn der Schädiger mit dem Eintritt des Erfolges in diesem Staat rechnen musste.

[3] Wird durch eine unerlaubte Handlung ein zwischen Schädiger und Geschädigtem bestehendes Rechtsverhältnis verletzt, so unterstehen Ansprüche aus unerlaubter Handlung, ungeachtet der Absätze 1 und 2, dem Recht, dem das vorbestehende Rechtsverhältnis unterstellt ist.

2. Art. 133 LDIP: A défaut d'élection de droit

[1] Lorsque l'auteur et le lésé ont leur résidence habituelle dans le même Etat, les prétentions fondées sur un acte illicite sont régies par le droit de cet Etat.

[2] Lorsque l'auteur et le lésé n'ont pas de résidence habituelle dans le même Etat, ces prétentions sont régies par le droit de l'Etat dans lequel l'acte illicite a été commis. Toutefois, si le résultat s'est produit dans un autre Etat, le droit de cet Etat est applicable si l'auteur devait prévoir que le résultat s'y produirait.

[3] Nonobstant les alinéas précédents, lorsqu'un acte illicite viole un rapport juridique existant entre auteur et lésé, les prétentions fondées sur cet acte sont régies par le droit applicable à ce rapport juridique.

[6] Art. 40 EGBGB; Art. 52 I Satz 1 liecht. IPR-Gesetz; § 48 österr. IPR-Gesetz; Art. 30 I slowen. IPR-Gesetz; Art. 25 türk. IPR-Gesetz; § 32 ungar. IPR-VO; Artt. 3, 4 Proposition G.E.D.I.P. (s. oben N. 5).

[7] Art. 41 EGBGB; Art. 52 I Satz 2 liecht. IPR-Gesetz; Art. 3 IV Proposition G.E.D.I.P. (oben N. 5).

3. Art. 133 CPIL: Absence of a choice of law[8]

[1] If the tortfeasor and injured party have their place of habitual residence in the same State, claims founded in tort shall be governed by the law of that State.

[2] If the tortfeasor and the injured party do not have their place of habitual residence in the same State, the claims shall be governed by the law of the State in which the tort was committed. If the injury occurs in another State, the law of that State shall be applicable if the tortfeasor should have foreseen that the injury would occur there.

[3] Notwithstanding the preceding paragraphs, if a tort violates an existing legal relationship between the tortfeasor and the injured party, claims founded in tort shall be governed by the law applicable to that legal relationship.

Die speziellen deliktsrechtlichen Verweisungsnormen betreffen die Haftung für Strassenverkehrsunfälle (Art. 134 IPRG), Produktemängel (Art. 135 IPRG), unlauteren Wettbewerb (Art. 136 IPRG), Wettbewerbsbehinderung (Art. 137 IPRG), Immissionen (Art. 138 IPRG) und Persönlichkeitsverletzungen (Art. 139 IPRG).

II. Sachnormverweisungen

Alle Verweisungen des Internationalen Deliktsrechts sind Sachnormverweisungen; denn das IPRG berücksichtigt ausländisches IPR nur im Namens- und Erbrecht (Artt. 37 I, 91 I IPRG), bei statusrechtlicher Verweisungsnorm (Art. 14 II IPRG) sowie bei der Anerkennung wohlerworbener Rechte[9] und bei Vorfragen.[10] Insofern unterscheidet sich also das IPRG vom deutschen EGBGB (Art. 4 EGBGB) und vom österreichischen IPR-Gesetz (§ 5 IPR-Gesetz).

III. Ausnahmeklausel

Als erste europäische Rechtsordnung enthält das IPRG in seinem Art. 15 eine allgemeine Ausnahmeklausel.[11] Sie lautet:

[8] Übersetzung aus: LDIP. Loi fédérale suisse sur le droit international privé. Français, Deutsch, Italiano, English (Lausanne 1989) 167.

[9] Vgl. hierzu *Siehr*, Renvoi und wohlerworbene Rechte, in: Rechtskollisionen, Festschrift Anton Heini (Zürich 1995) 407-428 (417 ff.).

[10] Die Vorfrage ist – wie meistens – im IPRG nicht geregelt. Wird sie unselbständig angeknüpft, muss wie im Ausland beantwortet werden, also unter Einschluss des fremden IPR. Hierzu ganz allgemein *Lipstein*, The taking into consideration of foreign private international law: Annuaire de l'Institut de Droit International 68 I (1999) 13-56 (42-44).

[11] Diesem Beispiel sind gefolgt der Art. 3082 Code civil von Québec on 1991 und Art. 2 des slowenischen IPR-Gesetzes von 1999.

1. Art. 15 IPRG: Ausnahmeklausel

[1] Das Recht, auf das dieses Gesetz verweist, ist ausnahmsweise nicht anwendbar, wenn nach den gesamten Umständen offensichtlich ist, dass der Sachverhalt mit diesem Recht in nur geringem, mit einem anderen Recht jedoch in viel engerem Zusammenhang steht.

[2] Diese Bestimmung ist nicht anwendbar, wenn eine Rechtswahl vorliegt.

2. Art. 15 LDIP: Clause d'exception

[1] Le droit désigné par la présente loi n'est exceptionnellement pas applicable si, au regard de l'ensemble des circonstances, il est manifeste que la cause n'a qu'un lien très lâche avec ce droit et qu'elle se trouve dans une relation beaucoup plus étroite avec un autre droit.

[2] Cette disposition n'est pas applicable en cas d'élection de droit.

3. Art. 15 CPIL: Exception[12]

[1] The law designated by this Code shall not be applied in those exceptional situations where, in light of all the circumstances, it is manifest that the case has only a very limited connection with that law and has a much closer connection with another law.

[2] This article is not applicable in the case of a choice of law by the parties.

Bislang hatten die Gerichte kaum Gelegenheit, diese Vorschrift auf das Deliktsrecht anzuwenden.[13]

C. Einzelfragen

I. Objektive Anknüpfung

Die deliktsrechtliche Generalklausel knüpft – bei Fehlen eines gemeinsamen gewöhnlichen Aufenthalts im Zeitpunkt der Verletzung – an den Erfolgsort an und lässt bei Auseinanderfallen von Handlungs- und Erfolgsort eine Rechtswahl des Geschädigten oder des Gerichts *in favorem laesi* nicht zu (Art. 133 II 2 IPRG).[14] Lediglich bei der Produktehaftung (Art. 135 I IPRG), bei Immissionen (Art. 138 IPRG) und bei Persönlichkeitsverletzungen (Art. 139 I IPRG) ist die Wahl einer nahestehenden Rechtsordnung zulässig.

[12] Übersetzung aus: LDIP (oben N. 8) 29.

[13] Bejaht wurde die Anwendung des Art. 15 I IPRG im Fall BGer. 27.1.1992, BGE 118 II 79 (Ehescheidung). Vgl. hierzu *von Overbeck*, The Fate of Two Remarkable Provisions of the Swiss Statute of Private International Law, in: Yearbook of Private International Law 1 (1999) 119-133 (127 ff.).

[14] So ausdrücklich abgelehnt in der Botschaft zum Bundesgesetz über das internationale Privatrecht: Bundesblatt 1983 I 263-519 (426) bei Nr. 284.224.

II. Rechtswahl

Das Deliktsstatut kann nur in zwei Fällen gewählt werden, und zwar nach Eintritt des schädigenden Ereignisses (Art. 132 IPRG) und im Rahmen eines vorbestehenden Rechtsverhältnisses (Vertrag, Gesellschaft, Familie), innerhalb dessen ein Delikt begangen wird (Art. 133 III, 136 III IPRG). In diesem zuletzt genannten Fall wird das Deliktsstatut akzessorisch dem vorbestehenden Rechtsverhältnis unterstellt.

III. Spezielle Delikte

Die speziellen Delikte werden abweichend angeknüpft, und zwar nicht auf Grund einer Vermutung einer engeren Beziehung, sondern durch Berufen einer nahestehenden Rechtsordnung (z.B. Recht am Unfallort, des betroffenen Markts oder gewöhnlicher Aufenthalt des Betroffenen). Diese Anknüpfungen können durch die allgemeine Ausnahmeklausel beiseite geschoben werden, sind also auch insofern nur Vermutungen für die engste Beziehung.

IV. Konkurrenzen

Ein bisher ungelöstes Problem sind die möglichen Konkurrenzen zwischen dem allgemeinen Deliktsstatut und den speziellen Verweisungsnormen.

Beispiel: Nach Art. 135 I IPRG unterliegt die Produktehaftung wahlweise dem Recht an der Niederlassung des Schädigers oder dem Recht am Erwerbsort. Hat man ein Produkt auf dem Flughafen bei einer Zwischenlandung erworben und wird zu Hause vom Produkt geschädigt (vgl. Harvey v. Gruenenthal[15]), steht das Recht des Erfolgsortes nicht zur Wahl. Kann man sich auf das allgemeine Deliktsstatut berufen oder gilt das Recht am Erfolgsort als das Recht des „viel engeren Zusammenhanges“ (Art. 15 I IPRG)?

Am einfachsten sind diese Fragen der Konkurrenz mit der allgemeinen Ausnahmeklausel zu bewältigen.

V. Vorbehaltsklausel

Leider hat der schweizerische Gesetzgeber bei der Produktehaftung (Art. 135 II IPRG) und bei der Wettbewerbsbehinderung (Art. 137 II IPRG) eine spezielle Vorbehaltsklausel formuliert:

„Unterstehen Ansprüche aus Mängeln oder mangelhafter Beschreibung eines Produktes [aus Wettbewerbsbehinderung] ausländischem Recht, so können in der Schweiz keine weitergehenden Leistungen zugesprochen werden, als nach schweizerischem Recht für einen solchen Schaden [für eine unzulässige Wettbewerbsbehinderung] zuzusprechen wären.“

[15] Harvey v. Chemie Gruenenthal GmbH, 354 F.2d 428 (2d Cir. 1965).

«Si des prétentions fondées sur un défaut ou une description défectueuse d'un produit [sur une entrave à la concurrence] sont régies par le droit étranger, on ne peut en Suisse accorder d'autres indemnités que celles qui seraient allouées pour un tel dommage [pour une entrave à la concurrence] en vertu du droit suisse.»

„If claims founded on a product defect or a faulty description of a product [on restraint of competition] are governed by foreign law, no awards may be made in Switzerland in excess of those, which would have been awarded for such damage [for a restraint of competition] under Swiss law"[16].

Die allgemeine Vorbehaltsklausel des Art. 17 IPRG hatte genügt.

VI. Anerkennung ausländischer Entscheidungen

Ein Helveticum stellt der Art. 149 II lit. F IPRG dar.

1. Art. 149 IPRG: Ausländische Entscheidungen

[1] Ausländische Entscheidungen über obligationenrechtliche Ansprüche werden in der Schweiz anerkannt, wenn sie im Staat ergangen sind.

a. in dem der Beklagte seinen Wohnsitz hatte, oder

b. in dem der Beklagte seinen gewöhnlichen Aufenthalt hatte und die Ansprüche mit einer Tätigkeit an diesem Ort zusammenhängen.

[2] Eine ausländische Entscheidung wird ferner anerkannt:

...

f. wenn sie Ansprüche aus unerlaubter Handlung betrifft, am Handlungs- oder am Erfolgsort ergangen ist und der Beklagte seinen Wohnsitz nicht in der Schweiz hatte.

2. Art. 149 LDIP: Décisions étrangères

[1] Les décisions étrangères relatives à une créance relevant du droit des obligations seront reconnues en Suisse:

a. Lorsqu'elles ont été rendues dans l'Etat du domicile du défendeur, ou

b. Lorsqu'elles ont été rendues dans l'Etat de la résidence habituelle du défendeur, pour autant que les créances se rapportent à une activité exercée dans cet Etat.

[2] Elles sont en outre reconnues:

...

f. Lorsque la décision porte sur une obligation délictuelle, qu'elle a été rendue au lieu de l'acte ou au lieu du résultat et que le défendeur n'était pas domicilié en Suisse.

[16] Übersetzung aus: LDIP (oben N. 8) 171.

3. Art. 149 CPIL: Foreign Decisions[17]

[1] Foreign decisions relating to claims concerning the law of obligations shall be recognized in Switzerland:

a. If they were rendered in the State of domicile of the defendatn; or

b. If they were rendered in the State of habitual residence of the defendant and the claims relate to an activity conducted there.

[2] A foreign decision shall also be recognized:

...

f. If a decision relating to a tort was rendered at the place of the act or the resultant injury and the defendant was not domiciled in Switzerland.

Diese Vorschrift beruht auf Art. 59 der alten schweizerischen Bundesverfassung (BV) von 1874, die am 1.1.2000 durch eine neue Verfassung ersetzt worden ist.[18] Dieser Art. 59 BV garantierte dem aufrechtstehenden Schuldner den Wohnsitzgerichtsstand. Nach der neuen Bundesverfassung kann dieser Gerichtsstand durch Gesetze eingeschränkt werden.[19] Dadurch ändert sich jedoch das IPRG nicht automatisch. Es kann nur gesetzlich geändert werden.

D. Zusammenfassung

Das schweizerische Internationale Haftungsrecht unterscheidet sich nur in wenigen Einzelheiten vom Recht der anderen europäischen Staaten. Es ist klar gegliedert, scheint jedoch ausführlicher und starrer zu sein als andere Gesetze, erlaubt jedoch eine Auflockerung durch die allgemeine Ausnahmeklausel.

[17] Übersetzung aus: LDIP (oben N. 8) 185.

[18] Bundesverfassung der Schweizerischen Eidgenossenschaft vom 18.4.1999, SR 101.

[19] Art. 30 II BV lautet: „Jede Person, gegen die eine Zivilklage erhoben wird, hat Anspruch darauf, dass die Sache vom Gericht des Wohnsitzes beurteilt wird. Das Gesetz kann einen anderen Gerichtsstand vorsehen".

Materialien

ÜBEREINKOMMEN VON ROM ÜBER DAS AUF VERTRAGLICHE SCHULDVERHÄLTNISSE ANZUWENDENDE RECHT VON 1980 (ROM I)[1]

VORBEMERKUNG

Nach der am 29. November 1996 erfolgten Unterzeichnung des Übereinkommens über den Beitritt der Republik Österreich, der Republik Finnland und des Königreichs Schweden zum Übereinkommen von Rom über das auf vertragliche Schuldverhältnisse anzuwendende Recht sowie zu den beiden Protokollen über die Auslegung des Übereinkommens durch den Gerichtshof erscheint es wünschenswert, eine kodifizierte Fassung des Übereinkommens von Rom und der beiden genannten Protokolle zu erstellen.

Diese Texte werden durch drei Erklärungen ergänzt: Nach der ersten Erklärung von 1980 ist anzustreben, daß auf Gemeinschaftsebene Kollisionsnormen angenommen werden, die mit denen des Übereinkommens in Einklang stehen; die zweite, ebenfalls 1980 abgegebene Erklärung betrifft die Auslegung des Übereinkommens durch den Gerichtshof und die dritte, 1996 abgegebene Erklärung betrifft die Einhaltung des Verfahrens nach Artikel 23 des Übereinkommens von Rom in bezug auf die Güterbeförderung zur See.

Das Generalsekretariat des Rates, in dessen Archiv die Urschriften der betreffenden Rechtsakte hinterlegt sind, hat den vorliegenden Text erstellt. Es sei jedoch darauf hingewiesen, daß dieser Text nicht verbindlich ist. Die amtlichen Fassungen der kodifizierten Rechtsakte sind in den nachstehend aufgeführten Amtsblättern enthalten.

ANHANG

ÜBEREINKOMMEN über das auf vertragliche Schuldverhältnisse anzuwendende Recht[2] aufgelegt zur Unterzeichnung am 19. Juni 1980 in Rom

PRÄAMBEL

DIE HOHEN VERTRAGSPARTEIEN des Vertrages zur Gründung der Europäischen Wirtschaftsgemeinschaft -

IN DEM BESTREBEN, die innerhalb der Gemeinschaft insbesondere im Bereich der gerichtlichen Zuständigkeit und der Vollstreckung gerichtlicher

[1] Amtsblatt nr. C 027 vom 26/01/1998 S. 0034 – 0046.

[2] Text in der Fassung des Übereinkommens vom 10. April 1984 über den Beitritt der Republik Griechenland - nachstehend "Beitrittsübereinkommen von 1984" genannt -, des Übereinkommens vom 18. Mai 1992 über den Beitritt des Königreichs Spanien und der Portugiesischen Republik - nachstehend "Beitrittsübereinkommen von 1992" genannt - und des Übereinkommens über den Beitritt der Republik Österreich, der Republik Finnland und des Königreichs Schweden - nachstehend "Beitrittsübereinkommen von 1996" genannt.

Entscheidungen bereits begonnene Rechtsvereinheitlichung auf dem Gebiet des internationalen Privatrechts fortzusetzen,

IN DEM WUNSCH, einheitliche Normen für die Bestimmung des auf vertragliche Schuldverhältnisse anzuwendenden Rechts zu schaffen -

SIND WIE FOLGT ÜBEREINGEKOMMEN:

TITEL I - ANWENDUNGSBEREICH

Artikel 1 - Anwendungsbereich

(1) Die Vorschriften dieses Übereinkommens sind auf vertragliche Schuldverhältnisse bei Sachverhalten, die eine Verbindung zum Recht verschiedener Staaten aufweisen, anzuwenden.

(2) Sie sind nicht anzuwenden auf

a) den Personenstand sowie die Rechts-, Geschäfts- und Handlungsfähigkeit von natürlichen Personen, vorbehaltlich des Artikels 11;

b) vertragliche Schuldverhältnisse betreffend

- Testamente und das Gebiet des Erbrechts,

- die ehelichen Güterstände

- die Rechte und Pflichten, die auf einem Familien-, Verwandschafts- oder eherechtlichen Verhältnis oder auf einer Schwägerschaft beruhen, einschließlich der Unterhaltsverpflichtungen gegenüber einem nichtehelichen Kind;

c) Verpflichtungen aus Wechseln, Schecks, Eigenwechseln und anderen handelbaren Wertpapieren, sofern die Verpflichtungen aus diesen anderen Wertpapieren aus deren Handelbarkeit entstehen;

d) Schieds- und Gerichtsstandsvereinbarungen;

e) Fragen betreffend das Gesellschaftsrecht, das Vereinsrecht und das Recht der juristischen Personen, wie z. B. die Errichtung, die Rechts- und Handlungsfähigkeit, die innere Verfassung und die Auflösung von Gesellschaften, Vereinen und juristischen Personen sowie die persönliche gesetzliche Haftung der Gesellschafter und der Organe für die Schulden der Gesellschaft, des Vereins oder der juristischen Person;

f) die Frage, ob ein Vertreter die Person, für deren Rechnung er zu handeln vorgibt, Dritten gegenüber verpflichten kann, oder ob das Organ einer Gesellschaft, eines Vereins oder einer juristischen Person diese Gesellschaft, diesen Verein oder diese juristische Person gegenüber Dritten verpflichten kann;

g) die Gründung von "Trusts" sowie die dadurch geschaffenen Rechtsbeziehungen zwischen den Verfügenden, den Treuhändern und den Begünstigten;

h) den Beweis und das Verfahren, vorbehaltlich des Artikels 14.

(3) Die Vorschriften dieses Übereinkommens sind nicht anzuwenden auf Versicherungsverträge, die in den Hoheitsgebieten der Mitgliedstaaten der Europäischen Wirtschaftsgemeinschaft belegene Risiken decken. Ist zu

entscheiden, ob ein Risiko in diesen Hoheitsgebieten belegen ist, so wendet das Gericht sein innerstaatliches Recht an.

(4) Absatz 3 gilt nicht für Rückversicherungsverträge.

Artikel 2 - Anwendung des Rechts von Nichtvertragsstaaten

Das nach diesem Übereinkommen bezeichnete Recht ist auch dann anzuwenden, wenn es das Recht eines Nichtvertragsstaats ist.

TITEL II - EINHEITLICHE BESTIMMUNGEN

Artikel 3 - Freie Rechtswahl

(1) Der Vertrag unterliegt dem von den Parteien gewählten Recht. Die Rechtswahl muß ausdrücklich sein oder sich mit hinreichender Sicherheit aus den Bestimmungen des Vertrages oder aus den Umständen des Falles ergeben. Die Parteien können die Rechtswahl für ihren ganzen Vertrag oder nur für einen Teil desselben treffen.

(2) Die Parteien können jederzeit vereinbaren, daß der Vertrag nach einem anderen Recht zu beurteilen ist als dem, das zuvor entweder aufgrund einer früheren Rechtswahl nach diesem Artikel oder aufgrund anderer Vorschriften dieses Übereinkommens für ihn maßgebend war. Die Formgültigkeit des Vertrages im Sinne des Artikels 9 und Rechte Dritter werden durch eine nach Vertragsabschluß erfolgende Änderung der Bestimmung des anzuwendenden Rechts nicht berührt.

(3) Sind alle anderen Teile des Sachverhalts im Zeitpunkt der Rechtswahl in ein und demselben Staat belegen, so kann die Wahl eines ausländischen Rechts durch die Parteien - sei sie durch die Vereinbarung der Zuständigkeit eines ausländischen Gerichtes ergänzt oder nicht - die Bestimmungen nicht berühren, von denen nach dem Recht jenes Staates durch Vertrag nicht abgewichen werden kann und die nachstehend "zwingende Bestimmungen" genannt werden.

(4) Auf das Zustandekommen und die Wirksamkeit der Einigung der Parteien über das anzuwendende Recht sind die Artikel 8, 9 und 11 anzuwenden.

Artikel 4 - Mangels Rechtswahl anzuwendendes Recht

(1) Soweit das auf den Vertrag anzuwendende Recht nicht nach Artikel 3 vereinbart worden ist, unterliegt der Vertrag dem Recht des Staates, mit dem er die engsten Verbindungen aufweist. Läßt sich jedoch ein Teil des Vertrages von dem Rest des Vertrages trennen und weist dieser Teil eine engere Verbindung mit einem anderen Staat auf, so kann auf ihn ausnahmsweise das Recht dieses anderen Staates angewendet werden.

(2) Vorbehaltlich des Absatzes 5 wird vermutet, daß der Vertrag die engsten Verbindungen mit dem Staat aufweist, in dem die Partei, welche die charakteristische Leistung zu erbringen hat, im Zeitpunkt des Vertragsabschlusses ihren gewöhnlichen Aufenthalt oder, wenn es sich um eine Gesellschaft, einen Verein oder eine juristische Person handelt, ihre Hauptverwaltung hat. Ist der Vertrag jedoch in Ausübung einer beruflichen oder gewerblichen Tätigkeit dieser Partei geschlossen worden, so wird

vermutet, daß er die engsten Verbindungen zu dem Staat aufweist, in dem sich deren Hauptniederlassung befindet oder in dem, wenn die Leistung nach dem Vertrag von einer anderen als der Hauptniederlassung zu erbringen ist, sich die andere Niederlassung befindet.

(3) Ungeachtet des Absatzes 2 wird, soweit der Vertrag ein dingliches Recht an einem Grundstück oder ein Recht zur Nutzung eines Grundstücks zum Gegenstand hat, vermutet, daß der Vertrag die engsten Verbindungen zu dem Staat aufweist, in dem das Grundstück belegen ist.

(4) Die Vermutung nach Absatz 2 gilt nicht für Güterbeförderungsverträge. Bei diesen Verträgen wird vermutet, daß sie mit dem Staat die engsten Verbindungen aufweisen, in dem der Beförderer im Zeitpunkt des Vertragsabschlusses seine Hauptniederlassung hat, sofern sich in diesem Staat auch der Verladeort oder der Entladeort oder die Hauptniederlassung des Absenders befindet. Als Güterbeförderungsverträge gelten für die Anwendung dieses Absatzes auch Charterverträge für eine einzige Reise und andere Verträge, die in der Hauptsache der Güterbeförderung dienen.

(5) Absatz 2 ist nicht anzuwenden, wenn sich die charakteristische Leistung nicht bestimmen läßt. Die Vermutungen nach den Absätzen 2, 3 und 4 gelten nicht, wenn sich aus der Gesamtheit der Umstände ergibt, daß der Vertrag engere Verbindungen mit einem anderen Staat aufweist.

Artikel 5 - Verbraucherverträge

(1) Dieser Artikel gilt für Verträge über die Lieferung beweglicher Sachen oder die Erbringung von Dienstleistungen an eine Person, den Verbraucher, zu einem Zweck, der nicht der beruflichen oder gewerblichen Tätigkeit des Verbrauchers zugerechnet werden kann, sowie für Verträge zur Finanzierung eines solchen Geschäfts.

(2) Ungeachtet des Artikels 3 darf die Rechtswahl der Parteien nicht dazu führen, daß dem Verbraucher der durch die zwingenden Bestimmungen des Rechts des Staates, in dem er seinen gewöhnlichen Aufenthalt hat, gewährte Schutz entzogen wird:

- wenn dem Vertragsabschluß ein ausdrückliches Angebot oder eine Werbung in diesem Staat vorausgegangen ist und wenn der Verbraucher in diesem Staat die zum Abschluß des Vertrages erforderlichen Rechtshandlungen vorgenommen hat oder

- wenn der Vertragspartner des Verbrauchers oder sein Vertreter die Bestellung des Verbrauchers in diesem Staat entgegengenommen hat oder

- wenn der Vertrag den Verkauf von Waren betrifft und der Verbraucher von diesem Staat ins Ausland gereist ist und dort seine Bestellung aufgegeben hat, sofern diese Reise vom Verkäufer mit dem Ziel herbeigeführt worden ist, den Verbraucher zum Vertragsabschluß zu veranlassen.

(3) Abweichend von Artikel 4 ist mangels einer Rechtswahl nach Artikel 3 für Verträge, die unter den in Absatz 2 bezeichneten Umständen zustande gekommen sind, das Recht des Staates maßgebend, in dem der Verbraucher seinen gewöhnlichen Aufenthalt hat.

(4) Dieser Artikel gilt nicht für

a) Beförderungsverträge,

b) Verträge über die Erbringung von Dienstleistungen, wenn die dem Verbraucher geschuldeten Dienstleistungen ausschließlich in einem anderen als dem Staat erbracht werden müssen, in dem der Verbraucher seinen gewöhnlichen Aufenthalt hat.

(5) Ungeachtet des Absatzes 4 gilt dieser Artikel für Reiseverträge, die für einen Pauschalpreis kombinierte Beförderungs- und Unterbringungsleistungen vorsehen.

Artikel 6 - Arbeitsverträge und Arbeitsverhältnisse von Einzelpersonen

(1) Ungeachtet des Artikels 3 darf in Arbeitsverträgen und Arbeitsverhältnissen die Rechtswahl der Parteien nicht dazu führen, daß dem Arbeitnehmer der Schutz entzogen wird, der ihm durch die zwingenden Bestimmungen des Rechts gewährt wird, das nach Absatz 2 mangels einer Rechtswahl anzuwenden wäre.

(2) Abweichend von Artikel 4 sind mangels einer Rechtswahl nach Artikel 3 auf Arbeitsverträge und Arbeitsverhältnisse anzuwenden:

a) das Recht des Staates, in dem der Arbeitnehmer in Erfüllung des Vertrages gewöhnlich seine Arbeit verrichtet, selbst wenn er vorübergehend in einen anderen Staat entsandt ist, oder

b) das Recht des Staates, in dem sich die Niederlassung befindet, die den Arbeitnehmer eingestellt hat, sofern dieser seine Arbeit gewöhnlich nicht in ein und demselben Staat verrichtet,

es sei denn, daß sich aus der Gesamtheit der Umstände ergibt, daß der Arbeitsvertrag oder das Arbeitsverhältnis engere Verbindungen zu einem anderen Staat aufweist; in diesem Fall ist das Recht dieses anderen Staates anzuwenden.

Artikel 7 - Zwingende Vorschriften

(1) Bei Anwendung des Rechts eines bestimmten Staates aufgrund dieses Übereinkommens kann den zwingenden Bestimmungen des Rechts eines anderen Staates, mit dem der Sachverhalt eine enge Verbindung aufweist, Wirkung verliehen werden, soweit diese Bestimmungen nach dem Recht des letztgenannten Staates ohne Rücksicht darauf anzuwenden sind, welchem Recht der Vertrag unterliegt. Bei der Entscheidung, ob diesen zwingenden Bestimmungen Wirkung zu verleihen ist, sind ihre Natur und ihr Gegenstand sowie die Folgen zu berücksichtigen, die sich aus ihrer Anwendung oder ihrer Nichtanwendung ergeben würden.

(2) Dieses Übereinkommen berührt nicht die Anwendung der nach dem Recht des Staates des angerufenen Gerichtes geltenden Bestimmungen, die ohne Rücksicht auf das auf den Vertrag anzuwendende Recht den Sachverhalt zwingend regeln.

Artikel 8 - Einigung und materielle Wirksamkeit

(1) Das Zustandekommen und die Wirksamkeit des Vertrages oder einer seiner Bestimmungen beurteilen sich nach dem Recht, das nach diesem Übereinkommen anzuwenden wäre, wenn der Vertrag oder die Bestimmung wirksam wäre.

(2) Ergibt sich jedoch aus den Umständen, daß es nicht gerechtfertigt wäre, die Wirkung des Verhaltens einer Partei nach dem in Absatz 1 bezeichneten Recht zu bestimmen, so kann sich diese Partei für die Behauptung, sie habe dem Vertrag nicht zugestimmt, auf das Recht des Staates ihres gewöhnlichen Aufenthaltsorts berufen.

Artikel 9 - Form

(1) Ein zwischen Personen, die sich in demselben Staat befinden, geschlossener Vertrag ist formgültig, wenn er die Formerfordernisse des auf ihn nach diesem Übereinkommen materiell-rechtlich anzuwendenden Rechts oder des Rechts des Staates, in dem er geschlossen wurde, erfüllt.

(2) Ein zwischen Personen, die sich in verschiedenen Staaten befinden, geschlossener Vertrag ist formgültig, wenn er die Formerfordernisse des auf ihn nach diesem Übereinkommen materiell-rechtlich anzuwendenden Rechts oder des Rechts eines dieser Staaten erfüllt.

(3) Wird der Vertrag durch einen Vertreter geschlossen, so muß bei Anwendung der Absätze 1 und 2 der Staat berücksichtigt werden, in dem sich der Vertreter befindet.

(4) Ein einseitiges Rechtsgeschäft, das sich auf einen geschlossenen oder zu schließenden Vertrag bezieht, ist formgültig, wenn es die Formerfordernisse des Rechts, das nach diesem Übereinkommen für den Vertrag maßgebend ist oder maßgebend wäre, oder die Formerfordernisse des Rechts des Staates erfüllt, in dem dieses Rechtsgeschäft vorgenommen worden ist.

(5) Die Absätze 1 bis 4 sind nicht anzuwenden auf Verträge, für die Artikel 5 gilt und die unter den in Artikel 5 Absatz 2 bezeichneten Umständen geschlossen worden sind. Für die Form dieser Verträge ist das Recht des Staates maßgebend, in dem der Verbraucher seinen gewöhnlichen Aufenthalt hat.

(6) Abweichend von den Absätzen 1 bis 4 beurteilen sich Verträge, die ein dingliches Recht an einem Grundstück oder ein Recht zur Nutzung eines Grundstücks zum Gegenstand haben, nach den zwingenden Formvorschriften des Staates, in dem das Grundstück belegen ist, sofern diese nach dem Recht dieses Staates ohne Rücksicht auf den Ort des Abschlusses des Vertrages und auf das auf ihn anzuwendende Recht gelten.

Artikel 10 - Geltungsbereich des auf den Vertrag anzuwendenden Rechts

(1) Das nach den Artikeln 3 bis 6 und nach Artikel 12 dieses Übereinkommens auf einen Vertrag anzuwendende Recht ist insbesondere maßgebend für

a) seine Auslegung,

b) die Erfüllung der durch ihn begründeten Verpflichtungen,

c) die Folgen der vollständigen oder teilweisen Nichterfüllung dieser Verpflichtungen, einschließlich der Schadensbemessung, soweit sie nach Rechtsnormen erfolgt, in den Grenzen der dem Gericht durch sein Prozeßrecht eingeräumten Befugnisse,

d) die verschiedenen Arten des Erlöschens der Verpflichtungen sowie die Verjährung und die Rechtsverluste, die sich aus dem Ablauf einer Frist ergeben,

e) die Folgen der Nichtigkeit des Vertrages.

(2) In bezug auf die Art und Weise der Erfüllung und die vom Gläubiger im Falle mangelhafter Erfüllung zu treffenden Maßnahmen ist das Recht des Staates, in dem die Erfüllung erfolgt, zu berücksichtigen.

Artikel 11 - Rechts-, Geschäfts- und Handlungsunfähigkeit

Bei einem zwischen Personen, die sich in demselben Staat befinden, geschlossenen Vertrag kann sich eine natürliche Person, die nach dem Recht dieses Staates rechts-, geschäfts- und handlungsfähig wäre, nur dann auf ihre aus dem Recht eines anderen Staates abgeleitete Rechts-, Geschäfts- und Handlungsunfähigkeit berufen, wenn der andere Vertragsteil bei Vertragsabschluß diese Rechts-, Geschäfts- und Handlungsunfähigkeit kannte oder infolge Fahrlässigkeit nicht kannte.

Artikel 12 - Übertragung der Forderung

(1) Für die Verpflichtungen zwischen Zedent und Zessionar einer Forderung ist das Recht maßgebend, das nach diesem Übereinkommen auf den Vertrag zwischen ihnen anzuwenden ist.

(2) Das Recht, dem die übertragene Forderung unterliegt, bestimmt ihre Übertragbarkeit, das Verhältnis zwischen Zessionar und Schuldner, die Voraussetzungen, unter denen die Übertragung dem Schuldner entgegengehalten werden kann, und die befreiende Wirkung einer Leistung durch den Schuldner.

Artikel 13 - Gesetzlicher Forderungsübergang

(1) Hat eine Person, der Gläubiger, eine vertragliche Forderung gegen eine andere Person, den Schuldner, so hat ein Dritter die Verpflichtung, den Gläubiger zu befriedigen, oder befriedigt er den Gläubiger aufgrund dieser Verpflichtung, so bestimmt das für die Verpflichtung des Dritten maßgebende Recht, ob der Dritte die Forderung des Gläubigers gegen den Schuldner gemäß dem für deren Beziehungen maßgebenden Recht ganz oder zu einem Teil geltend zu machen berechtigt ist.

(2) Dies gilt auch, wenn mehrere Personen dieselbe vertragliche Forderung zu erfüllen haben und der Gläubiger von einer dieser Personen befriedigt worden ist.

Artikel 14 - Beweis

(1) Das nach diesem Übereinkommen für den Vertrag maßgebende Recht ist insoweit anzuwenden, als es für vertragliche Schuldverhältnisse gesetzliche Vermutungen aufstellt oder die Beweislast verteilt.

(2) Zum Beweis eines Rechtsgeschäfts sind alle Beweisarten der lex fori oder eines jener in Artikel 9 bezeichneten Rechte, nach denen das Rechtsgeschäft formgültig ist, zulässig, sofern der Beweis in dieser Art vor dem angerufenen Gericht erbracht werden kann.

Artikel 15 - Ausschluß der Rück- und Weiterverweisung

Unter dem nach diesem Übereinkommen anzuwendenden Recht eines Staates sind die in diesem Staat geltenden Rechtsnormen unter Ausschluß derjenigen des internationalen Privatrechts zu verstehen.

Artikel 16 - Öffentliche Ordnung

Die Anwendung einer Norm des nach diesem Übereinkommen bezeichneten Rechts kann nur versagt werden, wenn dies offensichtlich mit der öffentlichen Ordnung des Staates des angerufenen Gerichtes unvereinbar ist.

Artikel 17 - Ausschluß der Rückwirkung

Dieses Übereinkommen ist in einem Vertragsstaat auf Verträge anzuwenden, die geschlossen worden sind, nachdem das Übereinkommen für diesen Staat in Kraft getreten ist.

Artikel 18 - Einheitliche Auslegung

Bei der Auslegung und Anwendung der vorstehenden einheitlichen Vorschriften ist ihrem internationalen Charakter und dem Wunsch Rechnung zu tragen, eine einheitliche Auslegung und Anwendung dieser Vorschriften zu erreichen.

Artikel 19 - Staaten ohne einheitliche Rechtsordnung

(1) Umfaßt ein Staat mehrere Gebietseinheiten, von denen jede für vertragliche Schuldverhältnisse ihre eigenen Rechtsnormen hat, so gilt für die Bestimmung des nach diesem Übereinkommen anzuwendenden Rechts jede Gebietseinheit als Staat.7

(2) Ein Staat, in dem verschiedene Gebietseinheiten ihre eigenen Rechtsnormen für vertragliche Schuldverhältnisse haben, ist nicht verpflichtet, dieses Übereinkommen auf Kollisionen zwischen den Rechtsverordnungen dieser Gebietseinheiten anzuwenden.

Artikel 20 - Vorrang des Gemeinschaftsrechts

Dieses Übereinkommen berührt nicht die Anwendung der Kollisionsnormen für vertragliche Schuldverhältnisse auf besonderen Gebieten, die in Rechtsakten der Organe der Europäischen Gemeinschaften oder in dem in Ausführung dieser Akte harmonisierten innerstaatlichen Recht enthalten sind oder enthalten sein werden.

Artikel 21 - Verhältnis zu anderen Übereinkommen

Dieses Übereinkommen berührt nicht die Anwendung internationaler Übereinkommen, denen ein Vertragsstaat angehört oder angehören wird.

Artikel 22 - Vorbehalte

(1) Jeder Vertragsstaat kann sich bei der Unterzeichnung, der Ratifizierung, der Annahme oder der Zustimmung das Recht vorbehalten, folgende Bestimmungen nicht anzuwenden:

a) Artikel 7 Absatz 1,

b) Artikel 10 Absatz 1 Buchstabe e).

(2) . . . [3]

(3) Jeder Vertragsstaat kann jederzeit einen von ihm eingelegten Vorbehalt zurückziehen; der Vorbehalt wird am ersten Tag des dritten Kalendermonats nach Notifizierung der Rücknahme unwirksam.

TITEL III - SCHLUSSVORSCHRIFTEN

Artikel 23

(1) Wünscht ein Vertragsstaat, nachdem dieses Übereinkommen für ihn in Kraft getreten ist, eine neue Kollisionsnorm für eine bestimmte Gruppe von Verträgen einzuführen, die in den Anwendungsbereich des Übereinkommens fallen, so teilt er seine Absicht den anderen Unterzeichnerstaaten über den Generalsekretär des Rates der Europäischen Gemeinschaften mit.

(2) Innerhalb von sechs Monaten nach der Mitteilung an den Generalsekretär des Rates kann jeder Unterzeichnerstaat bei diesem beantragen, Konsultationen mit den Unterzeichnerstaaten einzuleiten, um zu einem Einvernehmen zu gelangen.

(3) Hat innerhalb dieser Frist kein Unterzeichnerstaat Konsultationen beantragt oder haben die Konsultationen innerhalb von zwei Jahren nach Mitteilung an den Generalsekretär des Rates nicht zu einem Einvernehmen geführt, so kann der betreffende Vertragsstaat sein Recht ändern. Die von diesem Staat getroffene Maßnahme wird den anderen Unterzeichnerstaaten über den Generalsekretär des Rates der Europäischen Gemeinschaften zur Kenntnis gebracht.

Artikel 24

(1) Wünscht ein Vertragsstaat, nachdem dieses Übereinkommen für ihn in Kraft getreten ist, einem mehrseitigen Übereinkommen beizutreten, dessen Hauptziel oder eines seiner Hauptziele eine international-privatrechtliche Regelung auf einem der Gebiete dieses Übereinkommens ist, so findet das Verfahren des Artikels 23 Anwendung. Jedoch wird die in Artikel 23 Absatz 3 vorgesehene Frist von zwei Jahren auf ein Jahr verkürzt.

(2) Das in Absatz 1 bezeichnete Verfahren braucht nicht befolgt zu werden, wenn ein Vertragsstaat oder eine der Europäischen Gemeinschaften dem mehrseitigen Übereinkommen bereits angehört oder wenn sein Zweck darin besteht, ein Übereinkommen zu revidieren, dem der betreffende Staat angehört, oder wenn es sich um ein im Rahmen der Verträge zur Gründung der Europäischen Gemeinschaften geschlossenes Übereinkommen handelt.

[3] Absatz 2 gestrichen gemäß Artikel 2 Nummer 1 des Beitrittsübereinkommens von 1992.

Artikel 25

Ist ein Vertragsstaat der Auffassung, daß die durch dieses Übereinkommen erzielte Rechtsvereinheitlichung durch den Abschluß anderer als in Artikel 24 Absatz 1 bezeichneter Übereinkommen gefährdet ist, so kann dieser Staat beim Generalsekretär des Rates der Europäischen Gemeinschaften beantragen, Konsultationen zwischen den Unterzeichnerstaaten dieses Übereinkommens einzuleiten.

Artikel 26

Jeder Vertragsstaat kann die Revision dieses Übereinkommens beantragen. In diesem Fall beruft der Präsident des Rates der Europäischen Gemeinschaften eine Revisionskonferenz ein.

Artikel 27[4]

Artikel 28

(1) Dieses Übereinkommen liegt vom 19. Juni 1980 an für die Vertragsstaaten des Vertrages zur Gründung der Europäischen Wirtschaftsgemeinschaft zur Unterzeichnung auf.[5]

(2) Dieses Übereinkommen bedarf der Ratifizierung, Annahme oder Zustimmung durch die Unterzeichnerstaaten. Die Urkunden über die Ratifizierung, Annahme oder Zustimmung werden beim Generalsekretär des Rates der Europäischen Gemeinschaften hinterlegt.

[4] Artikel 27 gestrichen gemäß Artikel 2 Nummer 1 des Beitrittsübereinkommens von 1992.

[5] Die Ratifizierung der Beitrittsübereinkommen ist in den folgenden Bestimmungen dieser Übereinkommen geregelt:

- hinsichtlich des Beitrittsübereinkommens von 1984 in Artikel 3 desselben Übereinkommens, der wie folgt lautet: "Artikel 3 - Dieses Übereinkommen bedarf der Ratifizierung durch die Unterzeichnerstaaten. Die Ratifikationsurkunden werden beim Generalsekretär des Rates der Europäischen Gemeinschaften hinterlegt.";

- hinsichtlich des Beitrittsübereinkommens von 1992 in Artikel 4 desselben Übereinkommens, der wie folgt lautet: "Artikel 4 - Dieses Übereinkommen bedarf der Ratifizierung durch die Unterzeichnerstaaten. Die Ratifikationsurkunden werden beim Generalsekretariat des Rates der Europäischen Gemeinschaften hinterlegt.";

- hinsichtlich des Beitrittsübereinkommens von 1996 in Artikel 5 desselben Übereinkommens, der wie folgt lautet: "Artikel 5 - Dieses Übereinkommen bedarf der Ratifikation durch die Unterzeichnerstaaten. Die Ratifikationsurkunden werden beim Generalsekretär des Rates der Europäischen Union hinterlegt.".

Artikel 29[6]

(1) Dieses Übereinkommen tritt am ersten Tag des dritten Monats in Kraft, der auf die Hinterlegung der siebten Urkunde über die Ratifizierung, Annahme oder Zustimmung folgt.

(2) Das Übereinkommen tritt für jeden Unterzeichnerstaat, der später ratifiziert, annimmt oder zustimmt, am ersten Tag des dritten Monats in Kraft, der auf die Hinterlegung seiner Urkunde über die Ratifizierung, Annahme oder Zustimmung folgt.

Artikel 30

(1) Dieses Übereinkommen wird für zehn Jahre vom Zeitpunkt seines Inkrafttretens nach Artikel 29 Absatz 1 an geschlossen; dies gilt auch für die Staaten, für die es nach diesem Zeitpunkt in Kraft tritt.

(2) Vorbehaltlich einer Kündigung verlängert sich die Dauer dieses Übereinkommens stillschweigend jeweils um fünf Jahre.

(3) Die Kündigung ist dem Generalsekretär des Rates der Europäischen Gemeinschaften mindestens sechs Monate vor Ablauf der zehnjährigen oder fünfjährigen Frist zu notifizieren[7].

(4) Die Kündigung hat nur Wirkung gegenüber dem Staat, der sie notifiziert hat. Für die anderen Vertragsstaaten bleibt das Übereinkommen in Kraft.

[6] Das Inkrafttreten der Beitrittsübereinkommen ist in den folgenden Bestimmungen dieser Übereinkommen geregelt:

- hinsichtlich des Beitrittsübereinkommens von 1984 in Artikel 4 desselben Übereinkommens, der wie folgt lautet: "Artikel 4 - Dieses Übereinkommen tritt für die Staaten, die es ratifiziert haben, am ersten Tag des dritten Monats in Kraft, der auf die Hinterlegung der letzten Ratifikationsurkunde durch die Republik Griechenland und sieben Staaten folgt, die das Übereinkommen über das auf vertragliche Schuldverhältnisse anzuwendende Recht ratifiziert haben. Für jeden Vertragsstaat, der das Übereinkommen später ratifiziert, tritt es am ersten Tag des dritten Monats in Kraft, welcher der Hinterlegung seiner Ratifikationsurkunde folgt.";

- hinsichtlich des Beitrittsübereinkommens von 1992 in Artikel 5 desselben Übereinkommens, der wie folgt lautet: "Artikel 5 - Dieses Übereinkommen tritt für die Staaten, die es ratifiziert haben, am ersten Tag des dritten Monats in Kraft, der auf die Hinterlegung der letzten Ratifikationsurkunde durch das Königreich Spanien oder die Portugiesische Republik und einen der Staaten folgt, der das Übereinkommen über das auf vertragliche Schuldverhältnisse anzuwendende Recht ratifiziert hat. Für jeden Vertragsstaat, der das Übereinkommen später ratifiziert, tritt es am ersten Tag des dritten Monats in Kraft, welcher der Hinterlegung seiner Ratifikationsurkunde folgt.";

- hinsichtlich des Beitrittsübereinkommens von 1996 in Artikel 6 desselben Übereinkommens, der wie folgt lautet: "Artikel 6 - (1) Dieses Übereinkommen tritt für die Staaten, die es ratifiziert haben, am ersten Tag des dritten Monats in Kraft, der auf die Hinterlegung der letzten Ratifikationsurkunde durch die Republik Österreich, die Republik Finnland oder das Königreich Schweden und durch einen Vertragsstaat folgt, der das Übereinkommen über das auf vertragliche Schuldverhältnisse anzuwendende Recht ratifiziert hat. (2) Für jeden Vertragsstaat, der das Übereinkommen später ratifiziert, tritt es am ersten Tag des dritten Monats in Kraft, welcher der Hinterlegung seiner Ratifikationsurkunde folgt.".

[7] Satz gestrichen gemäß dem Übereinkommen von 1992.

Artikel 31[8]

Der Generalsekretär des Rates der Europäischen Gemeinschaften notifiziert den Vertragsstaaten des Vertrages zur Gründung der Europäischen Wirtschaftsgemeinschaft

a) die Unterzeichnungen,

b) die Hinterlegung jeder Urkunde über die Ratifizierung, Annahme oder Zustimmung,

c) den Tag, an dem dieses Übereinkommen in Kraft tritt,

d) die Mitteilung gemäß den Artikeln 23, 24, 25, 26 und 30 (8),

e) die Vorbehalte und deren Rücknahme gemäß Artikel 22.

Artikel 32

Das im Anhang enthaltene Protokoll ist Bestandteil des Übereinkommens.

[8] Die Notifikation betreffend die Beitrittsübereinkommen ist in den folgenden Bestimmungen dieser Übereinkommen geregelt:

- hinsichtlich des Beitrittsübereinkommens von 1984 in Artikel 5 desselben Übereinkommens, der wie folgt lautet:

"Artikel 5

Der Generalsekretär des Rates der Europäischen Gemeinschaften notifiziert den Unterzeichnerstaaten

a) die Hinterlegung jeder Ratifikationsurkunde;

b) die Tage, an denen dieses Übereinkommen für die Vertragsstaaten in Kraft tritt.";

- hinsichtlich des Beitrittsübereinkommens von 1992 in Artikel 6 desselben Übereinkommens, der wie folgt lautet:

"Artikel 6

Der Generalsekretär des Rates der Europäischen Gemeinschaften notifiziert den Unterzeichnerstaaten

a) die Hinterlegung jeder Ratifikationsurkunde;

b) die Tage, an denen dieses Übereinkommen für die Vertragsstaaten in Kraft tritt.";

- hinsichtlich des Beitrittsübereinkommens von 1996 in Artikel 7 desselben Übereinkommens, der wie folgt lautet:

"Artikel 7

Der Generalsekretär des Rates der Europäischen Union notifiziert den Unterzeichnerstaaten

a) die Hinterlegung jeder Ratifikationsurkunde;

b) die Tage, an denen dieses Übereinkommen für die Vertragsstaaten in Kraft tritt.".

Artikel 33[9,10]

[9] Buchstabe d) geändert gemäß dem Beitrittsübereinkommen von 1992.

[10] Die Aufzählung der verbindlichen Wortlaute der Beitrittsübereinkommen ergibt sich aus folgenden Bestimmungen dieser Übereinkommen:

- hinsichtlich des Beitrittsübereinkommens von 1984 aus den Artikeln 2 und 6 desselben Übereinkommens, die wie folgt lauten: "Artikel 2 - Der Generalsekretär des Rates der Europäischen Gemeinschaften übermittelt der Regierung der Republik Griechenland je eine beglaubigte Abschrift des Übereinkommens über das auf vertragliche Schuldverhältnisse anzuwendende Recht in dänischer, deutscher, englischer, französischer, irischer, italienischer und niederländischer Sprache.

Der griechische Wortlaut des Übereinkommens über das auf vertragliche Schuldverhältnisse anzuwendende Recht ist dem vorliegenden Übereinkommen beigefügt. Der griechische Wortlaut ist gleichermaßen verbindlich wie die anderen Fassungen des Übereinkommens über das auf vertragliche Schuldverhältnisse anzuwendende Recht."

"Artikel 6 - Dieses Übereinkommen ist in einer Urschrift in dänischer, deutscher, englischer, französischer, griechischer, irischer, italienischer und niederländischer Sprache abgefaßt, wobei jeder Wortlaut gleichermaßen verbindlich ist; es wird im Archiv des Generalsekretariats des Rates der Europäischen Gemeinschaften hinterlegt. Der Generalsekretär übermittelt der Regierung jedes Unterzeichnerstaats eine beglaubigte Abschrift.";

- hinsichtlich des Beitrittsübereinkommens von 1992 aus den Artikeln 3 und 7 desselben Übereinkommens, die wie folgt lauten: "Artikel 3 - Der Generalsekretär des Rates der Europäischen Gemeinschaften übermittelt der Regierung des Königreichs Spanien und der Regierung der Portugiesischen Republik je eine beglaubigte Abschrift des Übereinkommens über das auf vertragliche Schuldverhältnisse anzuwendende Recht in dänischer, deutscher, englischer, französischer, griechischer, irischer, italienischer und niederländischer Sprache.

Der spanische und der portugiesische Wortlaut des Übereinkommens über das auf vertragliche Schuldverhältnisse anzuwendende Recht sind dem vorliegenden Übereinkommen als Anhänge I und II beigefügt. Der spanische und der portugiesische Wortlaut sind gleichermaßen verbindlich wie die anderen Fassungen des Übereinkommens über das auf vertragliche Schuldverhältnisse anzuwendende Recht."

"Artikel 7 - Dieses Übereinkommen ist in einer Urschrift in dänischer, deutscher, englischer, französischer, griechischer, irischer, italienischer, niederländischer, portugiesischer und spanischer Sprache abgefaßt, wobei jeder Wortlaut gleichermaßen verbindlich ist; es wird im Archiv des Generalsekretariats des Rates der Europäischen Gemeinschaften hinterlegt. Der Generalsekretär übermittelt der Regierung jedes Unterzeichnerstaats eine beglaubigte Abschrift.";

- hinsichtlich des Beitrittsübereinkommens von 1996 aus den Artikeln 4 und 8 desselben Übereinkommens, die wie folgt lauten: "Artikel 4 - (1) Der Generalsekretär des Rates der Europäischen Union übermittelt den Regierungen der Republik Österreich, der Republik Finnland und des Königreichs Schweden je eine beglaubigte Abschrift des Übereinkommens von 1980, des Übereinkommens von 1984, des Ersten Protokolls von 1988, des Zweiten Protokolls von 1988 und des Übereinkommens von 1992 in dänischer, deutscher, englischer, französischer, griechischer, irischer, italienischer, niederländischer, portugiesischer und spanischer Sprache. (2) Der finnische und schwedische Wortlaut des Übereinkommens von 1980, des Übereinkommens von 1984, des Ersten Protokolls von 1988, des Zweiten Protokolls von 1988 und des Übereinkommens von 1992 sind gleichermaßen verbindlich wie die anderen Wortlaute des Übereinkommens von 1980, des Übereinkommens von 1984, des Ersten und des Zweiten Protokolls von 1988 sowie des Übereinkommens von 1992."

"Artikel 8 - Dieses Übereinkommen ist in einer Urschrift in dänischer, deutscher, englischer, finnischer, französischer, griechischer, irischer, italienischer, niederländischer, portugiesischer, schwedischer und spanischer Sprache abgefaßt, wobei jeder Wortlaut gleichermaßen verbindlich ist; es wird im Archiv des Generalsekretariats des Rates der Europäischen Union hinterlegt. Der Generalsekretär übermittelt der Regierung jedes Unterzeichnerstaats eine beglaubigte Abschrift."

Dieses Übereinkommen ist in einer Urschrift in dänischer, deutscher, englischer, französischer, irischer, italienischer und niederländischer Sprache abgefaßt, wobei jeder Wortlaut gleichermaßen verbindlich ist; es wir im Archiv des Generalsekretariats des Rates der Europäischen Gemeinschaften hinterlegt. Der Generalsekretär übermittelt der Regierung jedes Unterzeichnerstaats eine beglaubigte Abschrift.

Zu Urkund dessen haben die hierzu gehörig befugten Unterzeichneten ihre Unterschriften unter dieses Übereinkommen gesetzt.

PROTOKOLL[11]

Die hohen Vertragsparteien haben folgende Bestimmung vereinbart, die dem Übereinkommen als Anhang beigefügt ist:

"Ungeachtet der Vorschriften des Übereinkommens können Dänemark, Schweden und Finnland ihre innerstaatlichen Vorschriften beibehalten, die das Recht betreffen, das auf Fragen im Zusammenhang mit der Güterbeförderung zur See anzuwenden ist, und diese Vorschriften ohne Einhaltung des Verfahrens des Artikels 23 des Übereinkommens von Rom ändern. Hierbei handelt es sich um die folgenden innerstaatlichen Vorschriften:

- in Dänemark, die §§ 252 und 321 Abschnitte 3 und 4 des 'Sølov' (Schiffahrtsgesetz);

- in Schweden Kapitel 13 § 2 Absätze 1 und 2 sowie Kapitel 14 § 1 Absatz 3 des 'Sjölagen' (Schiffahrtsgesetz);

- in Finnland Kapitel 13 § 2 Absätze 1 und 2 und Kapitel 14 § 1 Nummer 3 des 'merilaki/sjölagen' (Schiffahrtsgesetz)."

GEMEINSAME ERKLÄRUNG

Die Regierung des Königreichs Belgien, des Königreichs Dänemark, der Bundesrepublik Deutschland, der Französischen Republik, Irlands, der Italienischen Republik, des Großherzogtums Luxemburg, des Königreichs der Niederlande und des Vereinigten Königreichs Großbritannien und Nordirland - im Augenblick der Unterzeichnung des Übereinkommens über das auf vertragliche Schuldverhältnisse anzuwendende Recht -

I. in dem Bestreben, die Aufteilung der Kollisionsnormen auf zahlreiche Rechtsinstrumente und Unterschiede zwischen diesen Normen soweit irgend möglich zu vermeiden, wünschen, daß sich die Organe der Europäischen Gemeinschaften in Ausübung der ihnen aufgrund der Verträge zur Gründung der Europäischen Gemeinschaften gegebenen Zuständigkeiten bemühen, gegebenenfalls Kollisionsnormen anzunehmen, die soweit wie möglich mit denen des Übereinkommens in Einklang stehen;

II. erklären ihre Absicht, von der Unterzeichnung des Übereinkommens an, solange sie nicht durch Artikel 24 des Übereinkommens gebunden sind, in den Fällen gegenseitige Konsultationen vorzunehmen, in denen einer der

[11] Wortlaut geändert gemäß den Beitrittsübereinkommen von 1996.

Unterzeichnerstaaten Vertragspartei eines Übereinkommens werden will, auf das das Verfahren des Artikels 24 Anwendung findet;

III. äußern in Erwägung des Beitrags, den das Übereinkommen über das auf vertragliche Schuldverhältnisse anzuwendende Recht zur Vereinheitlichung der Kollisionsnormen innerhalb der Europäischen Gemeinschaften leistet, die Ansicht, daß jeder Staat, der Mitglied der Europäischen Gemeinschaften wird, diesem Übereinkommen beitreten müßte.

GEMEINSAME ERKLÄRUNG

Die Regierung des Königreichs Belgien, des Königreichs Dänemark, der Bundesrepublik Deutschland, der Französischen Republik, Irlands, der Italienischen Republik, des Großherzogtums Luxemburg, des Königreichs der Niederlande und des Vereinigten Königreichs Großbritannien und Nordirland -

im Augenblick der Unterzeichnung des Übereinkommens über das auf vertragliche Schuldverhältnisse anzuwendende Recht,

in dem Wunsch, eine möglichst wirksame Anwendung dieses Übereinkommens zu gewährleisten,

in dem Bestreben zu verhindern, daß durch unterschiedliche Auslegung die durch dieses Übereinkommen angestrebte Einheitlichkeit beeinträchtigt wird -

erklären sich bereit:

1. die Möglichkeit zu prüfen, dem Gerichtshof der Europäischen Gemeinschaften bestimmte Zuständigkeiten zu übertragen und gegebenenfalls über den Abschluß eines derartigen Übereinkommens zu verhandeln;

2. ihre Vertreter in regelmäßigen Zeitabständen miteinander in Verbindung treten zu lassen.

VORENTWURF EINES VORSCHLAGES FÜR EINE VERORDNUNG DES RATES ÜBER DAS AUF AUSSERVERTRAGLICHE SCHULDVERHÄLTNISSE ANZUWENDENDE RECHT VOM 3. MAI 2002 (ROM II)

TITEL I - ANWENDUNGSBEREICH

Artikel 1 - Anwendungsbereich

1. Diese Verordnung findet Anwendung auf außervertragliche Schuldverhältnisse bei Sachverhalten, die eine Verbindung zum Recht verschiedener Staaten aufweisen.

2. Sie ist nicht anzuwenden auf:

a) außervertragliche Schuldverhältnisse, die auf einem Familienverhältnis oder einem diesem gleichgestellten Verhältnis, einschließlich der Unterhaltsverpflichtungen, beruhen, sofern dafür besondere Bestimmungen gelten;

b) außervertragliche Schuldverhältnisse aufgrund des Erbrechts;

c) Verpflichtungen aus Wechseln, Schecks, Eigenwechseln und anderen handelbaren Wertpapieren, sofern die Verpflichtungen aus diesen anderen Wertpapieren aus deren Handelbarkeit entstehen;

d) Fragen betreffend die persönliche gesetzliche Haftung der Gesellschafter, der Organe und der mit der Pflichtprüfung der Rechnungslegungsunterlagen beauftragten Personen für die Schulden der Gesellschaft, des Vereins oder der juristischen Person;

e) die Haftung für Akte der Staatsgewalt;

f) außervertragliche Schuldverhältnisse zwischen den Verfügenden, den Treuhändern und den Begünstigten eines "Trusts";

g) den Beweis und das Verfahren, vorbehaltlich des Artikels 17.

3. In dieser Verordnung bezeichnet der Begriff "Mitgliedstaat" alle Mitgliedstaaten mit Ausnahme [des Vereinigten Königreichs, Irlands und] Dänemarks.

Artikel 2 – Anwendung des Rechts von Nichtvertragsstaaten

Das nach dieser Verordnung bezeichnete Recht ist auch dann anzuwenden, wenn es nicht das Recht eines Mitgliedsstaats ist.

TITEL II - EINHEITLICHE BESTIMMUNGEN

KAPITEL I - AUSSERVERTRAGLICHE SCHULDVERHÄLTNISSE AUS UNERLAUBTER HANDLUNG

Artikel 3 - Allgemeine Vorschrift

1. Auf ein außervertragliches Schuldverhältnis aus unerlaubter Handlung ist unabhängig davon, in welchem Staat das schadensbegründende Ereignis erfolgt und in welchem Staat oder welchen Staaten die indirekten

Schadensfolgen festzustellen sind, vorbehaltlich des Absatzes 2 das Recht des Staates anzuwenden, in dem der Schaden eintritt.

2. Wenn der Schädiger und der Geschädigte zum Zeitpunkt der Begehung der unerlaubten Handlung ihren gewöhnlichen Aufenthalt im selben Staat haben, ist das Recht dieses Staates anzuwenden.

3. Wenn sich allerdings aus der Gesamtheit der Umstände ergibt, dass eine unerlaubte Handlung wesentlich engere Verbindungen zu einem anderen Staat aufweist und es keine bedeutende Verbindung zwischen dieser unerlaubten Handlung und dem Staat gibt, dessen Recht aufgrund der Absätze 1 und 2 anwendbar wäre, findet das Recht dieses anderen Staates Anwendung.

Eine wesentlich engere Verbindung zu einem anderen Staat kann sich insbesondere auf ein bestehendes Rechtsverhältnis zwischen den Parteien wie einen Vertrag mit einer Verbindung zu der betreffenden unerlaubten Handlung stützen.

Artikel 4 - Keiner territorialen Souveränität unterliegende Gebiete

1. Tritt der Schaden in Gebieten ein, die keiner territorialen Souveränität eines Staates unterliegen, ist das Recht des Staates anwendbar, unter dessen Flagge das mit der unerlaubten Handlung in Verbindung stehende Transportmittel fährt oder in dem die mit der unerlaubten Handlung in Verbindung stehende Anlage registriert ist, oder zu dem das Transportmittel oder die Anlage analoge Verbindungen aufweist.

2. Besteht keine Verbindung zu einem bestimmten Staat oder besteht eine Verbindung zu mehreren Staaten, so findet das Recht des Staates Anwendung, zu dem die unerlaubte Handlung die engste Verbindung aufweist.

Artikel 5 - Produkthaftung

1. Auf ein außervertragliches Schuldverhältnis im Fall eines durch ein Produkt verursachten Schadens findet das Recht des Staates Anwendung, in dem die Person, die den Schaden unmittelbar erleidet, ihren gewöhnlichen Aufenthalt oder ihre Hauptniederlassung hat, wenn dieser Staat auch

- der Staat der Hauptniederlassung der Person ist, deren Haftung geltend gemacht wird,

oder

- der Staat ist, in dem das Produkt erworben wurde.

2. In allen anderen Fällen findet das Recht des Staates Anwendung, in dem sich die unerlaubte Handlung ereignet hat.

Artikel 6 - Unlauterer Wettbewerb und unlautere Praktiken

Auf ein außervertragliches Schuldverhältnis in Folge von unlauterem Wettbewerb oder unlauteren Praktiken findet das Recht des Staates Anwendung, in dem der unlautere Wettbewerb oder die unlauteren Praktiken die Wettbewerbsbeziehungen oder die kollektiven Verbraucherinteressen beeinträchtigt bzw. beeinträchtigen.

Artikel 7 - Verleumdung

Auf ein außervertragliches Schuldverhältnis in Folge einer Beeinträchtigung der Privatsphäre oder der Persönlichkeitsrechte oder einer Verleumdung findet das Recht des Staates Anwendung, in dem der Geschädigte zum Zeitpunkt der Begehung der unerlaubten Handlung seinen gewöhnlichen Wohnsitz hat.

Artikel 8 - Umweltschädigung

Auf ein außervertragliches Schuldverhältnis in Folge einer Umweltschädigung findet das Recht des Staates Anwendung, in dessen Hoheitsgebiet der Schaden eingetreten ist oder einzutreten droht.

Artikel 9 – Geltungsbereich des auf außervertragliche Schuldverhältnisse aus unerlaubter Handlung anzuwendenden Rechts

Das nach den Artikeln 3 bis 8 und 11 dieser Verordnung auf ein außervertragliches Schuldverhältnis anzuwendende Recht ist insbesondere maßgebend für:

1. die Grundlage, die Bedingungen und den Umfang der Haftung, einschließlich der Bestimmung der Personen, deren Handlungen haftungsbegründend sind;

2. die Ausschlussgründe, sowie jede Beschränkung oder Teilung der Haftung;

3. das Vorliegen und die Art ersatzfähiger Schäden;

4. die Maßnahmen, die das Gericht innerhalb der Grenzen der ihm durch sein Prozessrecht eingeräumten Befugnisse zur Vorbeugung, zur Beendigung oder zum Ersatz des Schadens anordnen kann;

5. die Schadensbemessung, soweit sie nach Rechtsnormen erfolgt;

6. die Übertragbarkeit des Schadensersatzanspruchs;

7. die Personen, die einen Anspruch auf Ersatz des unmittelbar erlittenen Schadens haben;

8. die Haftung für das Verschulden Dritter;

9. die Verjährung und die Rechtsverluste, die sich aus dem Ablauf einer Frist ergeben, einschließlich des Beginns, der Unterbrechung und Hemmung von Fristen.

KAPITEL 2 - AUSSERVERTRAGLICHE SCHULDVERHÄLTNISSE AUS ANDERER ALS UNERLAUBTER HANDLUNG

Artikel 10 - Bestimmung des anzuwendenden Rechts

1. Für ein außervertragliches Schuldverhältnis aus anderer als unerlaubter Handlung, das sich aus einem bestehenden Rechtsverhältnis zwischen den Parteien ergibt, gilt das Recht des Staates, dessen Recht auf dieses Rechtsverhältnis Anwendung findet.

2. Vorbehaltlich des Absatzes 1 gilt für ein außervertragliches Schuldverhältnis, das sich auf eine ungerechtfertigte Bereicherung gründet, das Recht des Staates, in dem die Bereicherung erfolgt ist.

3. Vorbehaltlich des Absatzes 1 gilt für ein Schuldverhältnis aus Geschäftsführung ohne Auftrag das Recht des Staates, in dem das Geschäft vorgenommen worden ist.

4. Ungeachtet der Absätze 2 und 3 und vorbehaltlich des Absatzes 1 gilt in dem Fall, dass die Parteien ihren gewöhnlichen Aufenthalt bei der Begründung des außervertraglichen Schuldverhältnisses im selben Staat haben, das Recht dieses Staates.

KAPITEL 3 - GEMEINSAME VORSCHRIFTEN FÜR AUSSERVERTRAGLICHE SCHULDVERHÄLTNISSE AUS UNERLAUBTER HANDLUNG UND FÜR JENE AUS ANDERER ALS UNERLAUBTER HANDLUNG

Artikel 11 - Freie Rechtswahl

1. Die Parteien können das auf ein außervertragliches Schuldverhältnis anzuwendende Recht frei wählen. Die Rechtswahl muss ausdrücklich erfolgen und darf die Rechte Dritter nicht berühren.

2. Sind alle anderen Teile des Sachverhalts zum Zeitpunkt der Begründung des Schuldverhältnisses in einem anderen Staat als jenem belegen, dessen Recht gewählt wurde, so kann die Rechtswahl der Parteien die Anwendung der Bestimmungen nicht berühren, von denen nach dem Recht jenes Staates nicht durch Vereinbarung abgewichen werden kann und die nachstehend "zwingende Bestimmungen" genannt werden.

3. Sind alle Teile des Sachverhalts zum Zeitpunkt der Begründung des Schuldverhältnisses in einem oder mehreren Mitgliedsstaaten der Europäischen Gemeinschaft belegen, so kann die Wahl des Rechts eines Drittstaats durch die Parteien die Anwendung der zwingenden Bestimmungen des Gemeinschaftsrechts nicht berühren.

Artikel 12 – Zwingende Vorschriften

Diese Verordnung berührt nicht die Anwendung der nach dem Recht des Staates des angerufenen Gerichts geltenden Vorschriften, die unabhängig von dem auf das außervertragliche Schuldverhältnis anzuwendende Recht den Sachverhalt regeln.

Artikel 13 – Sicherheits- und Verhaltensregeln

Unabhängig vom anzuwendenden Recht sind bei der Festlegung der Haftung die Sicherheits- und Verhaltensregeln am Ort und zum Zeitpunkt der Begründung des außervertraglichen Schuldverhältnisses zu berücksichtigen.

Artikel 14 – Direktklage gegen den Versicherer des Verantwortlichen

1. Der Geschädigte kann direkt gegen den Versicherer des Verantwortlichen vorgehen, wenn ihm diese Möglichkeit durch das auf das außervertragliche Schuldverhältnis anzuwendende Recht zugestanden wird.

2. Wenn diese Möglichkeit in dem auf das außervertragliche Schuldverhältnis anzuwendenden Recht nicht vorgesehen ist, kann sie unter der Voraussetzung ergriffen werden, dass sie in dem für den Versicherungsvertrag maßgebenden Recht vorgesehen ist.

Artikel 15 - Gesetzlicher Forderungsübergang

1. Hat eine Person, der Gläubiger, aufgrund eines außervertraglichen Schuldverhältnisses eine Forderung gegen eine andere Person, den Schuldner, und hat ein Dritter die Verpflichtung, den Gläubiger zu befriedigen, oder befriedigt er den Gläubiger aufgrund dieser Verpflichtung, so bestimmt das für die Verpflichtung des Dritten maßgebende Recht, ob der Dritte die Forderung des Gläubigers gegen den Schuldner gemäß dem für deren Beziehungen maßgebenden Recht ganz oder zu einem Teil geltend machen kann.

2. Dies gilt auch, wenn mehrere Personen dieselbe Forderung zu erfüllen haben und der Gläubiger von einer dieser Personen befriedigt worden ist.

Artikel 16 – Form

Ein einseitiger Rechtsakt in Bezug auf ein außervertragliches Schuldverhältnis ist formgültig, wenn er die Formerfordernisse des für das betreffende außervertragliche Schuldverhältnis maßgebenden Rechts oder des Rechts des Staates, in dem er vorgenommen wurde, erfüllt.

Artikel 17 – Beweis

1. Das nach dieser Verordnung für das außervertragliche Schuldverhältnis maßgebende Recht ist insoweit anzuwenden, als es für außervertragliche Schuldverhältnisse gesetzliche Vermutungen aufstellt oder die Beweislast verteilt.

2. Zum Beweis eines Rechtsaktes sind alle Beweisarten der lex fori oder eines der in Artikel 16 bezeichneten Rechte, nach denen der Rechtsakt formgültig ist, zulässig, sofern der Beweis in dieser Art erbracht werden kann.

TITEL III - ALLGEMEINE BESTIMMUNGEN

Artikel 18 – Gleichstellung mit dem gewöhnlichen Aufenthalt

1. Bei Gesellschaften, Vereinen oder juristischen Personen steht die Hauptverwaltung dem gewöhnlichen Aufenthalt gleich.

2. Wenn die das außervertragliche Schuldverhältnis begründende Handlung in Ausübung einer beruflichen oder gewerblichen Tätigkeit begangen oder erlitten wurde, steht die Hauptniederlassung dem gewöhnlichen Aufenthalt gleich. Bei mehreren Niederlassungen steht jene Niederlassung, bei deren Inanspruchnahme die schädigende Handlung begangen oder erlitten wurde, dem gewöhnlichen Aufenthalt gleich.

Artikel 19 – Ausschluss der Rück- und Weiterverweisung

Unter dem nach dieser Verordnung anzuwendenden Recht eines Staates sind die in diesem Staat geltenden Rechtsnormen unter Ausschluss derjenigen des Internationalen Privatrechts zu verstehen.

Artikel 20 – Öffentliche Ordnung

Die Anwendung einer Bestimmung des nach dieser Verordnung bezeichneten Rechts kann nur versagt werden, wenn diese Anwendung offensichtlich mit der öffentlichen Ordnung des Staates des angerufenen Gerichts unvereinbar wäre.

Artikel 21 – Ausschluss der Rückwirkung

Diese Verordnung ist auf außervertragliche Schuldverhältnisse anzuwenden, die sich aus Ereignissen ergeben, die nach ihrem Inkrafttreten erfolgt sind.

Artikel 22 – Staaten ohne einheitliche Rechtsordnung

1. Umfasst ein Staat mehrere Gebietseinheiten, von denen jede eigene Rechtsnormen für außervertragliche Schuldverhältnisse hat, so gilt für die Bestimmung des nach dieser Verordnung anzuwendenden Rechts jede Gebietseinheit als Staat.

2. Ein Staat, in dem verschiedene Gebietseinheiten eigene Rechtsnormen für außervertragliche Schuldverhältnisse haben, ist nicht verpflichtet, diese Verordnung auf Kollisionen zwischen den Rechtsnormen dieser Gebietseinheiten anzuwenden.

Artikel 23 - Verhältnis zu anderen Gemeinschaftsrechtsakten

1. Diese Verordnung berührt nicht die Anwendung der Bestimmungen, die in den Verträgen zur Gründung der Europäischen Gemeinschaften oder in Rechtsakten der Organe der Europäischen Gemeinschaften enthalten sind und die:

in besonderen Bereichen Kollisionsnormen für außervertragliche Schuldverhältnisse enthalten, oder

Vorschriften enthalten, die unabhängig vom nach dieser Verordnung maßgebenden nationalen Recht auf das außervertragliche Schuldverhältnis anzuwenden sind, oder

der Anwendung einer Bestimmung oder von Bestimmungen der lex fori oder des in dieser Verordnung bezeichneten Rechts entgegenstehen.

2. Diese Verordnung berührt nicht die Gemeinschaftsrechtsakte für besondere Bereiche, die in dem jeweils koordinierten Bereich die Erbringung von Dienstleistungen den nationalen Bestimmungen unterwerfen, die im Hoheitsgebiet des Mitgliedstaats anwendbar sind, in dem der Dienstleistende niedergelassen ist, und die in dem koordinierten Bereich eine Beschränkung des freien Dienstleistungsverkehrs aus einem anderen Mitgliedstaat gegebenenfalls nur unter bestimmten Bedingungen erlauben.

Artikel 24 – Verhältnis zu bestehenden internationalen Übereinkommen

Diese Verordnung berührt nicht die Anwendung internationaler Übereinkommen, denen die Mitgliedstaaten zum Zeitpunkt der Annahme dieser Verordnung angehören und die in besonderen Bereichen Kollisionsnormen für außervertragliche Schuldverhältnisse enthalten.

TITEL IV - SCHLUSSBESTIMMUNGEN

Artikel 25

Diese Verordnung tritt nach einer Frist von sechs Monaten nach dem Tag ihrer Veröffentlichung im Amtsblatt der Europäischen Gemeinschaften in Kraft.

Diese Verordnung ist in allen ihren Teilen verbindlich und gilt gemäß dem Vertrag zur Gründung der Europäischen Gemeinschaft unmittelbar in jedem Mitgliedstaat.

1980 ROME CONVENTION ON THE LAW APPLICABLE TO CONTRACTUAL OBLIGATIONS (ROME I)[1]

PRELIMINARY NOTE

The signing on 29 November 1996 of the Convention on the accession of the Republic of Austria, the Republic of Finland and the Kingdom of Sweden to the Rome Convention on the law applicable to contractual obligations and to the two Protocols on its interpretation by the Court of Justice has made it desirable to produce a consolidated version of the Rome convention and of those two Protocols.

These texts are accompanied by three Declarations, one made in 1980 with regard to the need for consistency between measures to be adopted on choice-of-law rules by the Community and those under the Convention, a second, also made in 1980, on the interpretation of the Convention by the Court of Justice and a third, made in 1996, concerning compliance with the procedure provided for in Article 23 of the Rome Convention as regards carriage of goods by sea.

The text printed in this edition was drawn up by the General Secretariat of the Council, in whose archives the originals of the instruments concerned are deposited. It should be noted, however, that this text has no binding force. The official texts of the instruments consolidated are to be found in the following Official Journals.

ANNEX

CONVENTION on the law applicable to contractual obligations[2] opened for signature in Rome on 19 June 1980

PREAMBLE

THE HIGH CONTRACTING PARTIES to the Treaty establishing the European Economic Community,

ANXIOUS to continue in the field of private international law the work of unification of law which has already been done within the Community, in particular in the field of jurisdiction and enforcement of judgments,

WISHING to establish uniform rules concerning the law applicable to contractual obligations,

HAVE AGREED AS FOLLOWS:

[1] Official Journal C 027, 26/01/1998 p. 0034 – 0046.

[2] Text as amended by the Convention of 10 April 1984 on the accession of the Hellenic Republic - hereafter referred to as the '1984 Accession Convention' -, by the Convention of 18 May 1992 on the accession of the Kingdom of Spain and the Portuguese Republic - hereafter referred to as the '1992 Accession Convention' - and by the Convention on the accession of the Republic of Austria, the Republic of Finland and the Kingdom of Sweden - hereafter referred to as the '1996 Accession Convention'.

TITLE I - SCOPE OF THE CONVENTION

Article 1 - Scope of the Convention

1. The rules of this Convention shall apply to contractual obligations in any situation involving a choice between the laws of different countries.

2. They shall not apply to:

(a) questions involving the status or legal capacity of natural persons, without prejudice to Article 11;

(b) contractual obligations relating to:

- wills and succession,

- rights in property arising out of a matrimonial relationship,

- rights and duties arising out of a family relationship, parentage, marriage or affinity, including maintenance obligations in respect of children who are not legitimate;

(c) obligations arising under bills of exchange, cheques and promissory notes and other negotiable instruments to the extent that the obligations under such other negotiable instruments arise out of their negotiable character;

(d) arbitration agreements and agreements on the choice of court;

(c) questions governed by the law of companies and other bodies corporate or unincorporate such as the creation, by registration or otherwise, legal capacity, internal organization or winding up of companies and other bodies corporate or unincorporate and the personal liability of officers and members as such for the obligations of the company or body;

(f) the question whether an agent is able to bind a principal, or an organ to bind a company or body corporate or unincorporate, to a third party;

(g) the constitution of trusts and the relationship between settlors, trustees and beneficiaries;

(h) evidence and procedure, without prejudice to Article 14.

3. The rules of this Convention do not apply to contracts of insurance which cover risks situated in the territories of the Member States of the European Economic Community. In order to determine whether a risk is situated in those territories the court shall apply its internal law.

4. The proceeding paragraph does not apply to contracts of re-insurance.

Article 2 - Application of law of non-contracting States

Any law specified by this Convention shall be applied whether or not it is the law of a Contracting State.

TITLE II - UNIFORM RULES

Article 3 - Freedom of choice

1. A contract shall be governed by the law chosen by the parties. The choice must be expressed or demonstrated with reasonable certainty by the terms of the contract or the circumstances of the case. By their choice the parties can select the law applicable to the whole or a part only of the contract.

2. The parties may at any time agree to subject the contract to a law other than that which previously governed it, whether as a result of an earlier choice under this Article or of other provisions of this Convention. Any variation by the parties of the law to be applied made after the conclusion of the contract shall not prejudice its formal validity under Article 9 or adversely affect the rights of third parties.

3. The fact that the parties have chosen a foreign law, whether or not accompanied by the choice of a foreign tribunal, shall not, where all the other elements relevant to the situation at the time of the choice are connected with one country only, prejudice the application of rules of the law at the country which cannot be derogated from by contract, hereinafter called 'mandatory rules`.

4. The existence and validity of the consent of the parties as to the choice of the applicable law shall be determined in accordance with the provisions of Articles 8, 9 and 11.

Article 4 - Applicable law in the absence of choice

1. To the extent that the law applicable to the contract has not been chosen in accordance with Article 3, the contract shall be governed by the law of the country with which it is most closely connected. Nevertheless, a separable part of the contract which has a closer connection with another country may by way of exception be governed by the law of that other country.

2. Subject to the provisions of paragraph 5 of this Article, it shall be presumed that the contract is most closely connected with the country where the party who is to effect the performance which is characteristic of the contract has, at the time of conclusion of the contract, his habitual residence, or, in the case of a body corporate or unincorporate, its central administration. However, if the contract is entered into in the course of that party's trade or profession, that country shall be the country in which the principal place of business is situated or, where under the terms of the contract the performance is to be effected through a place of business other than the principal place of business, the country in which that other place of business is situated.

3. Notwithstanding the provisions of paragraph 2 of this Article, to the extent that the subject matter of the contract is a right in immovable property or a right to use immovable property it shall be presumed that the contract is most closely connected with the country where the immovable property is situated.

4. A contract for the carriage of goods shall not be subject to the presumption in paragraph 2. In such a contract if the country in which, at the time the contract is concluded, the carrier has his principal place of business is also the country in which the place of loading or the place of discharge or the principal place of business of the consignor is situated, it shall be presumed that the contract is most closely connected with that country. In applying this paragraph single voyage charter-parties and other contracts the main purpose of which is the carriage of goods shall be treated as contracts for the carriage of goods.

5. Paragraph 2 shall not apply if the characteristic performance cannot be determined, and the presumptions in paragraphs 2, 3 and 4 shall be disregarded if it appears from the circumstances as a whole that the contract is more closely connected with another country.

Article 5 - Certain consumer contracts

1. This Article applies to a contract the object of which is the supply of goods or services to a person ('the consumer') for a purpose which can be regarded as being outside his trade or profession, or a contract for the provision of credit for that object.

2. Notwithstanding the provisions of Article 3, a choice of law made by the parties shall not have the result of depriving the consumer of the protection afforded to him by the mandatory rules of the law of the country in which he has his habitual residence:

- if in that country the conclusion of the contract was preceded by a specific invitation addressed to him or by advertising, and he had taken in that country all the steps necessary on his part for the conclusion of the contract, or

- if the other party or his agent received the consumer's order in that country, or

- if the contract is for the sale of goods and the consumer travelled from that country to another country and there gave his order, provided that the consumer's journey was arranged by the seller for the purpose of inducing the consumer to buy.

3. Notwithstanding the provisions of Article 4, a contract to which this Article applies shall, in the absence of choice in accordance with Article 3, be governed by the law of the country in which the consumer has his habitual residence if it is entered into in the circumstances described in paragraph 2 of this Article.

4. This Article shall not apply to:

(a) a contract of carriage;

(b) a contract for the supply of services where the services are to be supplied to the consumer exclusively in a country other than that in which he has his habitual residence.

5. Notwithstanding the provisions of paragraph 4, this Article shall apply to a contract which, for an inclusive price, provides for a combination of travel and accommodation.

Article 6 - Individual employment contracts

1. Notwithstanding the provisions of Article 3, in a contract of employment a choice of law made by the parties shall not have the result of depriving the employee of the protection afforded to him by the mandatory rules of the law which would be applicable under paragraph 2 in the absence of choice.

2. Notwithstanding the provisions of Article 4, a contract of employment shall, in the absence of choice in accordance with Article 3, be governed:

(a) by the law of the country in which the employee habitually carries out his work in performance of the contract, even if he is temporarily employed in another country; or

(b) if the employee does not habitually carry out his work in any one country, by the law of the country in which the place of business through which he was engaged is situated;

unless it appears from the circumstances as a whole that the contract is more closely connected with another country, in which case the contract shall be governed by the law of that country.

Article 7 - Mandatory rules

1. When applying under this Convention the law of a country, effect may be given to the mandatory rules of the law of another country with which the situation has a close connection, if and in so far as, under the law of the latter country, those rules must be applied whatever the law applicable to the contract. In considering whether to give effect to these mandatory rules, regard shall be had to their nature and purpose and to the consequences of their application or non-application.

2. Nothing in this Convention shall restrict the application of the rules of the law of the forum in a situation where they are mandatory irrespective of the law otherwise applicable to the contract.

Article 8 - Material validity

1. The existence and validity of a contract, or of any term of a contract, shall be determined by the law which would govern it under this Convention if the contract or term were valid.

2. Nevertheless a party may rely upon the law of the country in which he has his habitual residence to establish that he did not consent if it appears from the circumstances that it would not be reasonable to determine the effect of his conduct in accordance with the law specified in the preceding paragraph.

Article 9 - Formal validity

1. A contract concluded between persons who are in the same country is formally valid if it satisfies the formal requirements of the law which governs it under this Convention or of the law of the country where it is concluded.

2. A contract concluded between persons who are in different countries is formally valid if it satisfies the formal requirements of the law which governs it under this Convention or of the law of one of those countries.

3. Where a contract is concluded by an agent, the country in which the agent acts is the relevant country for the purposes of paragraphs 1 and 2.

4. An act intended to have legal effect relating to an existing or contemplated contract is formally valid if it satisfies the formal requirements of the law which under this Convention governs or would govern the contract or of the law of the country where the act was done.

5. The provisions of the preceding paragraphs shall not apply to a contract to which Article 5 applies, concluded in the circumstances described in

paragraph 2 of Article 5. The formal validity of such a contract is governed by the law of the country in which the consumer has his habitual residence.

6. Notwithstanding paragraphs 1 to 4 of this Article, a contract the subject matter of which is a right in immovable property or a right to use immovable property shall be subject to the mandatory requirements of form of the law of the country where the property is situated if by that law those requirements are imposed irrespective of the country where the contract is concluded and irrespective of the law governing the contract.

Article 10 - Scope of applicable law

1. The law applicable to a contract by virtue of Articles 3 to 6 and 12 of this Convention shall govern in particular:

(a) interpretation;

(b) performance;

(c) within the limits of the powers conferred on the court by its procedural law, the consequences of breach, including the assessment of damages in so far as it is governed by rules of law;

(d) the various ways of extinguishing obligations, and prescription and limitation of actions;

(e) the consequences of nullity of the contract.

2. In relation to the manner of performance and the steps to be taken in the event of defective performance regard shall be had to the law of the country in which performance takes place.

Article 11 - Incapacity

In a contract concluded between persons who are in the same country, a natural person who would have capacity under the law of that country may invoke his incapacity resulting from another law only if the other party to the contract was aware of this incapacity at the time of the conclusion of the contract or was not aware thereof as a result of negligence.

Article 12 - Voluntary assignment

1. The mutual obligations of assignor and assignee under a voluntary assignment of a right against another person ('the debter`) shall be governed by the law which under this Convention applies to the contract between the assignor and assignee.

2. The law governing the right to which the assignment relates shall determine its assignability, the relationship between the assignee and the debtor, the conditions under which the assignment can be invoked against the debtor and any question whether the debtor's obligations have been discharged.

Article 13 - Subrogation

1. Where a person ('the creditor`) has a contractual claim upon another ('the debtor`), and a third person has a duty to satisfy the creditor, or has in fact satisfied the creditor in discharge of that duty, the law which governs the

third person's duty to satisfy the creditor shall determine whether the third person is entitled to exercise against the debtor the rights which the creditor had against the debtor under the law governing their relationship and, if so, whether he may do so in full or only to a limited extent.

2. The same rule applies where several persons are subject to the same contractual claim and one of them has satisfied the creditor.

Article 14 - Burden of proof, etc.

1. The law governing the contract under this Convention applies to the extent that it contains, in the law of contract, rules which raise presumptions of law or determine the burden of proof.

2. A contract or an act intended to have legal effect may be proved by any mode of proof recognized by the law of the forum or by any of the laws referred to in Article 9 under which that contract or act is formally valid, provided that such mode of proof can be administered by the forum.

Article 15 - Exclusion of convoi

The application of the law of any country specified by this Convention means the application of the rules of law in force in that country other than its rules of private international law.

Article 16 - 'Ordre public`

The application of a rule of the law of any country specified by this Convention may be refused only if such application is manifestly incompatible with the public policy ('ordre public`) of the forum.

Article 17 - No retrospective effect

This Convention shall apply in a Contracting State to contracts made after the date on which this Convention has entered into force with respect to that State.

Article 18 - Uniform interpretation

In the interpretation and application of the preceding uniform rules, regard shall be had to their international character and to the desirability of achieving uniformity in their interpretation and application.

Article 19 - States with more than one legal system

1. Where a State comprises several territorial units each of which has its own rules of law in respect of contractual obligations, each territorial unit shall be considered as a country for the purposes of identifying the law applicable under this Convention.

2. A State within which different territorial units have their own rules of law in respect of contractual obligations shall not be bound to apply this Convention to conflicts solely between the laws of such units.

Article 20 - Precedence of Community law

This Convention shall not affect the application of provisions which, in relation to particular matters, lay down choice of law rules relating to contractual obligations and which are or will be contained in acts of the institutions of the European Communities or in national laws harmonized in implementation of such acts.

Article 21 - Relationship with other conventions

This Convention shall not prejudice the application of international conventions to which a Contracting State is, or becomes, a party.

Article 22 - Reservations

1. Any Contracting State may, at the time of signature, ratification, acceptance or approval, reserve the right not to apply:

(a) the provisions of Article 7 (1);

(b) the provisions of Article 10 (1) (e).

2. . . . [3]

3. Any Contracting State may at any time withdraw a reservation which it has made; the reservation shall cease to have effect on the first day of the third calendar month after notification of the withdrawal.

TITLE III - FINAL PROVISIONS

Article 23

1. If, after the date on which this Convention has entered into force for a Contracting State, that State wishes to adopt any new choice of law rule in regard to any particular category of contract within the scope of this Convention, it shall communicate its intention to the other signatory States through the Secretary-General of the Council of the European Communities.

2. Any signatory State may, within six months from the date of the communication made to the Secretary-General, request him to arrange consultations between signatory States in order to reach agreement.

3. If no signatory State has requested consultations within this period or if within two years following the communication made to the Secretary-General no agreement is reached in the course of consultations, the Contracting State concerned may amend its law in the manner indicated. The measures taken by that State shall be brought to the knowledge of the other signatory States through the Secretary-General of the Council of the European Communities.

Article 24

1. If, after the date on which this Convention has entered into force with respect to a Contracting State, that State wishes to become a party to a multilateral convention whose principal aim or one of whose principal aims is to lay down rules of private international law concerning any of the matters governed by this Convention, the procedure set out in Article 23 shall apply. However, the period of two years, referred to in paragraph 3 of that Article, shall be reduced to one year.

[3] Paragraph deleted by Article 2 (1) of the 1992 Accession Convention.

2. The procedure referred to in the preceding paragraph need not be followed if a Contracting State or one of the European Communities is already a party to the multilateral convention, or if its object is to revise a convention to which the State concerned is already a party, or if it is a convention concluded within the framework of the Treaties establishing the European Communities.

Article 25

If a Contracting State considers that the unification achieved by this Convention is prejudiced by the conclusion of agreements not covered by Article 24 (1), that State may request the Secretary-General of the Council of the European Communities to arrange consultations between the signatory States of this Convention.

Article 26

Any Contracting State may request the revision of this Convention. In this event a revision conference shall be convened by the President of the Council of the European Communities.

Article 27[4]

Article 28

1. This Convention shall be open from 19 June 1980 for signature by the States party to the Treaty establishing the European Economic Community.

2. This Convention shall be subject to ratification, acceptance or approval by the signatory States. The instruments of ratification, acceptance or approval shall be deposited with the Secretary-General of the Council of the European Communities[5].

[4] Article deleted by Article 2 (1) of the 1992 Accession Convention.

[5] Ratification of the Accession Conventions is governed by the following provisions of those conventions:

- as regards the 1984 Accession Convention, by Article 3 of that Convention, which reads as follows: 'Article 3 - This Convention shall be ratified by the signatory States. The instruments of ratification shall be deposited with the Secretary-General of the Council of the European Communities.',

- as regards the 1992 Accession Convention, by Article 4 of that Convention, which reads as follows: 'Article 4 - This Convention shall be ratified by the signatory States. The instruments of ratification shall be deposited with the Secretary-General of the Council of the European Communities.',

- as regards the 1996 Accession Convention, by Article 5 of that Convention, which reads as follows: 'Article 5 - This Convention shall be ratified by the signatory States. The instruments of ratification shall be deposited with the Secretary-General of the Council of the European Union.'.

Article 29[6]

1. This Convention shall enter into force on the first day of the third month following the deposit of the seventh instrument of ratification, acceptance or approval.

2. This Convention shall enter into force for each signatory State ratifying, accepting or approving at a later date on the first day of the third month following the deposit of its instrument of ratification, acceptance or approval.

Article 30

1. This Convention shall remain in force for 10 years from the date of its entry into force in accordance with Article 29 (1), even for States for which it enters into force at a later date.

2. If there has been no denunciation it shall be renewed tacitly every five years.

3. A Contracting State which wishes to denounce shall, not less than six months before the expiration of the period of 10 or five years, as the case may be, give notice to the Secretary-General of the Council of the European Communities. Denunciation may be limited to any territory to which the Convention has been extended by a declaration under Article 27 (2)[7].

4. The denunciation shall have effect only in relation to the State which has notified it. The Convention will remain in force as between all other Contracting States.

[6] The entry into force of the Accession Conventions is governed by the following provisions of those Conventions:

- as regards the 1984 Accession Convention, by Article 4 of that Convention, which reads as follows: 'Article 4 - This Convention shall enter into force, as between the States which have ratified it, on the first day of the third month following the deposit of the last instrument of ratification by the Hellenic Republic and seven States which have ratified the Convention on the law applicable to contractual obligations.

This Convention shall enter into force for each Contracting State which subsequently ratifies it on the first day of the third month following the deposit of its instrument of ratification.`,

- as regards the 1992 Accession Convention, by Article 5 of that Convention which reads as follows: 'Article 5 - This Convention shall enter into force, as between the States which have ratified it, on the first day of the third month following the deposit of the last instrument of ratification by the Kingdom of Spain or the Portuguese Republic and by one State which has ratified the Convention on the law applicable to contractual obligations.

This Convention shall enter into force for each Contracting State which subsequently ratifies it on the first day of the third month following the deposit of its instrument of ratification.`,

- as regards the 1996 Accession Convention, by Article 6 of that Convention, which reads as follows: 'Article 6 - 1. This Convention shall enter into force, as between the States which have ratified it, on the first day of the third month following the deposit of the last instrument of ratification by the Republic of Austria, the Republic of Finland or the Kingdom of Sweden and by one Contracting State which has ratified the Convention on the law applicable to contractual obligations. 2. This Convention shall enter into force for each Contracting State which subsequently ratifies it on the first day of the third month following the deposit of its instrument of ratification.`.

[7] Phrase deleted by the 1992 Accession Convention.

Article 31[8]

The Secretary-General of the Council of the European Communities shall notify the States party to the Treaty establishing the European Economic Community of:

(a) the signatures;

(b) deposit of each instrument of ratification, acceptance or approval;

(c) the date of entry into force of this Convention;

(d) communications made in pursuance of Articles 23, 24, 25, 26 and 30[9];

(e) the reservations and withdrawals of reservations referred to in Article 22.

Article 32

The Protocol annexed to this Convention shall form an integral part thereof.

[8] Notification concerning the Accession Convention is governed by the following provisions of those Conventions:

- as regards the 1984 Accession Convention, by Article 5 of that Convention, which reads as follows: 'Article 5 - The Secretary-General of the Council of the European Communities shall notify Signatory States of:

(a) the deposit of each instrument of ratification;

(b) the dates of entry into force of this Convention for the Contracting States.',

- as regards the 1992 Accession Convention, by Article 6 of that Convention, which reads as follows: 'Article 6 - The Secretary-General of the Council of the European Communities shall notify the signatory States of:

(a) the deposit of each instrument of ratification;

(b) the dates of entry into force of this Convention for the Contracting States.',

- as regards the 1996 Accession Convention, by Article 7 of that Convention, which reads as follows: 'Article 7 - The Secretary-General of the Council of the European Union shall notify the signatory States of:

(a) the deposit of each instrument of ratification;

(b) the dates of entry into force of this Convention for the Contracting States.'.

[9] Point (d) as amended by the 1992 Accession Convention.

Article 33[10]

This Convention, drawn up in a single original in the Danish, Dutch, English, French, German, Irish and Italian languages, these texts being equally authentic, shall be deposited in the archives of the Secretariat of the Council of the European Communities. The Secretary-General shall transmit a certified copy thereof to the Government of each signatory State.

[10] An indication of the authentic texts of the Accession Convention is to be found in the following provisions:

- as regards the 1984 Accession Convention, in Articles 2 and 6 of that Convention, which reads as follows: 'Article 2 - The Secretary-General of the Council of the European Communities shall transmit a certified copy of the Convention on the law applicable to contractual obligations in the Danish, Dutch, English, French, German, Irish and Italian languages to the Government of the Hellenic Republic.

The text of the Convention on the law applicable to contractual obligations in the Greek language is annexed hereto. The text in the Greek language shall be authentic under the same conditions as the other texts of the Convention on the law applicable to contractual obligations.`

'Article 6 - This Convention, drawn up in a single original in the Danish, Dutch, English, French, German, Greek, Irish and Italian languages, all eight texts being equally authentic, shall be deposited in the archives of the General Secretariat of the Council of the European Communities. The Secretary-General shall transmit a certified copy to the Government of each Signatory State.`,

- as regards the 1992 Accession Convention, in Articles 3 and 7 of that Convention, which read as follows: 'Article 3 - The Secretary-General of the Council of the European Communities shall transmit a certified copy of the Convention on the law applicable to contractual obligations in the Danish, Dutch, English, French, German, Greek, Irish and Italian languages to the Governments of the Kingdom of Spain and the Portuguese Republic.

The text of the Convention on the law applicable to contractual obligations in the Portuguese and Spanish languages is set out in Annexes I and II to this Convention. The texts drawn up in the Portuguese and Spanish languages shall be authentic under the same conditions as the other texts of the Convention on the law applicable to contractual obligations.`

'Article 7 - This Convention, drawn up in a single original in the Danish, Dutch, English, French, German, Greek, Irish, Italian, Portuguese and Spanish languages, all texts being equally authentic, shall be deposited in the archives of the General Secretariat of the Council of the European Communities. The Secretary-General shall transmit a certified copy to the Government of each Signatory State.`,

- as regards the 1996 Accession Convention, in Articles 4 and 8 of that Convention, which read as follows: 'Article 4 - 1. The Secretary-General of the Council of the European Union shall transmit a certified copy of the Convention of 1980, the Convention of 1984, the First Protocol of 1988, the Second Protocol of 1988 and the Convention of 1992 in the Danish, Dutch, English, French, German, Greek, Irish, Italian, Spanish and Portuguese languages to the Governments of the Republic of Austria, the Republic of Finland and the Kingdom of Sweden. 2. The text of the Convention of 1980, the Convention of 1984, the First Protocol of 1988, the Second Protocol of 1988 and the Convention of 1992 in the Finnish and Swedish languages shall be authentic under the same conditions as the other texts of the Convention of 1980, the Convention of 1984, the First Protocol of 1988, the Second Protocol of 1988 and the Convention of 1992.`

'Article 8 - This Convention, drawn up in a single original in the Danish, Dutch, English, Finnish, French, German, Greek, Irish, Italian, Portuguese, Spanish and Swedish languages, all 12 texts being equally authentic, shall be deposited in the archives of the General Secretariat of the Council of the European Union. The Secretary-General shall transmit a certified copy to the Government of each signatory State.`

PROTOCOL[11]

The High Contracting Parties have agreed upon the following provision which shall be annexed to the Convention:

'Notwithstanding the provisions of the Convention, Denmark, Sweden and Finland may retain national provisions concerning the law applicable to questions relating to the carriage of goods by sea and may amend such provisions without following the procedure provided for in Article 23 of the Convention of Rome. The national provisions applicable in this respect are the following:

- in Denmark, paragraphs 252 and 321 (3) and (4) of the "Solov" (maritime law),

- in Sweden, Chapter 13, Article 2 (1) and (2), and Chapter 14, Article 1 (3), of "sjölagen" (maritime law),

- in Finland, Chapter 13, Article 2 (1) and (2), and Chapter 14, Article 1 (3), of "merilaki"/"sjölagen" (maritime law).'

JOINT DECLARATION

At the time of the signature of the Convention on the law applicable to contractual obligations, the Governments of the Kingdom of Belgium, the Kingdom of Denmark, the Federal Republic of Germany, the French Republic, Ireland, the Italian Republic, the Grand Duchy of Luxembourg, the Kingdom of the Netherlands and the United Kingdom of Great Britain and Northern Ireland,

I. anxious to avoid, as far as possible, dispersion of choice of law rules among several instruments and differences between these rules, express the wish that the institutions of the European Communities, in the exercise of their powers under the Treaties by which they were established, will, where the need arises, endeavour to adopt choice of law rules which are as far as possible consistent with those of this Convention;

II. declare their intention as from the date of signature of this Convention until becoming bound by Article 24, to consult with each other if any one of the signatory States wishes to become a party to any convention to which the procedure referred to in Article 24 would apply;

III. having regard to the contribution of the Convention on the law applicable to contractual obligations to the unification of choice of law rules within the European Communities, express the view that any State which becomes a member of the European Communities should accede to this Convention.

JOINT DECLARATION

The Governments of the Kingdom of Belgium, the Kingdom of Denmark, the Federal Republic of Germany, the French Republic, Ireland, the Italian Republic, the Grand Duchy of Luxembourg, the Kingdom of the Netherlands and the United Kingdom of Great Britain and Northern Ireland,

[11] Text as amended by the 1996 Accession Convention.

On signing the Convention on the law applicable to contractual obligations;

Desiring to ensure that the Convention is applied as effectively as possible;

Anxious to prevent differences of interpretation of the Convention from impairing its unifying effect;

Declare themselves ready:

1. to examine the possibility of conferring jurisdiction in certain matters on the Court of Justice of the European Communities and, if necessary, to negotiate an agreement to this effect;

2. to arrange meetings at regular intervals between their representatives.

PRELIMINARY DRAFT PROPOSAL FOR A COUNCIL REGULATION ON THE LAW APPLICABLE TO NON-CONTRACTUAL OBLIGATIONS OF 3 MAY 2002 (ROME II)

TITLE 1 - SCOPE

Article 1 - Scope

1. The rules of this Regulation shall apply to non-contractual obligations in any situation involving a choice between the laws of different countries.

2. They shall not apply to:

(a) non-contractual obligations arising out of a family relationship or a relationship deemed to be equivalent, including maintenance obligations to the extent that they are governed by specific rules;

(b) non-contractual obligations governed by the law of succession;

(c) obligations arising under bills of exchange, cheques and promissory notes and other negotiable instruments to the extent that the obligations under such other negotiable instruments arise out of their negotiable character;

(d) the personal liability of officers, of members, and of persons responsible for carrying out the statutory audits of accounting documents, for the obligations of a company or body incorporate or unincorporate;

(e) liability incurred in the exercise of public authority;

(f) non-contractual obligations among the settlers, trustees and beneficiaries of a trust;

(g) evidence and procedure, without prejudice to Article 17.

3. For the purposes of this Regulation, "Member State" means any Member State other than [the United Kingdom, Ireland or] Denmark.

Article 2 – Universal application

Any law specified by this Regulation shall be applied whether or not it is the law of a Member State.

TITLE II - UNIFORM RULES

CHAPTER 1 - NON-CONTRACTUAL OBLIGATIONS DERIVING FROM A TORT OR DELICT

Article 3 - General rule

1. The law applicable to a non-contractual obligation arising out of a tort or delict shall be the law of the country in which the loss is sustained, irrespective of the country or countries in which the harmful event occurred and irrespective of the country in which the indirect consequences of the harmful event are sustained, subject to paragraph 2.

2. Where the author of the tort or delict and the injured party have their habitual residence in the same country when the tort or delict is committed, the applicable law shall be the law of that country.

3. However, if it appears from the circumstances as a whole that there is a substantially closer connection with another country and there is no significant connection between the non-contractual obligation and the country whose law would be the applicable law under paragraphs 1 and 2, the law of that other country shall be applicable.

A substantially closer connection with another country may be based in particular on a pre-existing relationship between the parties, such as a contract that is linked to the tort or delict in question.

Article 4 - Areas not subject to territorial sovereignty

1. The law applicable to a tort or delict occurring in areas not subject to the territorial sovereignty of a State shall be the law of the country in which the means of transport or the installation connected with the tort or delict is registered or whose flag it flies or with which it has similar connections.

2. If there is no connection with a specific country or if there is a connection with several countries, the applicable law shall be that of the country with which the case is most closely connected.

Article 5 - Product liability

1. The law applicable to a non-contractual obligation arising out of damage caused by a product shall be that of the country in which the person directly sustaining the loss is habitually resident or has his main establishment, if that country is also the country where :

- the person alleged to be liable has his main establishment; or

- the product was purchased.

2. In all other cases, the applicable law shall be that of the country where the tort or delict is committed.

Article 6 - Unfair competition and other unfair practices

The law applicable to a non-contractual obligation arising from unfair competition or other unfair practices shall be the law of the country where the unfair competition or other practice affects competitive relations or the collective interests of consumers.

Article 7 - Defamation

The law applicable to a non-contractual obligation arising from a violation of private or personal rights or from defamation shall be the law of the country where the victim is habitually resident at the time of the tort or delict.

Article 8 - Violation of the environment

The law applicable to a non-contractual obligation arising from a violation of the environment shall be the law of the country in whose territory the damage occurs or threatens to occur.

Article 9 – Scope of the law applicable to non-contractual obligations arising out of a tort or delict

The law applicable to non-contractual obligations under Articles 3 to 8 and 11 of this Regulation shall govern:

1. the basis, conditions and extent of liability, including the determination of persons who are liable for acts performed by them;

2. the grounds for exemption from liability, any limitation of liability and any division of liability;

3. the existence and kinds of injury or damage for which compensation may be due;

4. the measures which a court has power to take under its procedural law to prevent or terminate injury or damage or to ensure the provision of compensation;

5. the measure of damages in so far as prescribed by law;

6. the question whether a right to compensation may be assigned or inherited;

7. persons entitled to compensation for damage sustained personally;

8. liability for the acts of another person;

9. the rules of prescription and limitation, including rules relating to the commencement of a period of prescription or limitation and the interruption and suspension of the period.

CHAPTER 2 - NON-CONTRACTUAL OBLIGATIONS ARISING OUT OF AN ACT OTHER THAN A TORT OR DELICT

Article 10 - Determination of the applicable law

1. If a non-contractual obligation arising out of an act other than a tort or delict concerns a relationship previously existing between the parties, it shall be governed by the law of the country whose law governs that relationship.

2. Subject to paragraph 1, a non-contractual obligation arising out of unjust enrichment shall be governed by the law of the country in which the enrichment takes place.

3. Subject to paragraph 1, a non-contractual obligation arising out of actions performed without due authority in connection with the affairs of another person shall be governed by the law of the country in which the action takes place.

4. Notwithstanding paragraphs 2 and 3 and subject to paragraph 1, if the parties have their habitual residence in the same country when the non-contractual obligation arises, the obligation shall be governed by the law of that country.

CHAPTER 3 - COMMON RULES APPLICABLE TO NON-CONTRACTUAL OBLIGATIONS ARISING OUT OF A TORT OR DELICT AND THOSE ARISING OUT OF AN ACT OTHER THAN A TORT OR DELICT

Article 11 - Freedom of choice

1. The parties may choose the law applicable to a non-contractual obligation. The choice shall be made expressly and shall not adversely affect the rights of third parties.

2. If all the other elements of the situation at the time when the obligation arises are located in a country other than that whose law has been chosen, the choice of the parties shall not prejudice the application of rules of the law of that country which cannot be derogated from ("mandatory rules").

3. The choice of the parties of the applicable law shall not debar the application of mandatory provisions of Community law where the other elements of the situation were located in one of the Member States of the European Community at the time when the obligation came into being.

Article 12 - Mandatory rules

Nothing in this Regulation shall restrict the application of the mandatory rules of the law of the forum irrespective of the law otherwise applicable to the non-contractual obligation.

Article 13 - Rules of conduct and safety

Whatever may be the applicable law, in determining liability account shall be taken of the rules of conduct and safety which were in force at the place and time of the act giving rise to non-contractual liability.

Article 14 - Direct action against the insurer of the person liable

1. Persons who have suffered injury or damage shall have a right of direct action against the insurer of the person liable if they have such a right under the law applicable to the non-contractual obligation.

2. If this law does not provide any such right, it may be exercised if it is provided by the law governing the contract of insurance.

Article 15 - Subrogation

1. Where a person ("the creditor") has a non-contractual claim upon another ("the debtor"), and a third person has a duty to satisfy the creditor, or has in fact satisfied the creditor in discharge of that duty, the law which governs the third person's duty to satisfy the creditor shall determine whether the third person is entitled to exercise against the debtor the rights which the creditor had against the debtor under the law governing their relationship in whole or in part.

2. The same rule shall apply where several persons are subject to the same claim and one of them has satisfied the creditor.

Article 16 – Formal validity

A unilateral act intended to have legal effect and relating to a non-contractual obligation is formally valid if it satisfies the formal requirements of the law which governs the non-contractual obligation in question or the law of the country in which this act is done.

Article 17 – Burden of proof, etc

1. The law governing non-contractual obligations under this Regulation applies to the extent that it contains, in matters of non-contractual obligations, rules which raise presumptions of law or determine the burden of proof.

2. Acts intended to have legal effect may be proved by any mode of proof recognised by the law of the forum or by any of the laws referred to in Article 16 under which that act is formally valid, provided that such mode of proof can be administered by the forum.

TITRE III - GENERAL PROVISIONS

Article 18 – Habitual residence

1. For bodies corporate or unincorporate, the central administration shall be considered to be the habitual residence.

2. Where the act giving rise to the non-contractual obligation is perpetrated or suffered in the exercise of a trade or a profession, the principal place of business shall be considered to be the habitual residence. Where there is more than one place of business, the one at which the harmful event was perpetrated or suffered shall be considered to be the habitual residence.

Article 19 – Exclusion of renvoi

The application of the law of any country specified by this Regulation means the application of the rules of law in force in that country other than its rules of private international law.

Article 20 – "Ordre public"

The application of a rule of the law of any country specified by this Regulation may be refused only if such application is manifestly incompatible with the public policy (*"ordre public"*) of the forum.

Article 21 – No retrospective effect

This Regulation shall apply to non-contractual obligations deriving from acts occurring after its entry into force.

Article 22 – States with more than one legal system

1. Where a State comprises several territorial units, each of which has its own rules of law in respect of non-contractual obligations, each territorial unit shall be considered as a country for the purposes of identifying the law applicable under this Regulation.

2. A State within which different territorial units have their own rules of law in respect of non-contractual obligations shall not be bound to apply this Regulation to conflicts solely between the laws of such units.

Article 23 - Relationship with other provisions of Community law

1. This Regulation shall not prejudice the application of provisions which are or will be contained in the Treaties establishing the European Communities or in acts of the institutions of the European Communities which:

in relation to particular matters, lay down choice of law rules relating to non-contractual obligations; or

lay down rules which apply, irrespective of the national law governing the non-contractual obligation in question by virtue of this Regulation; or

prevent application of a provision or provisions of the law of the forum or of the law designated by this Regulation.

2. This regulation shall not prejudice the application of Community instruments which, in relation to particular matters and in areas coordinated by such instruments, subject services to the laws of the Member State where the service-provider is established and, in the area coordinated, allow restrictions on freedom to provide services originating in another Member State only in limited circumstances.

Article 24 – Relationship with existing international conventions

This Regulation shall not prejudice the application of international conventions to which the Member States are party when this Regulation is adopted and which, in relation to particular matters, lay down choice of law rules relating to non-contractual obligations.

TITLE IV - FINAL CLAUSES

Article 25

This Regulation shall enter into force six months after its publication in the *Official Journal of the European Communities*.

This Regulation shall be binding in its entirety and directly applicable in all Member States.

Autorenverzeichnis

Prof. Dr. Walter van Gerven, Professor *Ius commune* at the Universities of Leuven and of Maastricht, and at King's College. Formerly Advocate-General at the ECJ, member of the Committee of independent experts at the European Parliament, Louvain, Belgium

Prof. Dr. Dr. h.c. mult. Ole Lando, Copenhagen Business School, President of the Commission on European Contract Law, Copenhagen, Denmark

Prof. Dr. Ulrich Magnus, Direktor des Seminars für ausländisches und internationales Privat- und Prozeßrecht der Universität Hamburg, Executive Vice-Director des European Centre of Tort and Insurance Law in Wien, Richter am Hanseatischen Oberlandesgericht, Hamburg, Deutschland

Prof. Dr. Peter-Christian Müller-Graff, Professor an der Ruprechts-Karls-Universität Heidelberg, Direktor des Instituts für Deutsches und Europäisches Gesellschafts- und Wirtschaftsrecht, Heidelberg, Deutschland; Visiting Professor, George Town University, Washington D.C., USA

Richard Plender QC, LLD, Senior Member, Robinson College, Cambridge; Visiting Professor, City University, London, UK

Prof. Dr. Kurt Siehr M.C.L., Professor an der Universität Zürich (emeritiert), Zürich, Schweiz

Dr. Dirk Staudenmayer, Hauptverwaltungsrat, Assistent des Direktors, Generaldirektion XXIV, Kommission der Europäischen Gemeinschaften, Brüssel, Belgien

Prof. Dr. Reinhard Welter, Direktor des Instituts für deutsches und Internationales Bank- und Kapitalmarktrecht der Juristenfakultät Leipzig, Leipzig, Deutschland

Prof. Dr. Pierre Widmer, Direktor des Schweizerischen Instituts für Rechtsvergleichung, Lausanne-Dorigny, Schweiz

Michael Wilderspin, Kommission der Europäischen Gemeinschaften, Task Force Justice and Home affairs, vormals Référendaire am Gerichtshof der Europäischen Gemeinschaften, Brüssel, Belgien

INTERNATIONALRECHTLICHE STUDIEN

Beiträge zum Internationalen Privatrecht,
zum Einheitsrecht und zur Rechtsvergleichung

Herausgegeben von Ulrich Magnus

Band 1 Birgit Reimers-Zocher: Beweislastfragen im Haager und Wiener Kaufrecht. 1995.

Band 2 Lenja Vespermann: Schadensersatz bei Beeinträchtigung rechts- oder sittenwidriger Interessen im deutschen und französischen Recht. 1996.

Band 3 Peter Cypra: Die Rechtsbehelfe im Verfahren der Vollstreckbarerklärung nach dem EuGVÜ unter besonderer Berücksichtigung der Ausgestaltung in Deutschland und Frankreich. 1996.

Band 4 Brigitta Lurger: Regulierung und Deregulierung im europäischen Privatrecht. 1997.

Band 5 Uta Gutknecht: Das Nacherfüllungsrecht des Verkäufers bei Kauf- und Werklieferungsverträgen. Rechtsvergleichende Untersuchung zum CISG, zum US-amerikanischen Uniform Commercial Code, zum deutschen Recht und zu dem Vorschlag der Kommission zur Überarbeitung des deutschen Schuldrechts. 1996.

Band 6 Stefan Abel: Die Qualifikation der Schenkung. Zur Methode der Qualifikation im Internationalen Schuldvertragsrecht. 1997.

Band 7 Daniel Kötz: Verkäuferpflichten und Rechtsbehelfe des Käufers im neuen norwegischen Kaufrecht vom 13. Mai 1988 Nr. 27 im Vergleich zum UN-Kaufrecht vom 11. April 1980 (CISG). 1997.

Band 8 Olaf Beier: Grundsätze eines europäischen transportmittelübergreifenden Schadensrechts für den Gütertransport. Eine rechtsvergleichende Untersuchung unter besonderer Berücksichtigung der CMR, der ER/CIM 1990, des WA/HP und der HVR. 1999.

Band 9 Ulrich Krüger: Modifizierte Erfolgshaftung im UN-Kaufrecht. Die Haftungsbefreiung bei Lieferung vertragswidriger Ware gemäß Art. 79 CISG. 1999.

Band 10 Wolf-Henning Hammer: Das Zurückhaltungsrecht gemäß Art. 71 CISG im Vergleich zu den Kaufgesetzen der nordischen Staaten unter Einbeziehung transportrechtlicher Aspekte. Eine rechtsvergleichende Studie. 1999.

Band 11 Ulrich Quay: Der Consulting-Vertrag im Internationalen Privatrecht. 2000.

Band 12 Axel Halfmeier: Die Veröffentlichung privater Tatsachen als unerlaubte Handlung. Eine rechtsvergleichende Untersuchung. 2000.

Band 13 Stephanie Scholz: Lohngleichheit durch Verfahren. Eine Studie zur Förderung der Lohngleichheit durch verfahrensrechtliche Ansätze. 2000.

Band 14 Tarık Cebecioğlu: Stellung des Ausländers im Zivilprozeß. Eine rechtsvergleichende Untersuchung des türkischen und deutschen Rechts. 2000.

Band 15 Gunnar Straube: Sozialrechtliche Eingriffsnormen im Internationalen Privatrecht. 2001.

Band 16 Daniela de Lukowicz: Divergenzen in der Rechtsprechung zum CISG. Auf dem Weg zu einer einheitlichen Auslegung und Anwendung? 2001.

Band 17 Mohamed Hassan Fadlalla Ali: Das islamische Ehe- und Kindschaftsrecht im Sudan. Mit Hinweisen zu den Lehren der Islamischen Rechtsschule, der anwendbaren Familienrechtsvorschriften für Nichtmuslime im Sudan und im deutschen Familienrecht. 2001.

Band 18 Ole Lando / Ulrich Magnus / Monika Novak-Stief (Hrsg./eds.): Angleichung des materiellen und des internationalen Privatrechts in der EU. Harmonisation of Substantive and International Private Law. 2003.

Band 19 Florian Schulz: Der Ersatzlieferungs- und Nachbesserungsanspruch des Käufers im internen deutschen Recht, im UCC und im CISG. Eine rechtsvergleichende Untersuchung unter Berücksichtigung der Schuldrechtskommission, der EG-Richtlinie 1999/44/EG und des Diskussionsentwurfs eines Schuldrechtsmodernisierungsgesetzes. 2002.

Band 20 Ingo Janert: Die Aufrechnung im internationalen Vertragsrecht. 2002.

Band 21 Armin Jentsch: Die Erhaltungspflichten des Verkäufers und des Käufers im UN-Kaufrecht im Vergleich zum US-amerikanischen Uniform Commercial Code und zum deutschen Recht. 2002.

Band 22 Martin Taschner: Arbeitsvertragsstatut und zwingende Bestimmungen nach dem Europäischen Schuldvertragsübereinkommen. Einheitliche Auslegung. 2003.

Band 23 Klaus Bitterich: Die Neuregelung des Internationalen Verbrauchervertragsrechts in Art. 29a EGBGB. 2003.

Band 24 Sascha J. Morgenroth: Umsetzung der Verbrauchsgüterkaufrichtlinie in Spanien und Deutschland. Umsetzung der Richtlinie 1999/44/EG des Europäischen Parlaments und des Rates vom 25. Mai 1999 zu bestimmten Aspekten des Verbrauchsgüterkaufs und der Garantien für Verbrauchsgüter in Spanien und Deutschland. 2003.

Band 25 Markus Renfert: Über die Europäisierung der ordre public Klausel. 2003.

Band 26 Henning Mordhorst: Die Behandlung vertraglicher Mobiliarsicherheiten im US-amerikanischen und deutschen Insolvenzrecht. 2003.

Band 27 Hans Markus Wulf: UN-Kaufrecht und eCommerce. Problembereiche bei der Anwendung des Wiener Übereinkommens auf Internet-Verträge. 2003.

Band 28 Julia Kaiser: Freiheit oder Schutz? Die Scheidungsfolgenvereinbarung im deutschen und im englischen Recht. 2003.

Printed by
CPI books GmbH, Leck

FSC
www.fsc.org
MIX
Papier | Fördert
gute Waldnutzung
FSC® C083411

Kolibri 360 GmbH
Ferdinand-Jühlke-Straße 7
99095 Erfurt, Deutschland
produktsicherheit@kolibri360.de